文学与影视比较大观丛书

心之启航　灵之归宿

刘建华　李　华　　著

张绍杰　插画

世界知识出版社

图书在版编目（CIP）数据

心之启航　灵之归宿／刘建华，李华著．--北京：世界知识出版社，2018.12

（文学与影视比较大观／李华主编）

ISBN 978-7-5012-5912-0

Ⅰ.①心…　Ⅱ.①刘…　②李…　Ⅲ.①电影文学评论—世界—现代　Ⅳ.①I106.35

中国版本图书馆 CIP 数据核字(2018)第 293697 号

责任编辑　刘豫徽
责任出版　王勇刚
责任校对　马莉娜

书　　名　心之启航　灵之归宿
　　　　　Xin zhi Qihang　Ling zhi Guisu

作　　者　刘建华　李　华
插　　画　张绍杰

出版发行　世界知识出版社
地址邮编　北京市东城区干面胡同 51 号（100010）
经　　销　新华书店
网　　址　www.ishizhi.cn
投稿信箱　lyhbbi@163.com
电　　话　010-65265923（发行）
　　　　　010-85119023（邮购）
印　　刷　北京虎彩文化传播有限公司
开本印张　880 毫米×1230 毫米　1/32　13½印张　7 插画
字　　数　222 千字
版次印次　2018 年 12 月第一版　2018 年 12 月第一次印刷
标准书号　ISBN 978-7-5012-5912-0
定　　价　39.00 元

总　序

文学创作来源于生活点滴，影视艺术来源于文学作品的改编与创作。文学作为人类最古老的艺术形式之一，随着历史长河的延续已经取得了辉煌的成就，积累了成熟而丰富的精神财富和艺术经验。文学以优美深刻的语言文字、精彩生动的故事情节、立体感人的人物形象和独特创新的叙事手法，散发着永久无限的艺术魅力。文学创作由来已久，而影视艺术的发明不过一百多年的历史，自 1895 年 12 月 28 日，卢米埃尔兄弟在巴黎卡铺辛路14号的“大咖啡馆”地下室中第一次公开售票播放电影，才标志着电影的正式诞生。早在电影诞生之初就出现了改编名著的现象，古今中外有很多文学名著不断被搬上银幕，影视作品在一定程度上弥补了文学作品视觉叙事的不足又能适时引发思考而逐步被人们所认可。电影艺术发展的历史在某种意义上就是电影文学的改编史，文学为电影艺术提供了取之不竭用之不尽的源泉，而电影的综合艺术手法也让更多的文学作品走向大众，为各种各样的人群所接受和欣赏，从而形成影视与文学之间良好的互动关系。电影和文学都要在时间的流动中再现生活的真谛和表现人物的内在情感，并通过读者和观众的理解和鉴赏获得情感的共鸣和审美的愉悦。相比于文学名著，改编后的影视作品中，画面逼真，场景宏大，形象直观，表达清楚，能给人们带来一种身临其境的感觉，所以越来越多的人，尤其是广大青少年群体更愿意去影院看一部由名著改编成的电影，而不愿意亲自去翻阅原著感受文字带来的震撼与想象，再加上现代人内心浮躁难以静下心来去品味文学名著的魅力，用观看影视作品代替名著阅读的现象也越来越普遍，且不论这种吸收“文化快餐”的方式可取不可取，但是需要指出的是观看影视作品绝不能代替文学名著的阅读。文学注重思想层面和美学层面对人的生存状态进行观照，带动了电影内涵的深刻性与丰富性。如果没有影视文学的支撑，很容易陷入单纯追求画面感觉刺激的误区。以文学作品为基础改编的影视作品往往能取得巨大成功的关键因素，就在于文学艺术丰厚的人文底蕴给影视艺术以思想深度和文化品位。80后作家蒋方舟在2014年接受中新网记者采访时说："阅读是一个永远的需求，是不可能死掉的。人们需要靠阅读体会在生活中没办法体会到的情感与经验，必须靠其他媒介而且是超越电视化等平面媒介的东西来帮助代入。只不过阅读看的地方不一样，是在一个小的屏幕上看，而不是在纸质的书上看，所以我觉得手机电脑也好，纸质书也好，阅读的形式并不重要，关键是文字本身。关键是创作者自己怎么看待创作这件事，永远不能责怪读者变得浅薄。"所以作为两种并存的艺术形式，读者和观众需要取其所长，同时保有一份文学和电影的鉴赏力，吸收文学和电影中的精神内涵，这正是北京物资学院文学影视团队出版文学与影视比较大观系列丛书的目的所在。

北京物资学院外国语言与文化学院于2014年10月1日成立文学影视研究团队。该团队致力于英美文学作品与其改编而成的影视作品的比较研究，将研究成果转化成系列丛书出版，该系列丛书将全面系统地呈现不同题材和主题的文学影视作品，旨在填补国内该研究领域的空白。该研究将英美文学理论研究与文本及电影艺术紧密结合在一起，在理论联系实际的基础上极大地增加了研究的实用性，也便于高校英语教师在日后相关课程的英语教学中使用和借鉴。团队预计出版的系列丛书有7本，内容涵盖英美文学的畅销及经典作品，涉及爱情、成长、伤痛、领悟、离散、儿童生活、人物传记等多个主题，时间跨度上则从18世纪一直延伸到现当代文学和电影作品，兼顾经典，与时俱进。该系列丛书将对英美畅销及经典文学作品及其改编的优秀电影进行比较研究，就文本和电影各自的表现手法、文化主题、人物塑造、情节安排、语言特点、叙事视角等不同角度对文本和电影进行深度挖掘，提高读者对文学作品的阅读能力以及对电影作品的观赏能力。本系列丛书均以论文的形式结集成册，每部作品拟撰写一到三篇论文进行分析对比。第一本：爱与成长；第二本：痛与领悟；第三本：美国梦：从开始到现在；第四本：英伦风——从田园到尘嚣；第五本：看世界——童言无忌；第六本：品人生——双面影像；第七本：心之启航　灵之归宿。文学影视团队的七名成员均具有多年丰富的英语教学经验、良好的学术研究能力以及较高的文学影视赏析能力，已出版专著两本，译著及合作译著六本，发表学术论文六十余篇。

主编　李华

2015年7月14日

前　言

作为文学与影视比较大观丛书的最后一辑，这本《心之起航 灵之归宿》的主题是“离散”。与狭义的离散文学只关注流散族群的写作，即跨族群、跨疆域的书写文化和身份认定困惑的文学作品不同，本书所涉的七部英语文学著作和由它们改编而成的电影作品更多地关注了广义的“离散”，即文化身份的寻找与认同。其中的文化不仅局限于疆域、民族，也包括时间与空间转换所带来的个体和社会因素。事实上，这种文化身份的寻找与认同是文学的重要母题之一，也是人类在探索自身精神世界时不可回避的永恒主题。而这七部作品正是从不同角度描写了不同历史和社会背景下人在自我身份认同时的困惑与最后的出路。根据文学作品的出版年代先后，这七部文学作品分别是：

1.《本杰明·巴顿奇事》（1922 年），逆行人生中的漂泊灵魂。

2.《走出非洲》（1937 年），欧洲人对非洲的浓烈“乡愁”。

3.《沃尔特·米蒂的秘密生活》（1939 年），现代人的白日梦想。

4.《在路上》（1957 年），“垮掉的一代”的自我放逐。

5.《荒野生存》（1998 年），超验主义者的致命实践。

6.《少年 Pi 的奇幻漂流》（2002 年），人与虎——人性与兽性的深刻剖白。

7.《走出荒野》（2012 年），荒野中的自我救赎。

这七部作品风格各异，篇幅或长或短，却都是值得我们一读再读的经典之作。其中，最接近狭义离散文学范畴的当属《走出非洲》。因为这部作品，女作家卡伦·布里克森被誉为与安徒生齐名的丹麦“文学国宝”。卡伦曾经于 1914 年至 1931 年在非洲生活长达 18 年之久，把她 19 岁到 36 岁的黄金年华留给了那片大地，在因为婚姻解体、爱情破灭和生意失败最后不得不离开非洲之后，她用自传体随笔集的形式讲述了自己在肯尼亚生活的点点滴滴，表达了对非洲大陆深深的眷恋和怀念，整部作品浓情注于笔端，文笔优美，风格恬淡。

《在路上》《荒野生存》和《走出荒野》三部作品属于典型的“流浪文学”——个体或族群主动做出的跨种族、跨疆域移动以及身份重构。在这些作品中，主人公或是遭遇人生变故或是进入人生新的阶段，都选择踏上流浪旅途，“在路上”解除自己的身份困惑，完成身份重构。其中最为著名的当属《在路上》——其作者杰克·凯鲁亚克是当之无愧的“垮掉的一代”的代言人。他在遭遇父亲去世的变故之后开始文学生涯，也遇见了对他影响至深的尼尔·卡萨迪——《在路上》中灵魂人物的原型，开始了几次横跨美洲大陆的公路旅行。《在路上》在形式上呈现碎片化，没有明显的开端、发展和高潮，只是叙事的拼接；而其内容则是断断续续地记录了作者与卡萨迪交往过程中如何被颠覆人生观——吸毒、滥交、偷窃，进入另一种“垮掉”的人生方式并在其中实现身份认同。这部作品出版后，极大地震撼了战后“出生潮”那一代年轻人，被公认为是60年代“嬉皮士运动”和“垮掉的一代”的经典之作。

与凯鲁亚克相似，《走出荒野》的作者谢莉尔·斯特雷德也是在遭遇母亲去世的变故后进入了人生危机——同样是吸毒、滥交、离婚，不同的是，她最终意识到了自己的“垮掉”，并选择用在太平洋屋脊步道独自徒步 94 天的方式来救赎自己，重构自己的身份认同。《走出荒野》显然要比《在路上》更符合主流的价值观念，因为其通过流浪得到的不是“垮掉”，而是“励志”。

《荒野生存》既不“垮掉”也不“励志”，与这些精神层面的探索相比，它用一个震撼的真人实事告诉读者物质的重要性。哈佛大学毕业生克里斯本应有光明的前途，可是深受超验主义和美国文学荒野精神影响的他，却毅然决然离家出走，远赴阿拉斯加荒野，甚至毁掉了金钱、汽车这些他视为粪土之物质，只带了几本书和几样行李去挑战荒野独居生活，其结果是死于饥饿和植物中毒。虽然这种对于独立人格构建的追求精神可嘉，但是其完全背离物质基础却与整个人类文明几千年的进程朔风而行，令人遗憾。

《少年 Pi 的奇幻漂流》虽然也是“流浪文学”，但却是被迫的身份重建过程，而其中所阐述的并非个体命运，而是对整个人类的一个隐喻。印度少年 Pi 因为海难不得不与一只老虎共同生活在一艘小艇上在海上漫长漂流。在这一过程中，Pi 对人性与兽性，宗教与信仰都有了更加透彻的领悟，特别是其中对人类兽性存在的态度经历了从恐惧排斥到容忍又到接纳的过程，代表了人类对自身认知的不断深入和成长。

《本杰明·巴顿奇事》和《沃尔特·米蒂的秘密生活》都是20世纪早期的名家短篇小说，从不同的角度讲述了现代生活压力下人的异化过程；此外，在改编成电影后，两部作品除了主要创意和主人公的名字保留之外，几乎都面目全非。《本杰明·巴顿奇事》出自美国著名小说家、“迷惘的一代”的代表人物——司各特·菲茨杰拉德。通过他的这部短篇，读者可以透视他在身份认同方面曾经遭遇的各种离散陷阱，其中包括他对金钱和地位的痴迷、曾经经历的迷惘年代和幻灭情结这样的悲剧审美。而《沃尔特·米蒂的秘密生活》则出自马克·吐温之后公认的最受欢迎的幽默大师之一詹姆斯·瑟伯。在这部短篇小说中，瑟伯描述了美国经济大萧条时期普通人遭遇的挫败和匮乏，以及如何用幻想来解除自己精神上的困惑，重构身份认同。

希望读者能在以上七部作品的引领下体尝百味人生，实现自己人格与身份的和谐与统一。

作者

2018年10月

目　录

本文讨论了菲茨杰拉德在创作《本杰明·巴顿奇事》这部小说时的动机和他在情节铺排、人物建构方面的逻辑；同时，也透过这部作品和他的其他作品，讨论了菲茨杰拉德在身份认同方面

电影《荒野生存》通过声音光影的技术真实还原了克里斯漂泊流浪的成长轨迹。与只展现人物和故事经过的电影作品不同，传记《荒野生存——阿拉斯加之死》作者乔恩·克拉考尔给予了克里斯更加细致的评价和分析，表现了作者对克里斯殒命荒野的理解之情。本文主要对比分析文本和电影章节设计的异同，帮助读者在欣赏电影的同时充分领略传记作品的精华。

《少年 Pi 的奇幻漂流》是一部内涵极其丰富的作品，到处充满了隐喻性的表达，其中几个主要象征符号的运用对作品的理解起着至关重要的作用。本文通过对少年 Pi 的昵称、老虎和漂流历程这三个象征符号进行解析，深入分析了这几个叙事要素在作品中的含义，认为少年 Pi 的昵称代表着无理性、没有结束，老虎代表着人的原始本能和野性的冲动，而漂流历程则代表着人类的人性与兽性较量博弈的心路历程。

影片《少年 Pi 的奇幻漂流》是一部内涵极其丰富的作品，处处存在着隐喻的影子，而老虎是其中最为核心的隐喻元素。对老虎隐喻意义的理解不同，影片的主题表达就会因之而不同。为了更深入地理解影片，本文从不同的视角对老虎的隐喻意义进行了三重解读，即老虎代表信仰，老虎代表人的动物本性，老虎代表人类的邪恶。对这一隐喻元素的多重解读，能够增强读者对影片表达意图的把握及对影片艺术魅力的欣赏。

从文学到影像，是由一种艺术形式转换成另一种艺术形式的加工再创造，它是在一定程度忠实于文学原著的基础上，通过创造性的艺术改编将抽象的文字语言转化成适合光影和声画效果的视听盛宴。导演李安以他的睿智、才识及敬业精神，将《少年 Pi 的奇幻漂流》这部最不可能改编成电影的文学作品以直击心灵的震撼呈现在观众眼前。即便如此，影像艺术的局限性仍是它永远无法取代文学作品的原因之一。本文将参照《少年 Pi 的奇幻漂流》文学作品和导演李安的影像改编，对文学与电影的关系、从文学到电影改编的得到之处、从文学到电影改编的缺失之憾逐一进行分析，以挖掘这两种艺术形式各自独特的艺术之美。

荒野在美国文化中占据非常重要的地位，表现在文学上的荒野情结和荒野审美。在谢莉尔·斯特雷德的笔下，荒野呈现出非常丰富的意象：它既是女主人公人生旅程的起点，也是她人生低谷时心灵状态的隐喻，更是让她放弃一切凡俗杂事毅然回归的怀抱。最终，荒野帮助她走出了心灵的阴影，重新找到了自己的人生信仰。

《涉足荒野》在叙述和风格上有自己鲜明的特点。无论是半循环叙述模式的运用，还是大量的蒙太奇、音效和不安全空间等风格要素，都生动地表现了女主人公在荒野独行时不断徘徊的心理状态，既烘托了影片气氛，又深化了叙事层次，同时也升华了电影关于爱、救赎与成长的主题，使得影片显现出了完整的艺术性和强烈的个人风格。

1.《本杰明·巴顿奇事》

The Curious Case of Benjamin Button

作者简介

弗朗西斯·司各特·菲茨杰拉德（1896—1940），20世纪美国最具代表性的小说家，在美国文坛地位坚若磐石，被后世喻为“爵士年代”的象征。他的主要作品有长篇小说《人家天堂》《漂亮冤家》《了不起的盖茨比》以及《夜色温柔》等，还著有160多篇短篇小说，先后收录在《新潮女郎与哲学家》《爵士时代的故事》《所有悲伤的年轻人》和《清晨起床号》等小说集中，此外还有自传体文集《崩溃》和只完成了五章的遗著《最后一位大亨》。他的所有作品中，以《了不起的盖茨比》最为著名，五度改编电影，并被《时代》杂志票选为世纪百大经典小说第三名。此外，他的其他作品也曾被改编为电影，传播至世界各地，例如《夜色温柔》《本杰明·巴顿奇事》等。菲茨杰拉德擅长以现实生活为基础，通过文字细致地描画自己所处的时代和社会风貌，从而真实地再现了“爵士时代”——20世纪20—30年代的美国和欧洲社会，因此被誉为“爵士时代的桂冠诗人”和“编年史家”；同时，作为“迷惘的一代”的见证者和代表人物，他也和欧内斯特·海明威一起真实地记录了那一代西方青年在第一次世界大战之后“幻灭”的精神危机和大萧条时期美国上层社会“荒原时代”的精神面貌。

撷英采华

片段 1：

They pulled up behind a handsome brougham whose passengers were disembarking at the door. A lady got out, then an elderly gentleman, then another young lady beautiful as sin. Benjamin startled; an almost chemical change seemed to dissolve and recompose the very elements of his body. A rigor passed over him, blood rose into his cheeks, his forehead, and there was a steady thumping in his ears. It was first love. (F. Scott Fitzgerald, 2015: 26)①

译文：

他们停在了一辆漂亮的敞篷马车的后面，车上的乘客正在车门那儿下车。先是下来了一位妇人，然后是一位年长的绅士，最后是一位美丽绝伦的小姐。本杰明突然一惊；似乎有一个化学变化，溶解之后重组了他身体里全部的元素。他打了个寒战，热血上涌到了脸上，到了额头，耳朵里都能听到怦怦的心跳声。第一次，他坠入了爱河。(弗·司各特·菲茨杰拉德. 盛世教育

---

① 小说的英文引文出自此版本。其后只在引文后标注页码，不另加注。

西方名著翻译委员会，译，2015：26）①

片段2：

In the early days of their marriage Benjamin had worshipped her. But, as the years passed, her honey-colored hair became an unexciting brown, the blue enamel of her eyes assumed the aspect of cheap crockery—moreover, and most of all, she had become too settled in her ways, too placid, too content, too anemic in her excitements, and too sober in her taste. As a bride it had been she who had "dragged" Benjamin to dances and dinners—now conditions were reversed. She went out socially with him, but without enthusiasm, devoured already by that eternal inertia which comes to live with each of us one day and stays with us to the end. (34-35)

译文：

在刚结婚的那段时间里，本杰明的确很爱她。但随着岁月的流逝，她蜜黄色的头发变成了随处可见的褐色，珐琅般的碧眼也褪变成了廉价陶瓷的颜色——而且，最重要的一点就是，她变得过于安于自己的生活方式，太平淡，太自足，太缺少兴致，她的品味也过于老成。新婚之后的那几年里，她还会"拖"着本杰明去跳舞和赴宴——现在情况则恰好相反。她也会跟着

---

① 小说的中文引文出自此版本。其后只在引文后标注页码，不另加注。

他外出参加社交活动，但是却没有热情，她的热情已经被永恒的惰性消磨殆尽了，每个人在生活中都会有这种惰性，而且一旦粘上，我们就再也无法摆脱。(34-35)

片段 3：

"And another thing," continued Roscoe, "when visitors are in the house I want you to call me 'Uncle' —not 'Roscoe', but 'Uncle', do you understand? It looks absurd for a boy of fifteen to call me by my first name. Perhaps you'd better call me 'Uncle' all the time, so you'll get used to it." ...With a harsh look at his father, Roscoe turned away... (43)

译文：

"还有，"罗斯科接着说，"家里有客人的时候，您要叫我'叔叔'——而不是'罗斯科'，是'叔叔'，您能明白吗？让一个 15 岁的小孩叫我的名字，这真是太荒谬了。也许您最好一直都叫我'叔叔'，然后，您就会习惯这样叫了。"……罗斯科严厉地看了他父亲一眼，转身走了……(43)

片段 4：

There were no troublesome memories in his childish sleep; no token came to his of his brave days at college, of the glittering years when he flustered the hearts of many girls. There were only the white safe walls of his crib and Nana and a man who came to see him sometimes, and a great big orange ball that Nana pointed at just before his twilight bed hour and called "sun" . When the sun went his eyes were sleepy—there were no dreams, no dreams to haunt him. (51-52)

译文:

在他简单纯净的睡梦中，没有什么苦恼的回忆；大学时代的神勇岁月，还有他让许多女孩子心旌摇荡的璀璨年华，都没给他留下什么印记。他现在所拥有的只是围着坚固白色围栏的摇篮，奈娜，还有一个偶尔会过来看他的男人和一个橘黄色的大球。黄昏时分，在他睡觉之前，奈娜就会指着那个橘黄色的大球，叫它"太阳"。太阳西沉时，他的双眼也开始昏昏欲睡——没有梦，没有梦再来烦他了。(51-52)

片段5:

He did not remember. He did not remember clearly whether the milk was warm or cool at his last feeding or how the days passed—there was only his crib and Nana's familiar presence. And then he remembered nothing. When he was hungry he cried—that was all. Through the noons and nights he breathed and over him there were soft mumblings and murmurings that he scarcely heard, and faintly differentiated smells, and light and darkness... Then it was all dark, and his white crib and the dim faces that moved above him, and the warm sweet aroma of the milk, faded out altogether from his mind. （52）

译文：

他记不起来了。他记不得最后一次喂给他的牛奶是热的还是冷的，不记得日子是怎么过去的——他只知道他的摇篮和奈娜熟悉的面孔。其他的，他什么都也不记得了。饿了，他就会哭——就是这样。整整一个下午加晚上，他都只剩下呼吸，四周轻轻的喃喃声和低声的嘀嘀咕咕，他几乎也听不见；各种各样的气味、连同光明和黑暗，他也只是隐隐约约地能够感觉得到……然后，就是一片漆黑，他的白色童床，在他上方来回移动的朦胧面庞，还有牛奶发出的甜香，一起从他的脑子里慢慢淡出了。（52）

影片资料

影片名：本杰明·巴顿奇事（又译：返老还童、奇幻逆缘、班杰明的奇幻旅程）

类型：剧情/爱情/奇幻

片长：159 分钟

出品：华纳兄弟、派拉蒙影业

导演：大卫·芬奇

编剧：艾瑞克·罗斯、罗宾·史威考德

主演：布拉德·皮特饰本杰明·巴顿

凯特·布兰切特饰黛茜

塔拉吉·P. 汉森饰奎妮

获奖情况：2009年第81届奥斯卡最佳视觉效果（获奖）、最佳艺术指导（获奖）、最佳化妆（获奖）；最佳影片（提名）、最佳男主角（提名）、最佳女配角（提名）、最佳导演（提名）、最佳改编剧本（提名）、最佳摄影（提名）、最佳服装设计（提名）、最佳音响效果（提名）、最佳电影剪辑（提名）、最佳原创配乐（提名）。

剧情梗概

1919年，一个叫本杰明·巴顿的奇异婴儿降生了，他全身褶皱，毛发花白，眼神枯老，身形萎靡，尽管他的妈妈因难产死去之前一再嘱咐他的爸爸好好照顾他，可是惊怵怨恨的父亲还是把他遗弃在养老院的台阶上。幸运的是，好心的黑人妇女奎妮收养了这个怪异的婴儿，并在随后的岁月里悉心照料他，鼓励他接受生命的安排，忘掉自己与他人的不同。本杰明自幼就生活在养老院里，不断来了又走的老人们成了他的日常，这些老人有的会教给他人生的些许智慧，有的则用死亡告诉他人生的终点并非爱的尽头。转眼间，本杰明该上学了，由于老弱的长相，他经常遭到同学们的嘲笑，还好奎妮的耐心与爱心让他有了坚持下去的勇气。11 岁，本杰明虽然依旧老态龙钟，但已经稍显活力，这时候他遇到了他生命中的第二个女人——当时还仅仅 6 岁的小姑娘黛茜，她的美丽和纯真深深地印在本杰明的脑海里，然而本杰明只能把这份心动埋在心底。在之后的十几年中，本杰明走出了养老院，他先是做了水手四处漂泊，后来也在二战中为自己的国家运输军事物资。在这期间，他遇见了更多现实世界的各色人等，或邪或正，或善或恶，然而他一直没有忘记黛西，一直惦记着心里最初的那份情感。二战结束后，本杰明重返美国。他终于长成了帅气且魅力十足的中年人，而黛西也长成了风姿可人、事业成功的芭蕾舞者。在年龄和外表都完全匹配的情况下，他们一同度过了幸福美好的几年时光。但是，随着时间的继续，特别当他们迎来了自己的孩子之后，越来越年轻甚至年幼的本杰明不得不变卖所有的家产，留给黛西母女，而自己则选择了继续流浪的生活。理由很简单，没有哪个孩子会希望有一个逆行生长的父亲，当本杰明长成幼童之后，他终于被送回黛西身边。黛西像当初的奎妮一样无微不至地照顾着本杰明，直到他变成婴儿在她怀抱中沉沉睡去。2006年的卡特里娜飓风中，黛西也垂垂老矣，命如风中残烛，她交出了自己的日记和书信，向自己与本杰明的女儿讲述了整个事情，最后在“晚安，本杰明！”的喃喃低语中离开人世。

【深度解读】之一：

半个离散的灵魂

——从《本杰明·巴顿奇事》看菲茨杰拉德的身份认同危机

本文讨论了菲茨杰拉德在创作《本杰明·巴顿奇事》这部小说时的动机和他在情节铺排、人物建构方面的逻辑；同时，也透过这部作品和他的其他作品，讨论了菲茨杰拉德在身份认同方面曾经遭遇的各种离散陷阱，其中包括他对金钱和地位的痴迷、曾经经历的迷惘年代和幻灭情结这样的悲剧审美。

一、离散概念的明晰

Diaspora 源于希腊语，本意指植物的种子飘散各地。圣经《旧约》里，这个词特用来指犹太民族漂泊世界各地，居无定所的状态。近百年来世界文学领域出现了大量在故土以外定居的作家，除了上文提及的犹太裔群体，还包括华裔群体、非裔群体和南美裔群体等，随着后殖民主义文学研究的扩展和深入，这些独特的文学群体及其写作被冠以“Diaspora”之名，流入我国之后大多被译为了“流散”，少数情况下也使用“离散”这一术语。因此，狭义上的离散文学可以理解为流散族群的写作，即跨族群、跨疆域的书写文化和身份认定困惑的文学作品。

而在广义上，特别是在全球化背景下，离散未必如“流散”一般意味着“流离失所”的早期殖民主义状态或后殖民主义式的被动书写，相反离散也可以指个体或族群主动做出的跨种族、跨疆域移动以及身份重构。在这种情况下，他们的写作不仅有对于故土的眷恋、对身份认同的困惑，同时充满了令人惊喜的对于新世界和新文化的探索与发现。而在文学中，离散的这种广义解读就指向了一个重要的文学类别——“流浪文学”，这其中不仅包括早期的“流浪汉小说”，即“不确定的写作风格，尤其是让作品中的人物始终处于一种流动的状态的小说，如西班牙的塞万提斯，英国的亨利·菲尔丁和美国的马克·吐温、杰克·伦敦等”（王宁，1986），也包括20世纪20年代最典型的“迷惘的一代”——大量从美国前往欧洲的年轻作家，包括司各特·菲茨杰拉德、欧内斯特·海明威、马尔科姆·考利等，他们在对欧、美两个社会和文化的对比中，不断刷新着自己的文化身份认知，这种对于一战后百废待兴的欧洲社会的体验与描述，以及对于美国社会经济空前大繁荣和相应精神空虚的揭露都可称之为一种别具一格的离散体验。

可见，文化身份的认同乃是离散文学的重要母题。而学者邢媛进一步提出了“离散陷阱”这一概念，虽然其词源相差甚远，但却可以用来进一步明晰这一文学现象。她指出“‘离散’是一个科学概念，常用于数学、物理学和计算机科学中，意指当系统中各个物理量随时间变化的规律不能用连续函数描述，而只在离散的瞬间才能给出数值……我们这里使用离散陷阱这个词，用来指称因社会冲突而引发的用传统形式逻辑不能给出正确解释的特定社会共同体中以某种价值选择为基础而形成的文化认同现象。”（邢媛，2018）在笔者看来，“迷惘的一代”正是这样一个反传统的社会共同体，他们选择去欧洲流浪或自我放逐恰恰取决于某种共同的特定的价值观，在此基础上才形成了在美国历史和文学史上一个空前绝后的时代。

美国著名小说家司各特·菲茨杰拉德，作为“迷惘的一代”的代表人物，用他细腻诗意的笔触记录和描述了整个美国与欧洲社会一战后的时代风貌和上层社会图景。他的作品中不仅蕴含着他对当时社会文化和价值观的理解，也透露着他个人对传统价值体系的反抗与对新文化身份的追逐与认同。本文就将结合他的短篇小说作品《本杰明·巴顿奇事》来讨论他所经历的离散陷阱和身份认同体验。

二、金钱与地位——毕生的追求

菲茨杰拉德1896年生于美国中西部明尼苏达州，祖上是信奉天主教的爱尔兰移民，以经营藤条家具为营生，曾经生意兴旺，然而到了他十一二岁的时候，父亲破产，他不得不靠着亲戚的资助才进了贵族预科学校并完成普林斯顿大学的学业。年少时富裕的家境和所谓的上层社会生活给他留下了深刻的影响，他终其一生都痴迷于重返上层社会并沉醉于其奢华之中。因此，他对金钱和地位差异的感触要比同龄人更加敏感。他曾经带有些许讽刺地说："我喜欢富人，一个家伙越富，我就越喜欢他。"（葛锦荣，2004）1917年，菲茨杰拉德应征入伍，接受军事训练，准备奔赴一战欧洲战场，然而还没出发，战争就宣告结束了。但是在此期间，他认识了一位长发飘逸、衣着艳丽、举止优雅、声音甜美的漂亮姑娘姗尔达·赛瑞——当地有名的大律师和州高级法院大法官的女儿。两人一见倾心，很快坠入爱河，虽然两人的背景差别很大，但是还是于1919年6月私订终身。

菲茨杰拉德退役后到了纽约，在一家广告公司工作，周薪35美元，微薄的工资根本无法满足姗尔达的挥霍，再加上女方父母的极力反对，姗尔达最终断然解除了与菲茨杰拉德的婚约。菲茨杰拉德心灰意冷，辞去了纽约的工作，回到他的家乡。他拾起了被出版社退回的书稿，仔细按照编辑的意见修改，开始陆续发表一些短篇小说，例如《瓷器与石竹花》《冰宫》等。1920年3月，他的第一部长篇小说《人间天堂》出版，顿时一夜成名，成为当时大学生争相阅读的必读书籍。菲茨杰拉德也借此成为畅销书作家，当时每年有一万八千美金的稿费收入。4月，24岁的菲茨杰拉德与姗尔达成婚，短短几个月内就完成了人生从低谷到辉煌的转换。

从菲茨杰拉德的早期经历中不难看出，金钱和地位是左右他人生路径的一大因素，也是他身份认同危机的重要源泉和在事业上不断奋斗的动力之一。他渴望金钱，也向往上层社会所带来的所有物质享受——歌舞升平、锦衣华服、珍馐美味以及唾手可得的异国之旅。纵观他的文学作品，特别是《人间天堂》《漂亮冤家》《了不起的盖茨比》《夜色温柔》这些长篇小说，就会发现金钱和地位也同样对其中男主人公的人格构建、性格变化和情节发展起到了重要作用，例如《人间天堂》中的阿莫瑞就因为缺钱痛失挚爱，《漂亮冤家》中的男主人公安东尼则因为自己的富裕身世赢得了心目中女神的青睐，并从此过着穷奢极欲的生活，《了不起的盖茨比》中的盖茨比也因为贫穷失去了自己的初恋，尽管后来通过奋斗成为富豪并重新得到女神的青睐，却也因为此丢掉了自己的性命，《夜色温柔》中的迪克与一位亿万富翁的女儿结婚，尽管这位多金女是个精神病患者，结果到头来不仅失去了婚姻也失去了自我。

奇怪的是，在《本杰明·巴顿奇事》中，菲茨杰拉德却没有设计任何与金钱和地位有关的矛盾冲突，而且本杰明作为生下来就是耄耋之年，随着成长却不断变年轻的怪异之人，他似乎坦然接受自己与他人的不同，坚决不做任何身份认同方面的探索，也从未表现过任何在身份认同方面的困惑与危机。这种逻辑有何渊源呢？事实上，纵观这部菲茨杰拉德少有的奇幻类小说，可以发现作者的笔触充满了诙谐与讽刺，恰恰从反面映照了现实世界金钱和地位的重要性。例如，“Button”作为本杰明的姓氏，原意为“纽扣”，是典型的小资产阶级。对这一类人群，菲茨杰拉德是充满鄙夷的，他曾经评论过：“最有钱的人只要想娶，就可以娶到最漂亮的姑娘，而没有收入的艺术家却只能把自己的才华出卖给制造纽扣的商人。”（陈爱华，2010）可见，菲茨杰拉德作为精英知识分子，对小资产阶级充满了抵触情绪，而在他的故乡，美国中西部的富裕阶层大多数都是这样的小私企业主，正是他们在他贫苦的少年时期给他形成了巨大的物质压力，这也是他为什么在成功后移居纽约这样精英聚集的大都市的原因。

此外，小说的主人公尽管身形怪异，却在婚姻大事上心想事成，娶到了当地最美丽的姑娘，原因是姑娘觉得年纪大的人更会照顾她，而姑娘的父亲虽贵为将军，也因为本杰明出资帮他出版了自己的书而欣然接受了这个女婿。这一情节同样充满了辛辣的讽刺，恰恰与菲茨杰拉德自身的经历和他在长篇小说中屡次表述的情节形成了鲜明的对照。菲茨杰拉德与姗尔达，曾经才子佳人，一见倾心，他们结合的唯一因素就是爱情，绝无任何世俗杂质，却因为金钱和地位的悬殊遭到了女方父母的极力反对，甚至姗尔达也最终因为顾及物质因素主动退婚。如果没有菲茨杰拉德的飞黄腾达，恐怕他们此生只能错过。而本杰明的那位姑娘——希尔迪加，选择他的理由却是他的年纪，何其荒诞的理由，可见如同大多数菲茨杰拉德笔下的女性角色，这里的希尔迪加也被异化了，她只是一个符号，而非富有纯洁情感的个人，她在婚姻中渴求的是被照顾，而非精神层面的共鸣和响应，这与小资产阶级缺乏精英知识分子的精神追求一样，是菲茨杰拉德嘲讽和鄙视的对象。而希尔迪加的父亲，仅仅受到一点金钱恩惠就接受了本杰明，这种短视和虚伪也成了菲茨杰拉德嘲讽的对象。

由此可见，本杰明由于有了优渥的家庭和上层的社会地位，便不再有任何身份认同的困惑和压力，这正是菲茨杰拉德在书写身份认同这一母题上的一种反讽策略，也更突出了金钱与地位对他的身份认同造成的困扰与危机，也是他成年之后坚决远离家乡，远离传统的价值体系，选择移居纽约甚至流浪欧洲，追逐新文化和新身份的深层次原因。

三、迷惘的一代

“迷惘的一代”在狭义上指一战后的一个文学流派，起源于侨居巴黎的美国女作家格特鲁德·斯泰因家的文学聚会，那里是当时旅居巴黎的文学青年们定期聚会的地点之一，其中包括菲茨杰拉德、海明威、多斯·帕索斯和马尔科姆·考利等。一次格特鲁德对着海明威等人说：“你们是迷惘的一代。”海明威于是把这句话作为一句题词记在自己的长篇小说《太阳照常升起》中，成为这批厌恶战争，却又找不出更好出路的青年人的象征。菲茨杰拉德虽然并未像海明威那样正式参加一战，也并未像他那样厌恶战争，但是他一生四次旅居巴黎，是“迷惘的一代”的重要见证人和代表人物。

虽然菲茨杰拉德第一次赴欧之时已经取得了事业和爱情的全面丰收，但是同众多其他文学青年一样都可以被视为“流放者”。在同为“迷惘的一代”的重要代表人物马尔科姆·考利的眼中，“尽管他们有成就，格特鲁德·斯泰因所用的那个形容词在很长时期内对这代人来说是适用的”。（考利：8）由此可见，即使已经有了金钱与地位，菲茨杰拉德也跟那一代西方青年一样经受着一战之后剧烈的社会变革，迷惘于欧洲与美国在经济、文化等领域霸主地位的更迭，同时也在异国与家乡之间遭受着“何处是故乡”的身份认同危机。

考利在回顾“迷惘的一代”时指出：“他们是无根之木，在外地上学，几乎和任何地区或传统都失却维系……他们所受的训练是为了应付另一种生活，而不是战后的那种生活，是因为战争使他们只能适应旅行和带刺激性的生活。这一代人之所以迷惘是因为他们试图过流放的生活……因为他们不接受旧的行为准则，因为他们对社会和作家在社会中的地位形成了一种错误的看法。这一代人属于从既定的社会准则向尚未产生的社会准则过渡的时期……脱离了旧的东西，可是还没有新的东西可供他们依附；它们朝着另一种生活体制摸索，而又说不出这是怎样的一种体制；在感到怀疑并不安地做出反抗的姿态的同时，他们怀念童年时的那些明确、肯定的事物。”（考利：8）

与其他曾经参战的青年不同，菲茨杰拉德前往欧洲更像是一次次寻求新奇和刺激的自我放逐之旅。他与姗尔达一生共四次赴欧，他们流连于巴黎的上层社会中，生活任性反叛，挥霍无度，充斥着杜松子酒、舞会和虚华浮躁。相对于美国传统社会清教主义的生活，他们不仅在身体上不断试探着新的环境，更在精神上完全摆脱了原来的羁绊。他们目睹了战后欧洲的百废待兴，也经历了美国作为经济大国的傲然崛起，一边心醉神迷于充裕的物质生活，一边更加放任自己去崇拜金钱和地位所能带来的优越感和人生恶趣。与此同时，菲茨杰拉德也不得不为支付这样的高消费生活方式而拼命写作，《本杰明·巴顿奇事》就是在这样的情势下完成的。

在《本杰明·巴顿奇事》中，作家为本杰明设置了相对稳定的时代背景，即1860年至1930年这一段时期。丝毫没有身份认同焦虑的本杰明并没有在他的一生中表现出太多的迷惘，但是面对与常人相逆的生活曲线，菲茨杰拉德还是赋予了他足够的敏感来表达年轻人与中年人、老年人对待事物的差别态度。例如，对待自己的妻子希尔迪加，“在刚结婚的那段时间里，本杰明的确很爱她。但随着岁月的流逝……她变得过于安于自己的生活方式，太平淡，太自足，太缺少兴致，她的品味也过于老成。新婚之后的那几年里，她还会‘拖’着本杰明去跳舞和赴宴——现在情况则恰好相反。她也会跟着他外出参加社交活动，但是却没有热情，她的热情已经被永恒的惰性消磨殆尽了，每个人在生活中都会有这种惰性，而且一旦粘上，我们就再也无法摆脱”。(34-35)

而对于战争，由于菲茨杰拉德始终对没有能够参与一战战事而感到遗憾，所以他在小说中为本杰明安排了这样的情节：“1898 年美西战争爆发的时候，由于家庭生活对他而言太过枯燥乏味，所以他决定去参军。鉴于他在商界的影响力，他先是被任命为上尉，随后因为工作出色又被任命为少校，最后晋升为陆军中校。就在此时刚好发生了著名的圣·胡安山激战，他冲锋陷阵，参加了这场激烈的战斗。而且，还在战斗中受了轻伤，从而获得了一枚勋章。本杰明对既活跃又刺激的军旅生活充满了迷恋，甚至对于退伍这件事感到十分遗憾。”(35)

在以上两段描述中，实际上菲茨杰拉德对二三十岁的青年人和40岁以后的中年人做了非常细致入微的比对，正如考利曾经评论的：“他（菲茨杰拉德）老想着时间，就像他是在一间摆满日历和时钟的房间里写作。”在1931年《爵士时代的回声》一文中，菲茨杰拉德准确地将爵士时代界定于1919年的五月示威至1929年10月经济危机的开始——即菲茨杰拉德自己23—33岁的时代，在他眼中，这是“奇迹的时代、艺术的时代、困厄的时代、讽刺的时代”（徐平，2006），而实际上这正是他自己的喷薄的、狂浪不羁的黄金时代，他自我放逐，迷失于各种浮华之间，并将这样的体验投射到本杰明的身上，让他在逆行的人生中逐渐从老气横秋也来到了事业成功、地位上升的阶段，却对比出渐入中年的妻子的困顿和无趣。

由此可见，在人生进程中最易陷入迷惘的是青年时代，而菲茨杰拉德恰恰在这一段年龄飞黄腾达，也更深刻的体会和描写了历史变革时期的传统与反叛、激荡与沉沦，他像同时代的很多人一样选择身体和精神上的自我放逐，以寻找自己在时代中的最佳位置。

四、幻灭情结

几乎在菲茨杰拉德所有的作品中，他都会极力地描绘金钱所能带来的奢华，但又会在故事的结尾将这些金钱架构的空中楼阁摧毁殆尽。例如，在《人间天堂》中，主人公阿莫瑞原本出生在富裕家庭，但是大学毕业后经历了家道中落和一系列爱情与事业的挫折，最终发现他从小被教导的那套所谓上层社会的价值体系都是虚假浮云，“他‘胸中涌动着一股要放任自己，走向毁灭的强烈欲望’。他清醒地看到周围人身上所存在的言不由衷，表里不一的虚伪面目和自相矛盾，深深感到幻想遭到了破灭的失望和悲哀”。（梁亚平：80）

在他最负盛名的经典小说《了不起的盖茨比》中，菲茨杰拉德就塑造了一个“美国梦”式的典型人物——盖茨比，又用最激烈无情的方式刺破了这个梦。盖茨比出身低微，却爱上了富家女黛西，黛西最终还是选择嫁给了富豪汤姆。后来，盖茨比因为贩卖私酒发了财。他经常在家里举办豪华的酒会，邀请社会上的名人雅士前来通宵达旦地歌舞畅饮，而他唯一的目的就是借此吸引住在海湾对面的黛西。终于，他们重新见面并且迅速浓情蜜意起来，然而有一次，黛西开着他的车轧死了汤姆的情妇马特尔，为了维护黛西，盖茨比决定替她顶罪，马特尔的丈夫对自己妻子与汤姆的私情完全不知，他恼羞成怒地将盖茨比当作自己的情敌，并把他当作杀死自己情人的凶手，最终开枪射杀了盖茨比。盖茨比死后，他用尽毕生精力追求和维护的黛西竟然重新回到了富豪丈夫身边，两人远赴欧洲，完全没有任何悔意。在盖茨比的葬礼上，出席者只有寥寥几人，那些平日流连于他的酒会的人都没有现身。通过这部作品，菲茨杰拉德一方面细致地刻画了美国纽约 20—30 年代歌舞升平、纸醉金迷的上层社会生活，另一方面也辛辣地揭露了美国东部社会的世态炎凉和社会腐败。

菲茨杰拉德作品中的这种幻灭情结也反映了他深入骨髓的悲剧意识，这也是为什么他被当代日本作家村上春树奉为偶像的重要原因。不管金钱、地位、女人还是铸就了美国民族精神的“美国梦”，甚至每个普通人年复一年日复一日为之努力奋斗的梦想，在菲茨杰拉德看来都会幻灭。曾经有人将菲茨杰拉德喻为“捕鼠器底下的老鼠”，“他曾纵情于‘爵士时代’的酒食征逐，但他在追逐名利的同时又能冷眼旁观，用敏锐的目光来审视生活和社会的变迁，用严峻的道德标准来衡量发生在周围的一切”。(宋利娜，2012)

在《本杰明·巴顿奇事》中，菲茨杰拉德将这样的幻灭情节发挥得淋漓尽致。据说他的创作源起马克·吐温的一句话：“遗憾的是人生中最美好的时光是在开始阶段，而最糟糕的时光则是在结束阶段。”（选自王秋生版，译著，思郁代译序）的确，返老还童是普通人常常发出的感慨与梦想。菲茨杰拉德借用本杰明造出了这样的一个梦，然后众人才发现这个梦原来如此的荒唐、残忍。且不说本杰明刚出生时由于蹒跚老态所遭到的众人的鄙夷和无视——医生、护士的厌弃以及耶鲁学院的歧视和拒绝，在他的相当顺利的婚姻中，他也不得不体验生命逆行的悲哀，当他日益年轻，对异性越来越有吸引力之时，他的妻子却越发老去，情不投，意不合，况且谁愿意与像似自己儿子或孙子样貌的人同行呢。而本杰明的儿子罗斯科就更加无礼："'还有'，罗斯科接着说，'家里有客人的时候，您要叫我'叔叔'——而不是'罗斯科'，是'叔叔'，您能明白吗？让一个15岁的小孩叫我的名字，这真是太荒谬了。也许您最好一直都叫我'叔叔'，然后，您就会习惯这样叫了。'……罗斯科严厉地看了他父亲一眼，转身走了……”（43）若不是在菲茨杰拉德的书中读到，谁会想到原来返老还童竟还会落入如此的伦理困境。

在小说的结尾，本杰明成了一个婴儿，“他记不起来了。他记不得最后一次喂给他的牛奶是热的还是冷的，不记得日子是怎么过去的——他只知道他的摇篮和奈娜熟悉的面孔。其他的，他什么都也不记得了。饿了，他就会哭——就是这样。整整一个下午加晚上，他都只剩下呼吸，四周轻轻的喃喃声和低声的嘀嘀咕咕，他几乎也听不见；各种各样的气味、连同光明和黑暗，他也只是隐隐约约地能够感觉得到……然后，就是一片漆黑，他的白色童床，在他上方来回移动的朦胧面庞，还有牛奶发出的甜香，一起从他的脑子里慢慢淡出了”。（52）逆行的人生曲线抹去了许多世俗世界认定的辉煌——“往事啊——圣·胡安山上带领着人马在枪林弹雨中的猛攻；婚后头几年在繁忙的夏日里，在繁忙的城市里，为了他深爱的年轻的希尔迪加全天候地工作直至夜幕降临：在那之前，和祖父一起在蒙罗大街上巴顿家的老房子里坐着抽烟直到深夜——所有的这一切都像虚幻的梦一样从他的头脑中彻底消失了，好像他们从来就没有发生过似的。”（52）所以就如译者思郁所言：“这种记忆的逆转所导致的不仅仅是人生的错位，更是爱与被爱的丧失。从这个角度来说，这篇小说的主题是永恒的丧失。”（思郁）

建造一个璀璨夺目的宫殿，再将它敲碎，让所有一起体尝了造梦之快乐的人再一起体验这种幻灭的痛苦，这似乎是菲茨杰拉德作品一贯的主题和他作为作家一直为后人津津乐道的悲剧审美。这与他自身起起落落的人生有着密切的关系，富裕出身、家道中落、受人资助、一见钟情、因缺钱被退婚、埋头写作、一夜成名、滚滚而来的名利金钱、重拾旧情，这些起起落落无不与金钱有关，每一个年轻人都得在这样残酷的人生战场上进行厮杀，有的凯旋，而有的只能铩羽而归，世界原本就是如此的现实和残酷。正如1937年菲茨杰拉德在一篇回忆年轻岁月的文章中写到的："涌入我脑海中的所有故事都带上了悲惨的色彩——我小说中那些可爱的年轻人遭到了毁灭，我的短篇小说中的钻石山被炸毁，我的百万富翁像托马斯·哈代笔下的农民一样美丽而悲惨。"（思郁）

真实的生活中，菲茨杰拉德和姗尔达穷奢极欲的生活很快就让他债台高筑，不得不靠给好莱坞写剧本为生。日益枯竭的灵感，难复辉煌的作品，以及1929年爆发的大萧条，都让他的日子越发难过；事业开始走下坡路，经济上日益窘迫，社会也满目疮痍，让他坚决地将此年作为他心目中的"爵士年代"的终结。雪上加霜的是，此后不久，姗尔达还罹患了精神疾病，菲茨杰拉德不仅要尽心尽力地照顾她和女儿，还要负责为她支付最好的治疗，经济上更加捉襟见肘，他一直想要恢复他年轻时的辉煌时期，然而，最后一部长篇小说《夜色温柔》的市场反应却不尽人意。就这样，他最终在小说创作的中途心脏病突发死去。不仅这般失落的生活曲线极符合他的幻灭主题，就连他的葬礼也与他笔下盖茨比的葬礼如出一辙，只有寥寥数人参加，与他诸多的荣誉和头衔形成了强烈的对比。

虽然菲茨杰拉德晚景凄凉，但是40—50年代起，人们很快重新认识到了他作品的重要价值，时至今日，“菲茨杰拉德研究”的热潮从未间断。人们美誉他为“编年史家”，因为他非常忠诚地记录了他所身处的时代和社会，同时还在他自传式的书写中，体验了他不凡的生命历程。可以说，菲茨杰拉德最过人之处，莫过于即使在事业的上升阶段，当所有人对他发出欢呼和热捧之时，他在享受这些成功的辉煌之余，也能清醒地意识到其中的虚伪与浮华，因此才一次又一次地将幻灭主题融入他的作品中，提醒读者同时也警醒自己。这是一种非常矛盾的身份认同，也是菲茨杰拉德惊世才华的真正来源。事实上，这种对于名与利的矛盾认知和领悟恰恰是人性的一大弱点：无论时代如何变幻，社会如何发展，人们都不断地追求各种美好，但是大多数人都没有准备好去承担和承受美好的最终离去。

五、结语

如本文开头所述，身份认同乃是离散文学的一大母题，而离散陷阱的存在恰恰为身份认同造成了各种各样的困惑和危机。在本文中，我们讨论了菲茨杰拉德在创作《本杰明·巴顿奇事》这部小说时的动机和他在情节铺排、人物建构方面的逻辑；同时，也透过这部作品和他的其他作品，讨论了菲茨杰拉德在身份认同方面曾经遭遇的各种离散陷阱，其中包括他对金钱和地位的痴迷、曾经经历的迷惘年代和幻灭情结这样的悲剧审美。

【深度解读】之二：
电影《返老还童》
——逆行人生蕴藏的箴言

拥有逆行人生的本杰明，其人生体验远异于常人，但正是这种独特的体验从另一个角度折射出人生的真相。整个电影就是一部箴言大全，借助本杰明在逆行之旅中所遭遇的一切，把人生的智慧展示在观众面前。这些关于爱、命运以及生活的箴言句句发人深省，回味无穷。

如果给你一次选择的机会，你是否愿意像本杰明·巴顿那样拥有一个逆行的人生？从出生到死亡，本杰明永远都处在生不逢时的尴尬境地。眼看着所爱的人一个个老去，自己却一步步变成简单与复杂的合体：同时拥有孩童的形体和老年人的心智，这种变形的人生何其孤独。当彼此生命的轨迹看似再无交会的可能时，却又一起回到混沌之初：忘却一切，白茫茫一片大地真干净。这或许是另一种形式的交集，只是交集的双方已经无法认出彼此。

拥有逆行人生的本杰明，其人生体验远异于常人，但正是这种独特的体验从另一个角度折射出人生的真相。整个电影就是一部箴言大全，借助本杰明在逆行之旅中所遭遇的一切，把人生的智慧展示在观众面前。这些关于爱、命运以及生活的箴言句句发人深省，回味无穷。

一、失去方知爱的可贵

"要是我告诉你我没有变老，而是变得更年轻了呢？"

"那真不幸。你必须看着你爱的人先你而去，真是可怕的责任。"

"我以前从没想过生死。"

"本杰明，我们命中注定要失去所爱之人。不然我们怎么知道，他们在我们生命中有多重要？"

新生儿的身形，老年人的机体，本杰明·巴顿就是这样一个来到世间的怪胎。这个怪胎诞生于1918年11月11日第一次世界大战结束的这一天，他怪异的模样瞬间摧毁了自己的父亲托马斯，托马斯惊慌失措地将本杰明丢弃在养老院门口。但就是这样一个生来就悲剧的怪物，在养老院这个他称之为“家”的地方生存了下来，并拥有了传奇的一生。

虽然遭到亲生父亲的遗弃，本杰明却因祸得福，在养老院里，他反而拥有了更多的爱。这里不仅有爱他的奎妮妈妈，还有形形色色给予他人生启迪的老人们。成年后，本杰明在摩尔曼斯克的一家旅馆中遇到了午夜爱人伊丽莎白·亚伯特，两人的秘密约会总是在午夜开始并止于日出之前，最后戛然而止。而贯串本杰明一生的重要人物则是他幼时在养老院就相识的黛西。还是小女孩的黛西初次见到老人模样的本杰明就感觉到了他的与众不同。当他回归婴儿之身时，也再度回归了黛西的怀抱。影片结尾，婴儿本杰明在老妇人黛西的怀里安然睡去，一对恋人以另一种形式的爱继续拥有了彼此。

不平凡的出身和遭遇赋予了本杰明不同于常人的亲情与爱情。生长在养老院这个环境里，本杰明得到的是独特的人生启蒙。对他而言，这个“家”是有助于自己成长的美好之地，因为“在这个地方，人们抛开了过往生活中的矛盾，每天只关心天气，洗澡水的温度，一天行将结束时的阳光”。一切都返璞归真，生活变得简单直观。本杰明会在夜里一个人清醒的时候听着房子的呼吸，听着大家沉睡的声音，那种安宁平和的氛围让他感到安心。

随着他慢慢成长，本杰明也逐渐从身边的老人那里了解一些人生的故事和真谛。有一天，一位本杰明怎么也想不起名字的老夫人开始教他弹钢琴，并告诉他："本杰明，我们命中注定要失去所爱之人。不然我们怎么知道，他们在我们生命中有多重要?"因为比常人更经常面对死亡，因为这种不断地失去，本杰明过早地知晓了人生的无常，这也为他之后不得不面对的一系列生死离别做好了心理准备，甚至是主动做出离开的选择。

本杰明学会了去爱，也学着去接受爱的失去。和伊丽莎白·亚伯特的午夜之爱，短暂却并无纠缠，俩人遵守着彼此的默契：白天绝不相见，日出之前一定分开，永远不说"我爱你"。直到有一天伊丽莎白不告而别，只给他留下一句话：很高兴遇见你。

如果说本杰明坦然接受了伊丽莎白的离去，那么在和黛西的关系中，他则更为纠结，也是拥有主动权的那一方。当黛西第一次提出想和他同床共枕时，本杰明拒绝了，黛西失望离去。当黛西遭遇车祸不得不结束舞蹈生涯时，本杰明赶到了她身边。即便遭到了后者的拒绝，他也还是在她身旁默默守候了一段时间才离去。而当最后黛西回到养老院时，本杰明毫不犹豫地就和她在一起了。

“你永远都猜不到，以后的生活是啥样子。”也许是对这种未知的恐惧，也许是意识到必将到来的失去，本杰明更知爱的可贵。在和黛西最幸福的时光里，他们可以什么也不要什么都不在意，只要一张扔在地板上的床垫就可以无尽缠绵。无数个白天黑夜，俩人如置身世外桃源，忘却世间一切。当终于到了不得不离去的那一天，他为心爱的人留下了能够留下的一切，除了他自己。世间的幸福于他终究如昙花一现，再多的缠绵也有结束的一天。“没什么东西是持续到永远的。”本杰明意识到当自己日渐恢复生命的朝气时，却只能眼睁睁地看着心爱的人老去，他们注定会朝着人生的两端越行越远，清醒的本杰明毅然决然地抽身离去。

离去并不意味着遗忘，离去只是为了心爱的人拥有真正的幸福。十几年后，当本杰明以20多岁的年轻人之身再次出现在黛西面前时，他意识到无论如何挣扎和努力，“有些东西你永远也不会忘记”。哪怕爱人容颜已老，爱依然刻在心里，这是多么残酷又令人无力的现实。提前懂得失去，让本杰明更珍惜眼前的珍贵，也更明白自己的责任。虽然彼此的人生轨道不能朝一个方向运行，至少也曾在人生的中点有过交集。努力爱过，珍惜过，足矣。

二、奏响自己生命的乐章

“弹琴不在于你弹得多么好，而在于你对于自己弹奏的乐曲有何感受，这其实就是在为你自己演奏音乐。”

人生，是自己为自己演奏的一首乐曲。倘若你是个拙劣的演奏者，你演奏的可能就是一首不那么美妙的乐曲。如果你融入最真实和真挚的情感，也许就能演绎出动人的乐章。有限的88个琴键可以组合出无限的旋律，不仅如此，动人的旋律一定独具个性，因不囿于规则与技巧而充满新鲜感与活力。英国浪漫主义诗人济慈在《希腊古瓮颂》写过这样一句：真即是美，美即是真。济慈认为，真实自然的就是美好的，美好的事物一定是本真的。其实人生不也应该遵循这一法则吗？听从自己内心真实的想法，不为外界所动，不受他人掌控，这样弹奏出的人生乐章才有可能是真而美的。

在养老院里教本杰明弹奏钢琴的那位老妇人曾说过：“弹琴不在于你弹得多么好，而在于你对于自己弹奏的乐曲有何感受，这其实就是在为你自己演奏音乐。”如果说本杰明人生的第一乐章是命运之手的作品，那么当他可以独立行走世界时，他就成为自己乐曲的演奏者。他给自己做出的第一项人生选择就是去拖船上打工，当一名水手。这段船上的经历不仅让他经历了战争的洗礼，也结识了有血有肉的普通人，更让他成为一个真正意义上的男人。

从养老院的老人那里，本杰明还得到了这样一个认识：“你意识到了真正发生改变的，是你自己。”因此，本杰明决定要继续走自己的路，做自己想做的事情。当他在旅馆里遇到伊丽莎白后，他听从自己的内心，爱就爱了。这种不期而遇且不合时宜的爱让俩人都感受到了年轻几岁的快乐。多年以后，当本杰明偶然在电视节目里看到得偿夙愿成功横渡英吉利海峡的伊丽莎白时，他会心地笑了。是爱，给予了他们改变自己的能量；也是爱，给予了伊丽莎白重新出发、弥补缺憾的勇气。

无论是在爱情还是人生的其他选择上，本杰明逐渐意识到：“要改变或者保持原状都无所谓，做事本不应有所束缚。”世间万物无时无刻不在改变，但真正的改变应是自内而外发生的。外界的力量或许可以作为催化剂，但只有跟随自己的心，才能拥有真正独一无二的人生，才能成为自己命运交响曲的演奏者。

初来到这个世界上的本杰明是奎妮妈妈眼中的一个奇迹，她坚信人人都可以成为奇迹，虽然未必是大家所期盼的那种奇迹。事实正如她所预言的那样，本杰明拥有的是传奇的一生，因为他懂得如何去奏响自己生命的乐章。也正如黛西的舞蹈导演告诉她的那样："舞蹈最重要的不是形式，而是舞者的感觉。"跟着感觉走，才能弹奏出最动情的乐曲，才能呈现出最美好的舞蹈。

三、释怀缺憾，放下执念

> "不顺心的时候，你可以像疯狗那样发狂。你可以破口大骂，诅咒命运。但到头来，还是得放手。"

本杰明在拖船上服役的期间，经历了珍珠港事件。他所在的拖船与敌舰同归于尽，只有包括本杰明在内的三人幸存。迈克船长在中弹奄奄一息时留给本杰明这样一句话："不顺心的时候，你可以像疯狗那样发狂。你可以破口大骂，诅咒命运。但到头来，还是得放手。"因为这句话，战争一结束本杰明就放下手边的一切，开始了另外一种生活，去探索生命，行走在他乡，去发现人生更多的可能性。

本杰明的亲生父亲托马斯作为纽扣业大亨，一生拥有了足够多的物质财富，却失去了至爱亲情。他的后半生只能纵情声色，醉生梦死。在人生即将走向终点时，托马斯告诉了本杰明自己的身份，并把一切财产与事业都交给他，作为对自己的救赎。但他始终对自己曾经犯下的错误无法释怀，也对即将到来的死亡惴惴不安，直到有一天清晨，本杰明带着他来河边看日出。

在河边的长椅上，本杰明只对托马斯说了一句话，就是迈克船长的那句人生格言："不顺心的时候，你可以像疯狗那样发狂。你可以破口大骂，诅咒命运。但到头来，还是得放手。"在那之后不久，巴顿先生终于释然地离去。尽管托马斯一生都活在自己罪过的阴影下，但这样的一生也未尝就没有意义。无论是拥有还是失去，都要学会坦然接受和面对，要懂得适时放手，因为这可能就是生命本来应该有的样子："我们的生命因为各种各样的机遇，而变得更有意义。甚至那些我们错过的。"

和托马斯不同，黛西的人生缺憾来自时间的蚕食。随着时光流逝，伊人渐老，曾经的理想也灰飞烟灭，黛西陷入了自怨自艾中。于是本杰明又带着黛西来到河边看日出。时间的大潮如同江河湖海，永无静止之时；又如同日出日落，每次都是一种新鲜的体验。日月的更迭交替，容颜的苍老，身体的衰微都只不过是宇宙的一瞬，是命运的必然。完美就在于世间万物的流动性，完美甚至也在于每一次的不完美。望着眼前的景致，黛西终于明白：没有人是永远完美的，努力接受人生的不完美，才能拥有内心的平静。在本杰明的开导下，黛西和巴顿先生都释怀了缺憾，放下了执念。

四、逆行人生的脱尘出世

“别人都在变老，而我，却独自一人，越来越年轻。”

因为从终点走回起点，本杰明无法拥有正常人的认知体系和过程，这反而让他有了一种脱尘出世的单纯，这种单纯让他显得格外真实可爱。在养老院的时候，本杰明正处在心智的童年时期，黛西是他亲密无间的玩伴。俩人会腻在一起听外婆读故事书，会半夜偷偷躲在桌子底下讲悄悄话，也会好奇地探索对方的身体。拥有一副成年人外形的本杰明实际上是个十足的小男孩，因此他并不懂得成年人世界的礼仪规范，不像成年人那样知道要和异性保持适当的距离。难怪当他和黛西夜半的会面被黛西外婆发现时，遭到了外婆的一顿训斥，而他还一副不明就里倍感委屈的样子。

没有接触过外部世界的本杰明保留着这种孩童的天真在常理之内，但当他的身体和心智渐趋一致，并且踏入社会开始接触外面的人群时，本杰明依然保持着一副不谙世事的模样，入世又出世的他显得格外与众不同。

在摩尔曼斯克的那家旅馆里，本杰明邂逅了相貌平凡却让他感觉很美的伊丽莎白·亚伯特。最初俩人形同路人，伊丽莎白甚至对他保持着警惕和戒心。随着一次次午夜客厅里的相聚和谈心，伊丽莎白逐渐放下了戒备。一壶暖茶，彻夜长谈，让两个孤独的心灵彼此靠近。有一天，一直试图用理性约束自己的伊丽莎白对本杰明说："已婚女人通常不会在半夜和陌生男人待在旅馆里。"而本杰明的回答是："我不知道已婚女人什么该做，什么不该做。"或许正是他这种不染尘埃的天真无形中鼓励了伊丽莎白，让她最终放下顾虑，与本杰明达成了午夜恋爱的默契。

独特的人生让本杰明在被主流社会唾弃时也游离在社会规范之外，他因此反而获得了一种额外的自由，收获了真挚的情感。塞翁失马，焉知非福。简单自由地生活，对人生有足够的认知和理解，同时又不受社会法则的约束，倘若人生能够达到这一境界也算是理想了，可惜不是所有人都有本杰明这种先天条件或勇气。

五、结语

如果现在再来回答文章开头提出的问题：你是否愿意像本杰明·巴顿那样拥有一个逆行的人生？答案或许是：不妨尝试一下这种逆行的人生。在不知世事的时候遭遇到背叛与遗弃，在懂得爱的时候拥有了爱，在几乎错过的时候及时醒悟。虽然命运终将带走身边的爱人，但至少已经深爱过，这样的人生也不算太遗憾。

也许在经历过人生应该经历过的一切后，爱过痛过，努力过争取过，就可以如孩童一样放下一切，回归与世无争的单纯，并带着那份心满意足，在爱的怀抱里坠入甜蜜的永恒。

> “你在想什么？”
>
> “我在想，为什么世上没有永恒呢？多可惜。”
>
> “有些事情是永恒的。”

的确，无论是正常还是逆行的人生，有些事情是永恒的，比如爱。这大概就是《返老还童》想要传达给我们的人生真谛吧。

【深度解读】之三：假如生命可以逆行——《本杰明·巴顿奇事》从小说到电影

弗朗西斯·司各特·菲茨杰拉德的短篇小说《本杰明·巴顿奇事》于2008年被著名导演大卫·芬奇搬上银幕。改编电影在情节和主题等方面做出了大胆的改动、在视觉效果和化妆方面也十分成功，并用特有的镜头语言为原著小说增加了丰富的内涵。

《本杰明·巴顿奇事》是弗朗西斯·司各特·菲茨杰拉德1922年发表的短篇小说，讲述了一出生就形同70多岁老人的本杰明·巴顿，随着岁月的流逝越来越年轻，最终成为新生婴儿的离奇人生。这部小说早在20世纪90年代就进入好莱坞四大特效公司之一“数字领域”（Digital Domain）的视线，但由于影片角色设计的独特性以及当时技术发展水平的限制而暂时搁置。2002年，好莱坞著名导演大卫·芬奇接管了这一项目，并请来曾凭借《阿甘正传》获得1994年奥斯卡最佳编剧奖的艾力克·罗斯担任改编。影片由布拉德·皮特和凯特·布兰切特主演，2008年在美国上映后，得到主流媒体的正面评价，以及13项奥斯卡奖提名。

艾里克·罗斯的改编沿用了原著的故事框架，同时在情节、叙事角度、人物和主题等方面做出了很多大胆的改动，电影的内涵也更加丰富。这是个令人难以置信的故事，但这部160分钟的电影所展现的种种人生境遇，却令人由衷地感叹。

一、情节与叙事角度

原著中本杰明出生时不仅面如80岁老者，还留着长长的白胡子，并且出生当天就开口说话，与人交谈；而电影中的他除了貌似行将就木，皮肤褶皱不堪，与其他婴儿并无两样。改编在一定程度上减轻了角色特征对观众视觉的冲击，同时也让奎妮最终收养他的决定更合乎情理。与其他初次见到本杰明的人不同的是，养老院的老人们并没有大惊失色，而是平静地接受了他，甚至还有人幽默地评价他像已故的前夫。在这个对人生百态充满包容的养老院里，本杰明不仅没有被看作另类，还因生理和心理年龄的相仿而与老人们相处融洽。相比原著中本杰明按部就班，但却充满压抑和无奈的童年，电影中他在养老院里与风烛残年的老人们共度的时光更顺应了他倒置的生命进程。

与原著中本杰明顺理成章地子承父业，经营纽扣公司不同，电影中的本杰明在出生后的第 18 年，也是他实际大约 50 岁的年纪，便跟随麦克船长出海远航，其间他经历了很多人生中的“第一次”。在异国他乡的酒店里，他遇到了一位外交官的妻子伊丽莎白。两个夜晚失眠的人在酒店餐厅不期而遇，本杰明沉稳但不世故，伊丽莎白内心寂寞，渴望找回对生活的激情，他们很快便无话不谈，渐生情愫，但这段属于夜晚的婚外情不久便因伊丽莎白的离开不了了之。多年以后，本杰明偶然在电视上看到了已近老年的她完成了当年横渡英吉利海峡的梦想，不由得会心一笑。

二战爆发后，麦克船长的船被征用，他们在一次夜航中遭到德国潜艇的袭击，本杰明在枪林弹雨中经历了战争的残酷。当他回到新奥尔良的家中，一切似乎又回到了他熟悉的样子。本杰明 12 岁时起就认识的女孩戴西碰巧回来探望，她已搬到纽约，是芭蕾舞团的一颗新星，充满青春的活力，对百老汇的生活津津乐道。虽然两人彼此一直抱有好感，但本杰明还是拒绝了戴西，他和戴西所描述的生活还是有些格格不入，直到后来他继承了父亲的家业，变得更加年轻英俊，而戴西因意外车祸而结束舞蹈生涯，他们才最终走到一起。这比原著中本杰明与年轻貌美的希尔迪加小姐不顾世人的反对，毅然结合要坎坷、更费周折，然而他们爱得也更加深沉、长久。

影片开始于2003年卡特里娜飓风来临前的医院病房内，已经奄奄一息的戴西躺在病床上，把一本日记交给女儿，要她读给自己听。影片的另一条线索是日记的内容，也就是本杰明自己记录的人生经历和感受，采用第一人称的叙事角度，增加了故事的真实感。两条线索在影片中交替进行，带来很强的时间感，也完成了叙事角度的顺利转换。

二、主题

无论原著小说还是改编电影，时间都是《本杰明·巴顿奇事》中一个重要主题。在影片开头，女儿卡罗琳在病床前陪伴母亲戴西度过生命中的最后时光，戴西忽然费力地讲起了在1918年建成的火车站里有个盲人钟表匠加图先生费尽心血制作的大钟，在揭幕的那一天人们才发现钟是按逆时针方向倒着走的。加图先生的解释是，如果钟能让时间逆行，那么他在战争中牺牲的儿子也可能死而复生。类似的观念还出现在戴西遭遇车祸的那段情节，影片把时间拨回到车祸之前，重现了生活中无数微小的偶然性凑在一起，导致了悲剧的发生，而其中任何一个环节哪怕发生细小的变化，命运也会因此不同。本杰明的生命正如这座大钟般，有悖于时间规律，朝着逝去的日子逆行，但最终还是无法摆脱共同的宿命。在影片结尾，飓风带来的洪水淹没了这座仍在走着的大钟，消逝在时间的记忆里。

影片另一个反复出现的主题是死亡。从小在养老院长大的本杰明对于生老病死早已司空见惯，死亡是这里的常客，它并不可怕，反而带着某种诗意如期而至。对于死亡，影片传递了一种坦然的态度，片中的垂死者没有过多的挣扎和恐惧，即便是在战争中被机枪打烂胸膛的麦克船长，临死前也只是说了句“不顺心的时候，你可以像疯狗那样发狂。你可以破口大骂，诅咒命运。但到头来，还是得放手”。而面对死亡，生者也没有过度悲伤和恸哭。本杰明的养母奎妮去世后，亲友们在教堂为她高声歌唱生命的颂歌——对于一个善良、慈爱的女人，这可能是最好的送别。忧伤过后是对死亡的思考：既然是共同的命运，无法避免，不如顺其自然，坦然面对。

与原著小说不同的是，改编电影最重要的主题是爱。本杰明和戴西的爱情几乎贯穿了一生，剧情也以此为中心展开。从他们难忘的孩提时代到豆蔻年华，爱情的脚步总被种种机缘牵绊。相向而行的人生轨迹只有到了中间才能短暂交会，而一切美好也在此成为永恒。本杰明意识到此后的人生将渐行渐远，自己无法像一个正常的丈夫或父亲那样陪伴妻子和女儿，于是他变卖了所有资产，把钱留给戴西母女，又一次开始漂泊。他每年都会给女儿写信，满是深切的思念和对人生的感悟，让影片爱的主题深入人心。两人的生命再次交会已是迟暮之年，本杰明年幼的身体里记忆已渐渐消退，人们根据他随身携带的日记里的线索找到戴西，他们从此相伴，走到生命的尽头，仍是一老一小地牵着手。

三、视觉效果与配乐

《本杰明·巴顿奇事》毫无悬念地获得了当年奥斯卡最佳视觉效果，最佳化妆和最佳艺术指导奖。要呈现本杰明从古稀之年到新生婴儿的生命历程，这些技术支持必不可少。导演大卫·芬奇请来六位替身演员，演绎不同时期的本杰明，因此在面部特效上采用电子成像，然后安放在其他演员的身体上。技术难点在于要动态捕捉布拉德·皮特的面部表演，以保证其真实性，为达到理想效果，后期制作动用了顶级扫描技术及智能光线阴影渲染系统将本杰明头部与实拍演员的身体以及场景天衣无缝地结合在一起，获奖也是实至名归。

法国著名符号学家麦茨曾说过：“电影的真正台词是画面。”一个画面往往抵得上千言万语。影片中的画面延续了大卫·芬奇一贯的特点，细腻而唯美，但在色彩上一改芬奇以往的阴沉与黯淡，摄影师克劳迪奥·米兰达使用了滤镜拍摄，增加了怀旧感和温情的表达，镜头常常徐缓推拉，虽然是主流手法，但自然不做作。

影片的配乐全部由亚历山大·迪斯普拉特（Alexandrc Desplat）创作，他曾为《暮色2》《金色罗盘》《女王》《色戒》等影片谱写原创音乐，擅长悠扬隽永、富有异域风情的旋律，本片的配乐也秉承了他一贯的风格，恰当地融入电影的每个时刻，十分值得称道。他曾说过“音乐要强有力，也要安静，要十分纤细缜密，不能过度卖弄，而且要表达出主角的情感，因为本杰明是沉默的人，音乐要表达出他在不同处境下的移情，显现出他在悲伤与疑惑时的感受”。

大卫·芬奇的电影特色十分鲜明，《本杰明·巴顿奇事》也同其他影片一样，把关注的焦点投向人性。从衰老到新生这有别于常人的生命轨迹引发了人们对生命与死亡的诸多思考，具有震撼力的影像风格在看似平凡的故事中融入了一道传奇的色彩。

参考文献

［1］弗·司各特·菲茨杰拉德．返老还童：菲茨杰拉德短篇小说选（中英对照全译本）．盛世教育西方名著翻译委员会，译．上海：世界图书出版公司，2015.

［2］弗·司各特·菲茨杰拉德．返老还童．王秋生，译．北京：中国宇航出版社，2011.

［3］马尔科姆·考利．流放者归来：二十年代的文学流浪生涯．张承谟，译．重庆：重庆出版社，2006.

［4］梁亚平．美国文学简介．上海：东华大学出版社，2006.

［5］A. Lynn. 英语电影赏析．霍斯亮，译．北京：外语教学与研究出版社，2005.

［6］克林斯·布鲁克斯、罗伯特·潘·沃伦．小说鉴赏（双语修订第三版）．冯亦代、丰子恺、草婴、汝龙等，译．上海：世界图书出版公司，2008.

［7］戴维·洛奇．小说的艺术．卢丽安，译．上海：世界出版股份有限公司译文出版社，2010.

［8］王宁．流散文学与文化身份认同．社会科学，2006（11）：170-176.

［9］邢媛．文化认同离散现象的辩证法审视．晋中学院学报，2018（1）：18-26.

［10］葛锦荣、谭业升．菲茨杰拉德失落情结的内在逻辑．天津外国语学院学报，2004（3）：59-63.

［11］徐平．由菲茨杰拉德看二十年代美国，吉林师范大学学报（人文社会科学版），2006（5）：51-54.

［12］陈爱华．论菲茨杰拉德的悲剧意识．北京第二外国语学报，2010（6）：45-51.

［13］宋利娜．《返老还童》中“美国梦”的破灭．衡水学院学报，2012（3）：55-57.

［14］郑汉民．谁塑造了本杰明·巴顿——电影《本杰明·巴顿奇事》特效揭秘．电视字幕（特技与动画），2009（4）：5-7.

［15］邢军．《本杰明·巴顿奇事》小说文本到电影文本的主题变奏．辽宁师范大学学报（社会科学版），2013（3）：31-33.

（本章作者：刘建华　黄春燕　张雪丹）

2.《走出非洲》

Out of Africa

作者简介

伊萨克·迪内森（Isak Dinesen，1885—1962），原名卡伦·布里克森（Karen Blixen），丹麦著名女作家，其最著名的作品是自传体小说《走出非洲》。迪内森生于丹麦一个贵族家庭，1914 年婚后即随瑞典男爵丈夫波尔·布里克森旅居肯尼亚，共同经营一个咖啡农场。然而这段婚姻并不幸福，迪内森在非洲生活了 18 年，其间不幸染病，与丈夫离异，咖啡农场破产，情人因驾驶飞机失事身亡，于 1931 年只身返回丹麦，和母亲一起生活。1934 年，她开始从事文学创作，讲述自己在非洲的传奇经历。1937 年，《走出非洲》出版，这部自传体小说记录了作者在肯尼亚 18 年生活的点点滴滴，表达了对非洲大陆深深的眷恋和对生活在那里的人们的热爱与同情，整部作品情感深厚，文笔优美，风格恬淡。1985 年，《走出非洲》被好莱坞搬上银幕，大获欢迎，并一举斩获了第 58 届奥斯卡金像奖的七项大奖。迪内森的其他作品还有《七个神奇的故事》《冬天的故事》《天使的复仇》《最后的故事》《命运轶事》《草坪上的影子》。1962 年，迪内森在哥本哈根附近的伦斯特伦德逝世。

撷英采华

片段 1：

Camping-places fix themselves in your mind as if you had spent long periods of your life in them. You will remember a curve of your wagon track in the grass of the plain, like the features of a friend. (Karen Blixen, 1937：23)①

译文：

那些野营过的地方，在你心中永难磨灭，似乎你一生中有很长一段时光在那里度过。你会清晰记得四轮车在草原上轧出的曲线，就像记着一位友人的面容特征一样。（卡伦·布里克森②. 周国勇、张鹤，译，2013：14）③

片段 2：

If a person with an inborn sympathy for animals had grown up in

---

① 小说的英文引文均出自此版本。以下只在引文后标注页码，不另加注。

② 本文发表时用的笔名为伊萨克·迪内森，但本书封面署名为卡伦·布里克森。

③ 小说的中文引文均出自此版本，个别引文本文作者有所改动。以下只在引文后标注页码，不另加注。

a milieu where there were no animals, and had come into contact with animals late in life; or if a person with an instinctive taste for woods and forest had entered a forest for the first time at the age of twenty; or if someone with an ear for music had happened to hear music for the first time when he was already grown up; their cases might have been similar to mine. (25)

译文：

假设一个生来就同情动物的人，在没有动物的环境里成长，忽然与动物又有了接触；假设一个天生热爱树木森林的人，到二十岁时才第一次进入森林；假设一个和音乐有奇缘的人，偏偏到长大成人后才第一次听到音乐——那么，这些人便是现在的我。(17)

片段3：

The years in which Lulu and her people came round to my house were the happiest of my life in Africa. For that reason, I came to look upon my acquaintance with the forest antelopes as upon a great boon, and a token of friendship from Africa. All the country was in it good omens, old covenants, a song. (75)

译文：

鲁鲁及其一家来与我们做伴的那些岁月是我在非洲生活中最愉快的时光。出于这个原因，我终于将自己与森林羚羊的交往视为上天的一种莫大的恩惠、非洲友谊的标志。整个山野都处于这种温馨的气氛之中，吉祥的兆头，古老的契约，还有那首歌。(79)

片段 4：

If I know a song of Africa, —I thought, —of the Giraffe, and the African new moon lying on her back, of the ploughs in the fields, and the sweaty faces of the coffee-pickers, does Africa know a song of me? Would the air over the plain quiver with a colour that I had had on, or the children invent a game in which my name was, or the full moon throw a shadow over the gravel of the drive that was like me, or would the eagles of Ngong look out for me? (75)

译文：

如果我会唱非洲的歌，我想唱那长颈鹿，以及洒在它背上的新月；唱那田中犁铧，以及咖啡农淌汗的脸庞；那么，非洲会唱我的歌吗？草原上的空气会因我具有的色彩而震颤吗？孩子们会发明一个以我的名字命名的游戏吗？圆月会在我旅途的砾石上投下酷似我的影子吗？还有，恩戈山上的苍鹰会眺望、寻觅我的踪影吗？(81)

片段 5：

In Africa, when you pick up a book worth reading, out of the deadly consignments which good ships are being made to carry out all the way from Europe, you read it as an author would like his book to be read, praying to God that he may have it in him to go on as beautifully as he has begun. Your mind runs, transported, upon a fresh deep green track. (85)

译文：

在非洲，当你从来自欧洲的海运货物中拣出一本值得一读的书时，你会那么认真地阅读，就像一个作者企望自己的书被他人阅读一样。你一边读一边祈祷上帝：愿这本书像开头这几行引人入胜。在崭新的、深深的绿色轨道上，你的心在驰骋，在运输。(91)

片段 6：

When I look back upon my last months in Africa, it seems to me that the lifeless things were aware of my departure a long time before I was so myself. The hills, the forests, plains and rivers, the wind, all knew that we were to part. When I first began to make terms with fate, and the negotiations about the sale of the farm were taken up, the attitude of the landscape towards me changed. Till then I had been part of it, and the drought had been to me like a fever, and the flowering of the plain like a new frock. Now the country disengaged itself from me, and stood back a little, in order that I should see it clearly and as a whole. (284)

译文：

当我回首在非洲的最后岁月，我依稀感到那些没有生命的东西都远远先于我感知到我的离别。那一座座山峦，那一片片森林，那一处处草原，那一道道河流，以及旷野里的风，都知道我们即将分手。当我开始与命运达成协议，当变卖庄园的谈判拉开序幕，大地的景观对我的态度也开始变化了。在那之前，我一直是其中一部分；大地干旱，我就感到自己发烧，草原鲜花怒放，我就感到自己披上了新的盛装。而这会儿，大地从我这里分开，往后退着，以便我能看得更清晰，看到它的全貌。(243)

影片资料

影片名：走出非洲

类型：爱情

片长：150 分钟

出品：环球影业公司

导演：西德尼·波拉克

编剧：卡伦·布里克森、科特·路德特克

主演：梅丽尔·斯特里普饰卡伦

罗伯特·雷德福饰丹尼斯

克劳斯·马利亚·布朗道尔饰波尔

获奖情况：1986 年第 58 届奥斯卡最佳影片（获奖）、最佳导演（获奖）、最佳改编剧本（获奖）、最佳摄影（获奖）、最佳艺术指导（获奖）、最佳音响（获奖）、最佳配乐（获奖）；1986 年第 43 届美国金球奖剧情类最佳影片（获奖）、最佳男配角（获奖）、最佳电影配乐（获奖）。

剧情梗概

卡伦是一个出身贵族的富家女，为了得到一个男爵夫人的头衔，她嫁给瑞典男爵波尔。两人远赴东非肯尼亚，共同经营一个咖啡农场。然而两人的婚姻生活并不美满。波尔长期离家在外，四处拈花惹草，卡伦只能自己独自生活，并辛勤打理咖啡农场的各种事务。在一起劳动的过程中，卡伦与种植园里的非洲土著人产生了深厚的友谊。在那片广袤神奇的土地上，卡伦经常外出打猎、探险，她渐渐爱上了这片壮美的大陆。丹尼斯是波尔男爵的朋友，他英俊潇洒，个性洒脱不羁。在一次探险中，他还从狮子口中救出了卡伦。之后，两人的关系日渐密切，时常驾驶飞机同游非洲大草原，一起度过了一段美好时光。然而种植园的一次大火让卡伦不得不宣告破产，而后不久，丹尼斯又驾机意外身亡。在双重沉重打击下，卡伦只身黯然离开肯尼亚，返回欧洲。

【深度解读】之一：超验主义视角下的《走出非洲》

初到非洲的卡伦，还略有一些虚荣和脆弱，然而这片神奇的土地一点一点地改变了她。渐渐地，她开始了解这片土地与这里的人们，开始爱上这里的草原、山峦、河流、落日、云霞、羚羊、狮子、雄鹰……《走出非洲》整本书语言云淡风轻，然而字里行间都流露出了作者对非洲大陆浓烈而深沉的挚爱。从某种程度上，可以说非洲的自然环境改变了她的自我，使她成为自然中的一部分，与自然和谐共存。

一、前言

《走出非洲》于1937年出版，是丹麦女作家卡伦·布里克森（笔名“伊萨克·迪内森”）的自传体小说。这部作品问世后即获巨大成功，布里克森声名鹊起，曾经两次获得诺贝尔奖的提名，与童话大师安徒生并称为丹麦的“文学国宝”。由原著改编的好莱坞同名电影《走出非洲》由美国环球影业公司制作，于1985年上映，并于1986年一举斩获奥斯卡七项大奖——包括最佳影片、最佳导演、最佳改编剧本、最佳摄影、最佳艺术指导、最佳音响、最佳配乐。

鉴于女主人公的殖民者与基督徒的双重身份，一直以来对于这部作品的评论焦点主要集中在其殖民主义与后殖民主义内核上，此外其他的评论角度还有非洲宗教、异文化书写、叙事风格、隐喻等。本文拟以超验主义（transcendentalism）为切入点，试图从另一个角度对这部经典作品进行解读。

二、超验主义思想的价值观

超验主义是源于美国的一股重要文化思潮，它兴起于19世纪30年代美国东北部的新英格兰地区，是美国思想史上的一次重要的思想与文化解放运动。美国超验主义最主要的代表人物是拉尔夫·沃尔多·爱默生（Ralph Waldo Emerson），他被公认为是超验主义运动的领袖，其经典作品有散文《论自然》（*Nature*，1836）、《论自助》（*Self-Reliance*，1841）与演讲《美国学者》（*The American Scholar*，1837）。

美国超验主义的另外一个重要代表人物是经典作品《瓦尔

登湖》（*Walden, or Life in the Woods*, 1854）的作者亨利·戴维·梭罗。梭罗与爱默生本是亦师亦友的关系，两人一度走得非常密切，然而后来由于种种原因反目交恶。《瓦尔登湖》这部散文集是梭罗对超验主义思想身体力行的忠实记录和深邃思考。1845 年，梭罗在家乡马萨诸塞州（Massachusetts）康科德小镇（Concord）附近的瓦尔登湖畔就地取材，自己动手建造了一个小木屋，选在美国独立日 7 月 4 日那天搬了进去。他在湖畔林中住了两年零两个月，过着辛勤劳作、自给自足的简朴隐居生活。在瓦尔登湖畔生活的两年多里，梭罗试图以自己的生活实践警示现代社会中盲目奔波忙碌的人们，提醒他们静下心来聆听来自内心的真实声音。

一般来说，超验主义的核心思想观点主要体现在以下几个方面：

第一，超验主义者强调直觉的重要性，认为人类可以超越经验和理性而直接认识真理。他们认为精神层面的“超灵”（Oversoul）是宇宙万物的本源，同时他们眼中的“超灵”又不是像上帝那样高高在上、严肃刻板的，“超灵”是一股无形但是无所不在的力量，它存在于每一个人的内心和一切宇宙的事物中，因此宇宙的万事万物都是神圣的。

第二，超验主义者强调个人的价值。既然“超灵”存在于每个人的内心中，那么每个人类个体也就是神圣的，一个人的力量是强大无比、坚不可摧的，其领袖人物爱默生就曾经说过，一个人可以比一座城还要强大。同时，超验主义者认为人可以与上帝直接交流，而不必依靠教会和牧师。理想的人是依靠自己的人，这就告诫人们不必迷信外部的传统与权威，而鼓励人们相信自己，依靠自己，自力更生，转向自己的内心去寻找力量，充分挖掘出自己的全部潜能。事实上，“相信你自己”这句爱默生的名言，已经成为超验主义者的座右铭。这种思想强调人的主观能动性，否定“神权”“宿命论”等消极观念，无疑是具有积极的进步意义的。

第三，超验主义者是积极、乐观的理想主义者。他们认为社会进步主要仰仗于每个人素质修养的自我完善与精神世界的深厚充盈。超验主义认为人们应该舍弃对世俗名利、物质生活的过度迷恋，而去追求一种崇高、充实的精神生活。人活一世应该不断地认识自我、发掘自我、充实自我、完善自我。这对于人类来说，无疑是一个睿智的警醒，尤其对当下现代社会中沉迷于物质世界的芸芸众生来说更具有无比深远的超前意义。此外，超验主义也具有强烈的社会责任感与身体力行的实践精神，其目标是建立一个道德完满、民主自由的社会，他们曾经成立了一些带有乌托邦色彩的超验主义社区，虽然无一例外都以失败告终，但这种勇敢热情的尝试无疑是非常有意义的可贵实践。

第四，超验主义者以全新的目光看待自然。自然不再是背景、舞台，而是有生命的、神圣的，是“超灵”的外衣，自然界的万事万物都是“超灵”的体现，而上帝的精神充溢其中，正如爱默生所说：“世界将其自身缩小成为一滴露水。”因此，自然与人类的关系是神圣而亲密的，自然对人的思想情感有一种健康的滋养作用。超验主义主张人类亲近自然，接受它的影响，以在精神上成为一个理想的人。

三、超验主义视角下的《走出非洲》

《走出非洲》记录了作者在东非肯尼亚生活 18 年的点点滴滴、苦辣酸甜，以她经营的咖啡种植园为基点，她描述了这片广袤大陆上的各色人等、各种事件与五味杂陈的各类情愫，散发着浓郁的非洲风情。这是一部文体与结构都非常独特的作品，整本书几乎没有统一连贯的情节，没有激烈的矛盾冲突。全书更像是一部随笔短文合集，大致根据时间与主题的线索由五个部分松散地组成，按照先后顺序分别为“卡曼坦与鲁鲁”“庄园枪祸”“庄园来客”“一个移民的札记”“告别庄园”。每个部分包含数目不等、篇幅长短不一的文章，这些文章文体各异，兼有游记、速写、抒情小品与小说等各种表现手法，文风平实质朴但优美生动。作者主要以游记的手法描绘非洲大陆古朴壮美且富有勃勃生机的自然景色；以速写的手法迅捷而准确地勾勒忽然发生的戏剧性事件；以小说的手法生动细腻地刻画一个个活灵活现、个性迥异的人物形象，各色人等在她的笔下跃然纸上；而贯串全书、融入字里行间的，是她以抒情小品的手法，用富有诗意的语言，抒发自己对那片热土浓烈而深沉的情怀——对非洲大陆瑰丽景色的赞叹、对非洲古老传统文化的尊重、对非洲土著人的同情与挚爱……这些文章就像一颗颗淡雅精美的珍珠一样，被匠心独具的作者精心打磨，再巧妙地串起来成为一条巧夺天工的项链。这些文章既彼此相对独立成章，又有着内在的统一性，是浑然一体、不可分割的和谐艺术整体。

（一）远离尘嚣，亲近自然

《走出非洲》的第一辑“卡曼坦与鲁鲁”的第一篇文章是“恩戈庄园”，开场白即是“我的非洲庄园坐落在恩戈山麓……”接下来作者用深情细腻的笔触描画她生活了十几年的恩戈山的山貌。那里有一片广阔的恩戈森林保护区，里面几乎都是高大的原始树木。赤道从这片高地横贯而过，海拔高达6000英尺，在这里你的视野开阔、高远，可以自由自在地尽情呼吸。在这里白天的时候你会觉得离太阳很近很近，而在夜晚又会感到寒意袭人。

在作者眼中，非洲大陆有一种独一无二的浓烈与纯净兼具之美，她热爱那里的一切——人、动物、植物、风土人情……每次回想那里都会觉得无比欢畅。实际上她来到非洲的最初几周，就对那片热土萌发了深厚的感情："假设一个生来就同情动物的人，在没有动物的环境里成长，忽然与动物又有了接触；假设一个天生热爱树木森林的人，到二十岁时才第一次进入森林；假设一个和音乐有奇缘的人，偏偏到长大成人后才第一次听到音乐——那么，这些人便是现在的我。"（17）

她仔细珍藏对于自然的每一段回忆，"那些野营过的地方，在你心中永难磨灭，似乎你一生中有很长一段时光在那里度过。你会清晰记得四轮车在草原上轧出的曲线，就像记着一位友人的面容特征一样"。（14）

卡伦热爱写作，经常在闲暇时间在餐厅的桌子旁边思考和书写，而她的餐厅正朝西，有三扇宽大的落地窗，窗外清晰可见远远近近茂密的森林与青青的草原。这样她可以悉心观察自然的每时每刻，热爱它的每一面风景，每一次日出日落，每一缕细雨清风——“我庄园外的山峦，在一天中不时地交叉变换它们的性格，时而显得如此亲近，时而又那么遥远”。

超验主义主张人与自然和谐相处，融为一体，推崇心灵与自然的和谐，在自然的宁静中寻求一种纯真与诗意的理想生活状态。爱默生认为自然是人类的精神家园，而在梭罗笔下，自然界中的一切都是他的亲密朋友，也是精神力量的源泉。第一次世界大战爆发后，卡伦曾经奉命完成一些运送粮食、弹药等军需补给物资、收拾仓库、传送信件等任务。那几个月她离开庄园，基本每天都在野外奔波，虽然很辛苦，但是当整日在草原上穿越的时候，呼吸着清新芳香的空气，她感受到了难以名状的野外乐趣。虽然之前她也曾外出打猎，但只有这次军旅远征才是单独一人与非洲人在旷野里出行。日薄西山的时候，他们在马赛自然保护区里，夜幕渐渐低垂，空气沁人心脾，山野中满是滴着清凉露珠的野草，草中四处潜伏的蟋蟀在欢快地齐声鸣唱——“这青草是我，这空气、这远处隐隐的群山是我，这疲乏的牛群也是我。我吸进荆棘树间的阵阵清风”。

后来卡伦和朋友丹尼斯驾驶飞机飞越草原的时候，更可以从天空俯瞰非洲大地，取得一个更高远的视角。他们那时候几乎天天在空中飞行，飞行成为他们的生活中最激动人心的乐事，有一种发现新大陆的感觉。他们一起感受非洲大陆蕴含的原始而蓬勃的生命力，他们带着留声机去狩猎，在星光下共舞，在午后的微风中小憩。他们一起驾驶飞机去鸟瞰只有非洲大陆才有的壮观奇景：有各种令人惊叹的光线与色彩的组合变化、有阳光普照的绿色原野、有雨后的七色彩虹、有硕大的云朵、有气势非凡的滂沱暴雨……而在低空飞行的时候后，又可以清晰地观赏到草原上的各种动物。

在森林里，卡伦经常遇到各种动物：斑马、大象、花豹、灰猴、野猪、长颈鹿等，而讲述最详细、也是最充满情感的，是“羚羊鲁鲁”。鲁鲁是一只小南非羚羊，样子非常漂亮，性情羞涩，它们喜欢栖息在树林或灌木丛中，在林中敏捷地跑来跑去。

有一天，卡伦在路边遇到一群小孩，他们举起一只小小的羚羊给她看，想卖给她，然而她当时有事情要处理，就走开了。但是她那天一直惦记着这只羚羊，于是当晚就下令仆人找到孩子们，从他们手里买下了这只美丽的小羚羊。她给这只小羊起名为“鲁鲁”，在斯瓦希里语中是“珍珠”的意思。一开始鲁鲁还很小，只有一只小猫那么大，有一双又温柔又文静的紫色大眼睛。鲁鲁深受庄园上下人等的喜爱，它一天天长大，渐渐出落得像一个亭亭玉立、姿容秀美的大家闺秀，姿态优雅大方。

直到有一天，鲁鲁忽然整个晚上都没有回家，庄园里的人四处寻找也没有找到。一周以后，有仆人告诉卡伦，鲁鲁“结婚”了，现在和一只雄鹿在一起，住在森林里。不过鲁鲁并没有忘记主人，它经常早晨回到庄园的地界，就像出嫁的女儿回到娘家一般，后来更是带着小鹿回来。这样的关系持续了好多年，鲁鲁一家在庄园里进进出出——“似乎我的庄园是野生动物园的一个省份”。卡伦很怀念与鲁鲁的这段宝贵的缘分：“鲁鲁及其一家来与我们做伴的那些岁月是我在非洲生活中最愉快的时光。出于这个原因，我终于将自己与森林羚羊的交往视为上天的一种莫大的恩惠、非洲友谊的标志。整个山野都处于这种温馨的气氛之中，吉祥的兆头，古老的契约，还有那首歌。”(79)

可惜的是，卡伦在非洲的最后几年中，鲁鲁一家越来越少来庄园了。她很思念它，经常在梦中听到鲁鲁清脆的脚步声。

在卡伦的眼中，大自然是有生命、有灵魂的，而不是呆板的背景存在。由于蝗灾、旱灾、火灾和咖啡价格下跌等种种原因，咖啡种植园一直在亏损，即使她想尽各种办法最终也难以维持。卡伦不得不接受破产的现实，她只得把庄园出手，变卖家当，为返回欧洲做着准备。临别前一段时间，卡伦对这片热土无比眷恋，对一切都依依不舍，她眼中的山川河流都有了即将离别的伤感之情："当我回首在非洲的最后岁月，我依稀感到那些没有生命的东西都远远先于我感知到我的离别。那一座座山峦，那一片片森林，那一处处草原，那一道道河流，以及旷野里的风，都知道我们即将分手。当我开始与命运达成协议，当变卖庄园的谈判拉开序幕，大地的景观对我的态度也开始变化了。在那之前，我一直是其中一部分；大地干旱，我就感到自己披上了新的盛装。而这会儿，大地从我这里分开，往后退着，以便我能看得更清晰，看到它的全貌。"（243）

（二）亲力亲为，辛勤劳作

爱默生和梭罗都非常重视辛勤劳动。梭罗在林中开荒种地，砍柴钓鱼，偶尔去附近的村子打打零工，几乎所有的生活必需品都是通过他自己的劳动获得的。而爱默生也曾说过，"虽然广阔的宇宙不乏善举，可是若不在自己的那块土地上辛勤耕耘，一粒富有营养的粮食也不会自行送上门来。蕴藏在他身上的力量实际上非常新奇，因此除他而外，谁也不知道他有什么本领，而且不经过尝试，连他自己也不知道。……物质上的好处如果来时没有功德，没有汗水，它就在我身上扎不下根，随后一阵风就会把它刮走。”（爱默生. 蒲隆，译，2010：29，78）

卡伦的庄园由于海拔地势太高，其实不太适合种植咖啡豆，但她还是想尽各种办法经营种植园，每天都和仆人一起，付出艰辛的劳动。她和仆人一起垦荒拓地，然后悉心种植、照料、修枝、摘果，还亲自规划建设了咖啡豆加工厂，进行加工、去壳、定级、分类、包装各项工作。最后再装上牛车运送到内罗毕火车站，在一两天内送往港口海运出去，企望咖啡豆在伦敦的大拍卖市场上卖得出去。

除此之外，书里也大量描写了庄园里土著基库尤人劳动的场景。土著人每家在白人庄园里分得几英亩土地，然后每年为庄园无偿劳动一段时间，作为回报。不论什么时候，当你穿行在他们的农田上，总是能看到勤劳的非洲妇女弯腰翻地的背景。这种大家一起劳动的场景忙碌而温馨：“每个基库尤家庭，都有几栋圆顶的茅屋和粮仓。茅屋间的空地热闹而繁忙，地面硬如水泥，大人们在这里碾米、挤牛奶，孩子们则追逐着

小鸡奔跑。”（9）

（三）勤于思考，考量内心

在林中生活的那段日子，梭罗每天晚上都会记录下自己的细微观察和深入思考。关于那段野外生活的意义，他曾经说过这样一段话：“我到森林里去是因为我希望能够更有意义地生活，面对生活中最有实质性的事实，看看我能不能学会生活必须教会我的东西，而在我死的时候，不会发现我其实没有活过。”他更看重精神生活的充实和丰富，尤其在纯净的自然中，更能静下心来享受阅读和思考的乐趣，每天自省内心，完善自我。

卡伦自幼便有在文学和艺术方面的天分，后来更受到家庭环境的强烈熏陶。她热爱阅读、写作与思考，这几件事成为她每天必做的功课。在非洲的田园生活更是让她远离尘嚣，过着自由宁静、云淡风轻的日子。尤其在非洲文化生活匮乏，书籍就像干涸沙漠中的一弯绿洲，其作用就更为凸显了，不仅仅是滋养人的心灵，而且已经成为支撑整个生命的力量。卡伦每天习惯于临睡前在灯下打开一本书看：“在非洲，当你从来自欧洲的海运货物中拣出一本值得一读的书时，你会那么认真地阅读，就像一个作者企望自己的书被他人阅读一样。你一边读一边祈祷上帝：愿这本书像开头这几行引人入胜。在崭新的、深深的绿色轨道上，你的心在驰骋，在运输。”（91）“书中那些虚构的人物，会与你的马并肩驰骋庄园，也会行走在玉米田里，就像机敏的士兵，自己会立即找到合适的位置。”（275）

后来卡伦开始在早晨和夜晚写小说、神话和爱情故事，这能使她忘掉现实生活中的烦恼，放飞想象，把目光投向遥远的另一些年代、另一些国度，在那里，她是最为自由自在的。即使是在和丹尼斯外出打猎的时候，她也会即兴作诗。在田间和土著一起劳动的时候，为了逗乐，她给他们朗诵斯瓦希里歌谣。

对于非洲的人们，卡伦怀有真挚的同情和眷恋，她对他们给予充分的尊重，从不把那些不一样的行为定义为野蛮。同时她也对他们有密切的关注和深深的思考，对于非洲人和非洲文化有自己的看法。在她的笔下，非洲人与自然融为一体，他们是自然中的一员，而不是凌驾之上的统治者。再比如白人往往会趋利避害，尽力规避未来可能发生的凶险之事；而非洲人则惯于乐天知命，接受命运的一切安排，对意外变故泰然处之，对一切事物都抱着顺其自然、随遇而安的态度。

四、结语

“如果我会唱非洲的歌，我想唱那长颈鹿，以及洒在它背上的新月；唱那田中犁铧，以及咖啡农淌汗的脸庞；那么，非洲会唱我的歌吗？草原上的空气会因我具有的色彩而震颤吗？孩子们会发明一个以我的名字命名的游戏吗？圆月会在我旅途的砾石上投下酷似我的影子吗？还有，恩戈山上的苍鹰会眺望、寻觅我的踪影吗？”（81）

——初到非洲的卡伦，还略有一些虚荣和脆弱，然而这片神奇的土地一点一点地改变了她。渐渐地，她开始了解这片土地与这里的人们，开始爱上这里的草原、山峦、河流、落日、云霞、羚羊、狮子、雄鹰……《走出非洲》整本书语言云淡风轻，然而字里行间都流露出了作者对非洲大陆浓烈而深沉的挚爱。从某种程度上，可以说非洲的自然环境改变了她的自我，使她成为自然中的一部分，与自然和谐共存。

卡伦对人与自然的关系进行过反思。在最后的第五部分“告别庄园”中的“艰难岁月”中，她特别写到了自己在非洲做过的唯一内疚之事：“我自己在困难的时期不得不砍伐加工厂附近的树林，用来作蒸汽机的燃料。这片林子——高大的树木，

充满生气的绿荫，多年来一直充当我的梦魇。我一生中的所作所为，最可内疚的便是伐倒了这片林子。”（234）

在她有能力的时候，也曾经栽种过一些桉树苗，打算用几十年的时间持之以恒地种植数百英亩的树。这表明她已经开始意识到生态保护的问题——人类应该尊重自然，而不应该随意滥用自己的力量，单纯为了经济的发展去破坏生态平衡。

【深度解读】之二：
一个女性的异域成长史诗
——评析电影《走出非洲》

在经历了人生的大起大落与悲欢离合之后，卡伦领悟到了更多的人生真谛——人生在世，到底有什么是真正属于我们自己的？我们独自一人地来，也独自一人地走，能永远陪伴我们的，不是农场，不是房子，不是金钱，不是名利。我们真正拥有的，只是每一刻的感受与体验，欣赏过的每一片景色、读过的每一段文字、聆听过的每一段音乐、度过的每一段美好时光……如果能学会放下对拥有的执念，不计名利得失，淡定平和地看待自我与世界，人生就会就此释然。

一、前言

电影《走出非洲》是20世纪80年代一部广为人知的爱情文艺片，弥漫着淡淡的怀旧气息。影片由美国环球影业公司出品，由西德尼·波拉克执导，梅丽尔·斯特里普、罗伯特·雷德福等出演，于1985年在美国上映。1986年，《走出非洲》一举斩获第58届奥斯卡七项大奖，包括最佳影片、最佳导演、最佳改编剧本、最佳摄影、最佳艺术指导、最佳音响、最佳配乐，以及最佳女主角、最佳男配角、最佳服装设计、最佳电影剪辑四项提名。

丹麦女作家卡伦·布里克森，笔名为伊萨克·迪内森。电影《走出非洲》即以她早年在非洲肯尼亚的经历为蓝本，基于四部文学作品改编而成，它们分别是布里克森的同名自传体小说《走出非洲》以及散文集《草地上的影子》，以及朱迪思·瑟曼为她撰写的传记《伊萨克·迪内森，一位小说家的一生》与埃罗尔·特尔泽宾斯基撰写的传记《沉默将被打破》。

电影《走出非洲》制作精良，为了忠实再现原著笔端描述的非洲风貌，制作班底远赴东非肯尼亚首都内罗毕郊外的布里克森故居取景拍摄，为观众展示了非洲辽阔壮美的异域风光。精湛深厚的导演功力、细腻投入的演员表演、诗意优美的画面和典雅悠远的非洲本土配乐，都使这部电影成为一部品质绝佳的上乘之作，令观众看后有荡气回肠之感。

整部电影像一首淡淡的、忧伤的散文诗，叙事节奏极为舒缓，弥漫着浪漫、深情、伤感、无可奈何的情调。虽然它也讲述了爱情的纠葛、婚姻的背叛、野外的历险、战争的爆发，甚至死亡的来临，但这些激烈的事件与戏剧性的场景却被描绘得平静淡然、波澜不惊，人生的酸甜苦辣、悲欢离合被一点一滴地娓娓道来，这种平静的表述反而带给人们一种更加强烈的内心震撼。此外，影片充满浓浓的怀旧情调，表现了导演对现代文明的反思与对回归自然、返璞归真的向往。

二、初到非洲

影片以已至垂暮之年的女主人公卡伦的回眸往昔为线索，透过一个饱经沧桑的女声旁白，一幅幅典雅悠远的东非风景画面徐徐展开，“1913 年，我在非洲肯尼亚曾有座庄园，在恩戈山脚下”，故事开始讲起。其中，“我在非洲有座庄园”反复出现了三遍，流露出女主人公对往日非洲生活的浓浓眷恋之情。

为了更好地交代故事背景，回忆从欧洲开始。在冰天雪地的北欧丹麦，卡伦和一群贵族朋友在森林打猎。从女主与波尔·布里克森男爵的对话中可以得知，她与他的结合将是一桩彻头彻尾的“交易婚姻”——女方家的财富与男方家的贵族头衔互相交换。卡伦只是厌倦了气候寒冷的北欧，想尽快找到一个伴侣结婚，并且出于虚荣心的驱使，一心想得到一个名头显赫的“男爵夫人”的头衔。这桩利益婚姻并没有爱情，这就为后来两人的不和，乃至婚姻破裂埋下伏笔。

下一个场景，一列火车在黄色的辽阔草原上疾驰，带领我们、同时也是带领女主人公从物质世界的欧洲来到了纯朴粗犷的非洲，卡伦的娘家为他们在肯尼亚买了一座庄园，她是过来到内罗毕和波尔男爵举行婚礼，然后一起经营农场的。虽然这桩婚姻是利益驱动的结合，但是作为一个普通的女人，卡伦还是对自己和波尔男爵的未来充满希望，决心好好经营自己的婚姻和农场。在火车上，她第一次遇到了丹尼斯，丹尼斯让她把运送过来的象牙交给朋友柯尔。

在非洲这片陌生而神奇的土地上，初来乍到、一贯娇生惯养的卡伦还有些慌乱，对这里的一切都充满了好奇。到了目的地，就被男爵告知，要马上举行婚礼。

然而当天晚上，卡伦得知，男爵竟然私自决定把事先定好的农场由畜牧经营改成了咖啡豆种植。对于男爵遇事不和她商量就擅自做主，卡伦觉得很生气，为此闷闷不乐。然而，男爵不仅没有怎么安慰她，反而在新婚后的第二天就不辞而别，长期离家打猎去了。一场没有爱情的婚姻注定是无法幸福美满的，这桩婚姻一开始就变得名存实亡，卡伦只能自己开始独立地打理咖啡种植园。

在被环境所迫的情势下，卡伦的坚强和能干就凸显出来了。丈夫的冷漠自私并没有挫败她的锐气和坚持，她很快地克服了自己的不快心情，开始打起精神，面对现实，积极地与黑人管家法拉商讨、与当地部落长老交涉如何在海拔高的不利情况下种植咖啡的办法。闲暇时间里，卡伦经常外出打猎、探险，她逐渐爱上了这片广袤神奇的土地。在一次野外打猎中，她遇到了一头母狮子，恐慌极了，幸好丹尼斯路过，沉稳地让她原地不动，最终，狮子绕过卡伦走开了。

而后，丹尼斯与朋友柯尔来庄园做客，孤独的卡伦很高兴地接待他们。热爱文学的丹尼斯问卡伦会不会讲故事，她骄傲地告诉他，她最拿手的本领就是讲故事。在晚宴中，卡伦说自己是一个“mental traveler”（头脑漫游者），只要给她一个开头，她就可以即兴发挥，现场创作出一篇精彩的故事。丹尼斯很感兴趣，他随意起了一个头说，“有一个流浪的中国人，叫程欢，住在伦敦的莱姆屋区。还有一个叫雪莉的女孩……”果然，在餐桌摇曳闪烁的烛火中，卡伦即兴讲述了一个动人心弦、优美流畅的故事，从餐桌旁一直讲到壁炉旁的沙发上。丹尼斯和柯尔非常喜欢听她讲的故事，对她的才华大为钦佩，丹尼斯更是对她刮目相看。临别时，丹尼斯送给她一支钢笔作为纪念礼物，鼓励她用这支笔把所讲述的故事记录下来。于是，在异国他乡孤芳自赏的卡伦开始被另一个人欣赏。

卡伦出去找远游的男爵，要他回家。然而没过多久，英德争夺殖民地的战争在肯尼亚爆发，男爵和丹尼斯、柯尔等殖民地男性都参加了战争，上前线打仗。送别执意参战的丈夫，卡伦无比失落，再一次回到久违的孤独和寂寞中，“男人出去接受考验，磨炼勇气。而女人要接受的考验，却是磨炼耐性，独自一个人，学习如何面对寂寞，这一点其实我一直都明白”。

为了给远在战争前线的丈夫送军需补给物资，卡伦不畏艰险，亲自骑着马带领牛群和黑人手下，护送物品去战地。为了保护一头牛，她甚至勇敢地手持鞭子对付一头凶猛的狮子。在途中，她带错了路，迷路了，恰好遇到丹尼斯和柯尔。柯尔责备她作为女人不应该冒这个险，丹尼斯则很欣赏她。知道她迷路了，他送给她一个指南针。

当卡伦历尽艰辛赶到前线的时候，已是蓬头垢面、风尘仆仆，所有的男人见到一个女人护送补给物资到来都难以置信，纷纷向两边退让以向她表示钦佩。可是，这场冒着生命危险的旅程却没有为她赢得丈夫的真爱。短暂的感动之后，男爵坦诚地向她表示，今后不会再回庄园和她一起生活了。

短暂的相聚之后，卡伦回到庄园。三个月后的一天，她感到身体不适，却被医生告知，她已经被生活放荡的丈夫传染了梅毒。

她只好只身回到丹麦，去接受治疗——“打一场属于自己的战争，砒霜是我的盟友，对抗我从未见过的敌人”。在丹麦期间，卡伦反而觉得故乡变得陌生了，她时常想念起非洲，试图唤起记忆中非洲的颜色——“我待在我的故乡，我出生的房间，试着记起非洲的样子。生活中只有药物，在荒芜的海滩上，和母亲一同漫步，以及母亲家中的房间。丹麦开始让我觉得陌生，反之亦然，但母亲的家让我感到熟悉。我知道我会再回去，不论是否健康，无论精神是否健全。”

三、回到非洲

痊愈之后，卡伦又回到了非洲。

现在她想多做一些有意义的事，比如帮当地的基库尤人孩子们上学受教育，她特意邀请了一个教士，打算让他教孩子们学习字母表和《圣经》故事。男爵提醒她这个事很难做到，果然，这个提议得到了酋长的拒绝，理由是孩子长到一定高度就得干活，而不是在学校里读书，那是没什么实际用处的。

在圣诞节的欢庆仪式中，卡伦再次邂逅了丹尼斯。男爵恶习不改，依旧四处拈花惹草，卡伦一气之下把他赶出了庄园。她继续独自努力地经营咖啡种植园，在齐心协力、共同劳动的过程中，她与庄园的黑人仆人们产生了真挚深厚的感情。

丹尼斯送给卡伦一台留声机，并说酷爱自由与冒险的他决定做一份旅游向导的工作，邀请她一起去马赛马拉大草原预先探路。两人一起打猎、露营、晚上看星星、听莫扎特音乐、说故事，一起欣赏大草原的雄浑壮阔。随着进一步的接触，两人的关系日渐亲密，一起度过了一段美好惬意的时光。

丹尼斯从此走进了卡伦的生活，他来来去去，不时在庄园歇脚："我们两聊聊奇特的见闻，不谈农场那些麻烦事，比如我到期的贷款和歉收的农作物，不谈他的工作、非洲发生的事，或者任何生活中的琐事。我们过着与世隔绝、与世无争的生活。趁他不在的时候，我编写了许多故事。到了夜晚，他在炉火前，舒服地靠在垫子上，而我则盘着双腿，让他聚精会神地听我说故事，——从头详细地说起……"

有一天，丹尼斯意外地开来一架飞机，带着卡伦在非洲的草原、森林、山谷、河流上空翱翔。他们在飞机上俯瞰广袤富饶的非洲大地，辽阔壮丽的草原上奔跑着群群羚羊，波光粼粼的湖面上惊起成百上千只火烈鸟……深深沉醉在这无与伦比的美景中，卡伦默默地向坐在后舱的丹尼斯伸出了手臂，两个人的手在高空中充满默契地紧紧握在一起。

男爵另找到一个女富豪，向卡伦提出离婚，她平静地接受了。两人和平分手，重新做回朋友。

四、离开非洲

甜蜜和激情终究只是一时的，虽然丹尼斯与卡伦一起度过了一段美好的时光，带给她在这片土地上感受到的为数不多的温暖。但时间久了，卡伦渐渐觉得不对劲了——他们二人聚少离多，丹尼斯总是匆匆而来，短暂的欢聚之后，再匆匆而去，很多时候卡伦并不知道他去了哪里、去见谁。终于有一天，她忍不住问道：

“你出去向导的时候，和别人在一起过吗？”

“我只想和你在一起。”

“你不会寂寞吗？”

“偶然会。”

“那你有没有想过我会不会寂寞?”

“……不，没有。”

“你有想到过我吗?”

“常常。”

“但是不足以会想到要回来。”

“我有回来，每次都回来。怎么回事?”

“没事。”

“波尔要求离婚，他找到新对象了。我只是以为我们也会。”

“离婚? ……结不结婚有这么大的差别吗?”

“我只是想有一个只属于我自己的人。”

“不，你不是那种人。”

“结婚到底有什么不好?”

“你有看过成功的例子吗?”

“有，看过很多。”

…… ……

“我只想有人向我求一次婚。仅此而已。”

…… ……

“当你外出的时候，不是每次都去狩猎，对不对?”

“……是的。”

“只是想要离开……”

“我是不想让你难过。”

“可我的确难过。”

“我和你在一起是我的选择，我不要按照别人的想法来过生活。不要勉强我。我不希望有一天，发现自己是在为别人而活。我愿意承担后果，就算偶尔寂寞，甚至孤独而终，我都能接受。”

“不是这样，你这是在强迫我付出代价。”

“不，你有权选择，而且你不愿意为我牺牲。我不会因为一张纸，和你更亲近，或者更爱你。”

两人不欢而散。

有了第一次争执，就有第二次。丹尼斯说，“你这是分不清需要和占有”，而卡伦则反驳说：“你的理想世界，绝对不会有爱的存在……有些东西是值得拥有的，但是要付出代价。”又一次争执之后，丹尼斯把自己放在庄园的东西带走，离开了。

爱与婚姻，自由与归属，个人追求与家庭责任，两个人不同的人生观念导致的种种矛盾冲突在双方感情的初始甜蜜期可能会被激情暂时掩盖，而到了后来，必定会在感情发展到一个充分的阶段之后集中凸显、爆发。每次遥望天空中远去的飞机，卡伦只能独自面对寂寞，承受苦闷。作为一个普通的女人，她希望有一个稳定的婚姻，有一个美满的家庭，而当面对自己失败的婚姻和事业时，她忍不住希望找一个人可以依靠，一个“只属于自己的人”。而丹尼斯则正好相反，他酷爱自由与冒险，喜欢浪荡不羁的生活，不喜欢受到一纸婚约的束缚，不想承担责任，认为纯粹的爱情不需要任何的承诺。观念不同的两个人，除非至少一方做出妥协让步，否则很难达成一致。

多年以来，卡伦一直独自努力经营咖啡种植园，尽管她把几乎所有的积蓄都投入进来，并且想了各种挽救的办法，但是由于男爵当初的错误决定，咖啡种植园从一开始就举步维艰——种植园的海拔太高，天然不适合种植咖啡豆。此外，她还必须不断面对其他的种种困难，包括缺乏种植经验、缺乏水源，以及低迷的咖啡豆市场价格。咖啡种植园连续几年收成不好，这一年终于迎来有史以来最好的一次丰收。但突如其来的大火夺去了一切，咖啡工厂和所有的咖啡豆被付之一炬。这场大火似乎正式向卡伦宣告了咖啡种植园经营的失败，她本人即将破产。望着熊熊燃烧的火焰，她说了两遍："全没了！"——"一切都结束了！"苦心经营的事业和全情投入的爱情都走到了尽头，她自己也该离开了。尽管面对双重沉重打击，卡伦没有流泪，很平静地接受了这一切。

卡伦决定回欧洲了，开始处理各种善后事宜。

临走之前，她还记着安置庄园里的基库尤人的去处，打算给他们争取一块土地安家，"随便哪里都行，只要他们能在一起"。为此她到处奔波，四处求人，"能找的人都找遍了"，但没有人愿意帮她。最后在欢迎新总督乔瑟夫爵士的仪式上，卡伦只得当着众人向新总督下跪，恳求他解决这件事：

> "肯尼亚并不适合女人生存，所以有骑士精神的存在。你是个有权力的人，而我实在是走投无路。"
>
> "我们稍后再谈，好吗？"
>
> "我知道我让你觉得尴尬。但我已经失去了一切。求你是唯一的出路。这块土地本来就是土著的，但被我们拿走了，才害得他们现在无处可去。"

总督勉强答应会调查这件事，但是当她请求给她一个肯定的承诺保证时，他犹豫了。最后坐在一旁的总督夫人被卡伦感动了，她站起来承诺办好这件事。

赶过来找她的丹尼斯在场，看到这一幕很感动，问她以后的打算。她说，庄园清仓拍卖以后就离开，到蒙巴萨，然后乘船回丹麦。望着饱受挫折和失意却依旧坚强冷静的卡伦，丹尼斯开始有些动摇了。

丹尼斯感到后悔，回来庄园找她。他发现自己已经开始喜欢卡伦的世界了，有些想改变自己当初坚持的想法，“你已经毁坏了我孤独的自由”。卡伦告诉他：“我最近学会一个新方法，当生活变得非常不如意、我觉得快要撑不下去的时候，我会试着让自己更难过。我开始回想我们的野外露营，还有巴克利，还有你第一次带我飞行，那些美好的回忆。要是我实在撑不下去了，我会再回想一件事，然后我就有勇气忍受任何苦难与艰辛。”

两个人一起跳舞，就像以前一样。丹尼斯意外地提出周五送她启程去蒙巴萨，虽然他没有明确的表示，但是从中可以暗示他有可能为了卡伦放弃自己一直珍视的孤独与自由，可能和她一起回欧洲，给她一个长相厮守的承诺。暂别之后，丹尼斯又一次驾驶飞机远航了。

然而，上帝的意图永远让人捉摸不定。正当在非洲的最后一天，卡伦坐在空空荡荡的房间里整理图书的时候，男爵过来了，告诉她丹尼斯在驾驶飞机时意外遇难了——他永远留在了他衷心热爱的蓝天与白云之间。

在绿色的原野上举行了丹尼斯的葬礼，卡伦悲伤地读了一首动人心弦的小诗，以下是这首小诗的全文：

To an Athlete Dying Young

by A. E. Housman (1859-1936)

The time you won your town the race,
We chaired you through the marketplace,
Man and boy stood cheering by,
And home we brought you, shoulder-high.

Smart lad, to slip betimes away,
From fields where glory does not stay,
Early though the laurel grows,
It withers quicker than the rose.

Today, the road all runners come,
Shoulder-high we bring you home,
And set you at your threshold down,
Townsman of a stiller town.

Eyes the shady night has shut,
Cannot see the record cut,
And silence sounds no worse than cheers,
After earth has stopped the ears.

Now you will not swell the rout,
Of lads that wore their honours out,
Runners whom renown outran,
And the name died before the man.

So set, before its echoes fade,
The fleet foot on the sill of shade,
And hold to the low lintel up,
The still-defended challenge-cup.

And round that early-laurelled head,
Will flock to gaze the strengthless dead,
And find unwithered on its curls,
The garland briefer than a girl's.

致一位英年早逝的运动员

那一年你为小镇赢得比赛，
我们举起你欢呼过街市，
大人小孩夹道为你喝彩，
我们举起你凯旋回家。

聪明的你却早早离去，
田野上的荣耀短暂，
月桂虽然早早苍翠，
却比玫瑰凋零的还快。

今天所有人都为你而来，
把你抬在肩上为你送行，
轻轻让你归于尘土，

小镇为你肃穆宁静。

黑夜的幕布拉下，
再也看不到记录打破，
沉寂不会比欢呼更糟，
你在大地的深处长眠。

现在你将永不会被击败，
他们的荣耀转瞬间即逝，
后来的跑者声名显赫，
但名声却消逝在你之前。

趁着荣耀消逝之前，
敏捷的双脚踏上归途，
在门梁上悬挂着的，
是永恒的冠军奖杯。

围绕着头带月桂花环的你，
被人们默默注视，

月桂花环的梢枝尚未枯萎，

你的生命，却比少女的花环更加短暂。

最后卡伦说：“请求你收回丹尼斯的灵魂。你曾和我们分享他带给我们的欢乐，我们深爱着他。他不属于我们，他也不属于我。”英年早逝也许未必是件坏事，有些爱令人难忘，也许是因为它的短暂，在最美好的一刻戛然而止。

卡伦冷静坚强地面对一切失意与苦难，做到了许多男人都做不到的事情。之前把她拒之门外的男性俱乐部的成员们都对她肃然起敬，所有男人们特意在临别前请她进入俱乐部喝一杯酒。

办好了所有的事情，离开非洲的这一天终于到来了，在火车站，卡伦把丹尼斯送给她的指南针送给了忠心耿耿的黑人管家：“这是我最珍贵的东西，它能帮助我找到方向。”并要求管家不再称呼她为“男爵夫人”，而是她自己的名字“卡伦”。她把所有与非洲相关的都留在了非洲，只带走了回忆，在余生中她再也没有踏上过心中最爱的那片土地。

上帝的意图是捉摸不定的，命运是可以任意妄为的。对于这一切我们无力改变，与其怨天尤人，不如昂首抬头，不失风度地接受这一切。就像风华正茂的梅丽尔·斯特里普饰演的卡伦·布里克森那样，面对任何失意与苦难，都表现得平和且优雅，到最后一刻都保持了自己的尊严。唯一失态的一次，就是她在丹尼斯的葬礼上读的那首小诗——悲伤得几乎难以继续。

五、结语

从世俗的观念来看，卡伦在非洲先后失去了健康、婚姻、事业、爱情，最后一无所有，只身返回欧洲——她的疾病虽然治愈了，但却留给她终生难以言表的痛楚；她的婚姻名存实亡，最后丈夫另觅新欢，两人终于走到了尽头；她举债维持的咖啡园，好不容易等来了一次丰收，结果却被一把大火烧掉；她的爱人起初不愿意被婚姻束缚，不想给她一个永久的承诺，后来终于改变想法了回来找她，却又意外身亡了……她的经历看来确实是彻头彻尾的失败，实在不堪回首，但是，得失成败是否可以计算得如此简单呢？

初到非洲时，卡伦还是一个不失虚荣、略为脆弱的女子。然而，失意与苦难并没有摧毁她的内心，这个与苦难同行的过程反而更加磨炼了她的品格，让她不断激发自己的潜力，散发出一个被苦难打磨历练过后的女性独有的尊严、独立、坚韧、优雅、平和、笃定、超脱、豁达等种种魅力。面对苦难的环境，一个弱女子到底可以变得多强大？

——丈夫新婚第一天后即离家远游，她只得坚强地独自打理庄园的一切事宜；

——战争爆发，她勇敢地带队穿越荒野去为前线的部队运送补给物资；

——一直对她不忠的丈夫另找到一个女富豪，向她提出离婚，她与他和平分手，做回朋友；

——酷爱自由的爱人不愿意承担婚姻的责任，她平静地注视他的离去；

——艰难维系的咖啡种植园被大火烧毁，几至倾家荡产，她依然保持平静，只是说上帝带给她的一切，现在要收回去了；

——即将离开非洲时，一开始把她拒之门外的俱乐部男士们邀请她喝一杯，全体成员起立向她表示敬意，一杯饮尽之后她从容离去……

苦难可以摧毁一个人，苦难却也能磨炼出一个人的坚韧、平和与豁达。

在经历了人生的大起大落与悲欢离合之后，卡伦领悟到了更多的人生真谛，——人生在世，到底有什么是真正属于我们自己的？我们独自一人来，也独自一人走，能永远陪伴我们的，不是农场，不是房子，不是金钱，不是名利。我们真正拥有的，只是每一刻的感受与体验，欣赏过的每一片景色、读过的每一段文字、聆听过的每一段音乐、度过的每一段美好时光……如果能学会放下对拥有的执念，不计名利得失，淡定平和地看待自我与世界，人生就会就此释然。

【深度解读】之三：

《走出非洲》中的那些庄园过客

在非洲生活的18年中，卡伦经历了人生的大起大落，先后失去了健康，失去了婚姻，失去了农场，失去了爱人……而在她最后不得不变卖庄园与家当，只身离开非洲的时候，她终于领悟到那句话的深意——“We are just passing by”（我们都只是过客）。她由此完成了历经苦难之后的超越，她认识到孤独是生命的本质，但是她并没有消沉沮丧，而是平静地接受生活中的一切磨难，以更加平和超脱的姿态感受生活中的快乐与哀愁。

一、前言

丹麦女作家卡伦·布里克森因其经典作品《走出非洲》而被人们熟知，她曾两次获得诺贝尔奖提名，与安徒生并称为丹麦的“文学国宝”。

1914年，为了得到一个男爵夫人的头衔，卡伦带着丰厚的嫁妆嫁给了瑞典男爵波尔·布里克森。卡伦的娘家出资为夫妇两人在东非肯尼亚买下了一座农场，因此新婚之时，卡伦第一次踏上了非洲的土地，在那里生活了18年之久。直到1931年，咖啡种植园经营失败，情人丹尼斯也意外坠机身亡，她才只身黯然回到丹麦。此后的一生中卡伦再也没有踏上非洲大地，然而她的心从未离开过那片她度过了十几载青春岁月的热土。她把自己对那片土地的深厚情感注入笔端，写出了自传回忆小说《走出非洲》。这部小说1937年一经出版便受到众多读者的喜爱，1985年又被好莱坞环球公司改编成同名电影，由演技精湛的梅丽尔·斯特里普饰演女主人公卡伦。世界各地的读者和观众通过原著与电影了解了这个故事，更有一些人因为她的故事而踏上了那片瑰丽神奇的非洲大地。

《走出非洲》整本书更像是一部非洲题材的随笔集，作者用平和细腻的笔触忠实记录了自己在肯尼亚庄园中生活的点点滴滴——她经营的咖啡种植园、庄园中的黑人奴仆们、庄园中来来往往的过客们、非洲多变的天气、非洲壮美的景致、非洲的野生动物、那里发生的大事小情、日常起居、风土人情……而融化在字里行间的，是作者对那片土地的浓浓眷恋、热爱与对那里的人民的真挚同情、尊重。卡伦使用的语言含蓄、冷静、淡然、优雅，细致入微的观察和生动鲜活的描述使得景色、人物和场景事件跃然纸上。在这里，她为了咖啡种植园而整日奔波、辛苦操劳；她在庄园里招待新朋旧友，欢宴畅谈；她在高原上漫步起舞、探险狩猎；她给土著们看病治疗……

而最为拨动心弦、让人难以忘怀的，恐怕就是卡伦笔下刻画的种种个性迥异的人物形象了——她的索马里管家法拉赫、基库尤仆人卡曼坦、白人老头克努森、亲密朋友丹尼斯、瑞典演员埃曼纽松、博学的文官马丁、挪威的大鼻子青年农夫穆赫尔、勤劳能干的瑞典农场主林斯特劳、颇具英国绅士风度的布尔派特老先生、厨师老头艾萨，以及那些马赛武士们、那些索马里妇女们……

对于黑人，卡伦曾在书中坦诚说道，“从来到非洲的最初几周，我就对土著萌发了深厚的感情”，这大概是源于她天生富有的同情心与博爱精神。当然，作为一个来自另一种文明的人，卡伦对非洲人还是有一个逐渐了解与接受的过程。在后来长期的共同相处中，她逐渐减少了双方因文化差异而可能导致的种种生疏和隔阂，试图以包容、平和的姿态与非洲人相处，并与他们建立了真挚深厚的友情——她与他们交谈、为他们治病、帮助他们解决一些难题、为他们开办学校、和他们一起劳动……甚至在变卖庄园离开非洲之前，为了给庄园里的基库尤佃农们找一块居留地安家落户而四处奔波。

而对于白人朋友们，卡伦看到了他们在异域土地上的人间万象——有人艰苦奋斗，遇到挫折而依旧不屈不挠；有人饱经风霜而依旧豁达开朗；有人潦倒落魄，对命运有着种种的不甘与怨恨；有人助人为乐但又灵魂空虚……

诚然，书中的一切也不是都那么美好的，有黑人与白人相处的矛盾，有彼此之间根深蒂固的种种成见，而且作为殖民者与基督徒双重身份的卡伦，她在文字中不经意间流露出的殖民主义与种族主义也是确实存在的。尽管如此，卡伦对那片土地与那里的人民发自心底的深切的热爱是不可否认、也是弥足珍贵的。

二、“一个土著小孩”——卡曼坦

卡曼坦是个基库尤孩子，是在卡伦的庄园里干活的佃农的儿子。卡伦有一次在庄园里骑马，碰巧遇见这个孤独的少年，当时卡曼坦正一个人在草地上放羊。他脑袋大大的，身体却很瘦小，两者形成了强烈的反差。不幸的是，他的胳膊肘和膝盖都鼓了出来，好像生着某种严重的疮。那时的他被疾病折磨，看上去冷淡而漠然，双眼黯然无光，一点没有孩子的生气勃勃。卡伦告诉他第二天去找她看病，看有没有治疗的希望。

卡伦虽然不是专业的医生，但她多少知道一些急救常识，自己还备有一些药，曾经治好了几个当地的病人，因此在缺医少药的非洲，很多当地人来找她看病。

出乎卡伦意料的是，第二天早上，卡曼坦真的来了，也许因为毕竟他还是留恋这个世界的。在治疗的过程中，卡伦渐渐对他有了更多的了解。卡曼坦淡泊、冷静、坚忍、执着、刚毅，能够很有耐心地配合治疗，但同时可能由于以往长期患病和受过不少苦楚，他很自我封闭，总是有意把自己与整个世界隔离开来。

治疗了一段时间，卡曼坦的病康复缓慢。为了帮助卡曼坦彻底治愈，卡伦开车把他送到庄园附近的苏格兰教会医院，让他住院接受正规治疗。卡曼坦在医院住了三个月，期间卡伦还曾经去探望过他一次。那时他一个人在医院花园的草坪上站着，看上去气色好多了，甚至能快速奔跑了。他在那里一见到卡伦，便一路小跑跟过来，隔着篱笆与她赛跑，“就像围场里的一匹小马驹”，但两人并没有说一句话。

经过教会医院的精心治疗，卡曼坦终于大有好转，基本痊愈了，并且成为一名基督教徒。在复活节那天的周日上午，他回到了庄园去见卡伦。平时他总是“很含蓄地保持着他的尊严，可这回却神采飞扬，透着抑制不住的胜利的喜悦”。痊愈之后的卡曼坦性格发生了很大的变化，不再那么冷漠了，尤其对热心帮助他治病的卡伦感激不尽。此后，作为报答，他一直忠心耿耿地为卡伦工作，直到她离开肯尼亚。

随着时间的流逝，卡曼坦逐渐气色变好了，整个人圆润了许多，走起路来也自如了许多。但他依然是独来独往、特立独行的，在卡伦的眼中，他一直是一个特别的存在：“卡曼坦是一个富于思想的人。也许他常年在磨难中生活，养成了一种对一切事物的反应能力以及做出自己结论的习惯。他一生都是一个孤独的特殊人物。即使他和别人做一样的事，其方式也是与众不同的。”（32）

卡伦为庄园的佃农们办了一所夜校，邀请土著和白人教师执教。卡曼坦也常常会与卡伦一起来夜校，但是孤傲的他总是选择远远地站在一边，从不肯和上学的孩子们一起坐在椅子上听课。也许是因为以前他的心灵被封闭得太久了，他已经习惯了与整个世界拉开一段距离，做一个安全的冷眼旁观者。可是其实他在内心里很向往上学读书，当他看到纯真的孩子们时还是觉得很开心的，自己也曾一个人在厨房里悄悄地、郑重地一笔一画摹写记忆中在夜校黑板上看到过的字母和数字……

卡曼坦虽然外表奇特，但是其实很聪明，学东西也很快，双手也很灵巧，因此成为卡伦在庄园的得力助手。卡曼坦的工作一开始是照管庄园里的几只狗，他堪称养狗专家，与几只狗相处得很融洽，还了解一些狗的语言，知道怎么样与狗沟通。后来他成为卡伦看病的得力助手，他非常善于观察，又爱动脑筋，能参与诊治，并向卡伦提供很有用的建议。后来他进了厨房做厨师艾萨的助手，而当艾萨不幸被人杀害之后，卡曼坦接替他成为卡伦的厨师。卡曼坦做厨师，可谓如鱼得水、鬼斧神工，简直具有天才厨师的一切天赋，是大师、奇才级别的存在，也许就连他自己都惊讶竟然在烹饪方面有如此高的潜力。外表奇特的他心灵手巧，而且极具创新能力，看他做饭简直就像看一个顶级魔术师在变戏法一样："这双手无师自通，精于炒鸡蛋、烙馅饼、调卤汁、制蛋黄酱。他具有一种特殊的化繁为简的天赋，就像传说耶稣小时候用黏土捏成小鸟，让它们飞上天一样。所有复杂的炊具他都不放在眼里，似乎老用这些东西很不耐烦。我给他一个打蛋器，他搁在一边任其生锈，而将我修整草坪用的除野草的刀子拿来打蛋白。他打出的蛋白蓬松高耸，好像一片片轻巧的白云彩。作为厨师，他的眼光锐利，极其敏感，他能一眼挑出养鸡场里最肥的鸡。他用手掂一下鸡蛋，就能知道是什么时候下的。他对食谱的记忆力极强。他不识字，也不懂英语，那些烹饪书对他毫无帮助，他一定是运用自己特殊的系统化方式——对此我永远无从懂得——将学到的一切储存在他那其貌不扬的脑袋之中。他给每道菜都起了一个与请客时节有关联的名字。他称有的卤汁为'劈树的闪电'、有的则冠以'死去的灰马'。"（36—37）

卡伦曾经派卡曼坦到其他白人朋友们那里去进修，向其他厨师们学习，卡曼坦都学得很好。渐渐地，卡伦家的厨房声名远播，卡曼坦的厨艺得到了远近朋友、专家们的推崇和赞赏。

卡曼坦是卡伦花很多篇幅与笔墨描绘的一个人物。他是不幸的，他曾经承受过很多苦难，有病痛的折磨，也有周围人对他的冷漠。这些都使他逐渐变得孤傲而冷漠，用一道看不见的心墙把自己与整个世界隔离开来，拒绝任何人的接近。然而卡曼坦也是幸运的，他遇到了卡伦，在卡伦的热心帮助下，他的腿疮痊愈了。身体康复的同时，他也恢复了对自己的信心，让他开始发现这个世界美好和温暖的一面。治愈之后他死心塌地为卡伦工作，表达自己的感恩之情。

此外，卡曼坦这个人物形象是立体而丰满的，他的长相奇特而心思深沉；他特立独行而又向往真善美的世界；他缺乏对人的同情心，惯于嘲讽他人，但对动物的感情又很深厚；他对烹饪没有任何兴趣，而同时又是个烹饪奇才，具有非凡的厨艺天分……然而这恰恰才是现实世界中真实的人，拥有复杂性和多面性，这些都使卡曼坦成为《走出非洲》中一个特别的存在，也让读者对这个独具个性的人物印象深刻。

三、“庄园逃亡之夜”——埃曼纽松

埃曼纽松是一个“逃亡者”，瑞典人，他在卡伦的庄园只住了一个晚上，第二天一大早就匆匆上路了，以后再也没有回来。虽然作者描绘他的笔墨没有留给卡曼坦的那么多，他留给读者的印象却同样深刻。卡伦其实早就认识埃曼纽松，他在内罗毕一家旅馆里当管事，是个胖乎乎的小伙子，脸圆圆的、红红的。卡伦去内罗毕办事的时候，中午经常会去那家旅馆吃饭，因此就和他逐渐熟悉起来。埃曼纽松很是健谈，非常喜欢与人聊天，是一个很特别的、有自己独到想法的人。

有一天，他忽然来到卡伦的庄园，看上去又烦恼又惊恐。他一开口就向卡伦借一笔钱，以便立刻动身去坦桑尼亚的坦噶尼喀，他还焦虑不安地说，如果他现在不离开内罗毕，很有可能会被警察抓进监狱里去。后来卡伦听说埃曼纽松果然在内罗毕被警察抓起来了，但是他并没有坐牢，从此消失了一段时间。

在一个晴朗温暖的夜晚，卡伦顶着星空骑马回到庄园，忽然看到有一个衣衫破旧的人在房子外面等她，原来是埃曼纽松。他的样子很是落魄潦倒，没刮脸，头发也乱糟糟的，穿着一双已经开了口的旧鞋，双手空空，没有任何行李。他说他还是打算去坦桑尼亚的坦噶尼喀，而且他没钱搭车，只能自己走着去。卡伦警告他这个举动很危险——他得越过马赛保护区，在里面走三天，很难找到水源，还有凶猛的野生动物出没，尤其是狮子。但是埃曼纽松看上去心意已决，他只是请求卡伦留他在庄园里吃顿晚饭，住一个晚上，第二天一大早他就准备启程上路了。

出乎卡伦意料的是，在餐桌上埃曼纽松很认真地告诉她，其实他以前的职业是演员——一个悲剧演员，于是两人聊了一些戏剧与文学的话题。他告诉卡伦他已经被旅馆解雇，现在找不到工作，走投无路之下只好离开内罗毕，到别的地方去碰碰运气。但是埃曼纽松对自己的前途依然很有信心：“这次旅行，对我来说是一种赌博，不是红就是黑，成败在此一举。我有机

会摆脱困难，我甚至可以摆脱一切。另一方面，我要是到了坦噶尼喀，我就可能有转机。”（141）

第二天早上，太阳没出来之前，卡伦就叫仆人叫醒了埃曼纽松，让他吃了早餐，给他带了一包三明治和鸡蛋，还有一瓶珍贵的葡萄酒。然后卡伦亲自开车送了他一段路，他下车向卡伦告别。看着埃曼纽松在大路上一步步远去的背影，卡伦充满了担忧：“我坐在车里，凝望着他。我在想，当他行进时，他会高兴有人在身后目送他。我相信，他那戏剧家的气质是那么突出，此刻，他一定深刻而生动地感到自己正在离开舞台，正在消失，以他观众的眼睛，他会看到自己在离去。埃曼纽松走了。这山峦，这荆棘树，这尘土飞扬的道路，难道不该予以怜悯，为他树一块丰碑？哪怕只有一瞬间。在晨风中，他的黑色大衣飘卷在他的双腿上，酒瓶的长颈在一个口袋里露出来。我的心充满怜爱与感激之情。这种情感常从居家者的心头涌起，当他们想起那些徒步旅行者、世间的漂泊者，想起水手、探险家和流浪汉。当埃曼纽松登上小山顶时，他回过身来，摘下帽子向我挥舞。风吹得他的长发在前额飞扬。”（142-143）

与埃曼纽松分别后，卡伦整整一天都惦记着他，还走到房子外面眺望，担心他孤身上路，会不会遇到狮子的袭击。卡伦后来一直设法通过各种途径打听他的消息，可是，没有一个人知道他的音讯。

半年以后，卡伦惊奇地收到一封来自坦桑尼亚城市多多马的信。信竟然是埃曼纽松寄来的！里面还有还给卡伦和庄园仆人的钱——54卢比！信中他讲述了自己的经历——他竟然安全地走出了马赛保护区，后来到了多多马，并在那里找到一份工作——酒吧里的管事。他很感激地提起了在庄园度过的那晚，每一个细节都记得很清楚。他还提到一路上去坦噶尼喀的情况，原来他在途中遇到了马赛人，他们把他带回部落，热情地招待他，还陪他一起上路，这样他才得以一路安全。

卡伦笔下的埃曼纽松是一个非常戏剧化和充满个性的人物。也许和他做过悲剧演员的经历有关，埃曼纽松的身上散发着浓厚的戏剧家的气质。面对朋友们的背叛与工作上的不如意，他并没有消极逃避，甚至就此沉沦下去。相反，他能够保持乐观，积极主动地想尽办法摆脱困难，完成自我救赎。他选择了改变环境，到一个崭新的地方去谋生，并且孤身上路，也展示出了他非凡的勇气、决心和魄力。更加难能可贵的是，埃曼纽松有一颗感恩的心，对卡伦的雪中送炭知恩图报，这也给这个短篇故事画上了一个温暖、圆满的句号。

四、结语

《走出非洲》的情节既没有完整的统一性，少有紧张刺激、抓人眼球的场面，也没有刻意的煽情，她只是平和、冷静地纪录、呈现、讲述。读者会感到与作者的距离若即若离、似近还远——有时候，我们感觉作者在刻意与读者保持一段距离，她隐藏在那些轻描淡写的文字里，似乎离我们很遥远；可是另一些时候，我们又忽然感受到了流露在云淡风轻的字里行间的那种被克制的深沉的挚爱。这部随笔集具有的独特艺术魅力，也许正是作者那看似随意自然的文字、平淡舒缓的节奏、含蓄克制的基调，而涓涓流淌在其间的，却是作者对非洲、对那里的人民的汹涌如潮水般的深情，两者之间的强烈反差形成了一种独特的艺术张力，让读者久久难以忘怀。

卡伦讲述她在非洲 18 年的漫长岁月中所见所闻、所思所感的一切：高原、山峦、晨曦、落日、云霞、暴雨、狮子、雄鹰、羚羊、长颈鹿、枪祸事件、土风舞会、庄园待客、治病救人，更有在她最好的青春年华中所经历的一切苦辣酸甜——失败经营的农场、难以启齿的疾病、不堪回首的婚姻、得而复失的爱情……即使在远离非洲的若干年后，在她的记忆深处仍然对那里心心念之。她热爱那片大陆，她也热爱生活在那里的人们——她笔下的人物形象没有浓墨重彩，但刻画细腻、勾勒生动，一个个故事娓娓道来，一个个鲜活的人物形象就这样跃然纸上。

在非洲生活的18年中，卡伦经历了人生的大起大落，先后失去了健康，失去了婚姻，失去了农场，失去了爱人……而在她最后不得不变卖庄园与家当，只身离开非洲的时候，她终于领悟到那句话的深意——“We are just passing by”（我们都只是过客）。她由此完成了历经苦难之后的超越，她认识到孤独是生命的本质，但是她并没有消沉沮丧，而是平静地接受生活中的一切磨难，以更加平和超脱的姿态感受生活中的快乐与哀愁。

参考文献

［1］Karen Blixen. Out of Africa. London：Penguin Group，1937.

［2］卡伦·布里克森．走出非洲．周国勇、张鹤，译．上海：华东师范大学出版社，2013.

［3］爱默生．爱默生随笔．蒲隆，译．北京：华文出版社，2010.

（本章作者：穆育枫）

3.《沃尔特·米蒂的秘密生活》

The Secret Life of Walter Mitty

作者简介

詹姆斯·瑟伯（James Thurber，1894—1961），美国当代著名的漫画家、短篇小说家、寓言家，是继马克·吐温之后公认的最受欢迎的幽默大师之一。瑟伯以富于洞察力又妙趣横生、放荡不羁的笔法描绘现代生活。他一生热衷于漫画创作，并持续为《纽约客》的栏目“城中话题”撰稿，直到身故。在这期间，瑟伯创作了许多优秀的短篇幽默小说和漫画作品，图文并茂地反映了当时纽约市民的精神世界，奠定了其在美国现代文坛的重要地位。瑟伯一生著作颇丰，但最为成功的还要数他那些冷面滑稽的讽刺小说。他的作品描写了现实生活中那些荒谬可笑的现象，夸张幽默地刻画出典型人物的典型性格，把城市人描绘为浑浑噩噩的芸芸众生，这种人沉溺于幻想而逃避现实，正如他的小说《沃尔特·米蒂的秘密生活》（电影译为《白日梦想家》），笔法简练而新奇，荒唐之中有真实，幽默之中有苦涩，他因此被人们称作“在墓地里吹口哨的人”。他一生著书约有四十部，主要作品有《性，有必要吗》《花园中的独角兽》《沃尔特·米蒂的秘密生活》《我的人生和艰难岁月》《瑟伯嘉年华》和《当代寓言集》。《瑟伯嘉年华》一书被改编为舞台剧，一举夺得1960年美国戏剧界最高荣誉托尼奖。他的绘本《公主的月亮》获得美国权威儿童图书奖凯迪克大奖金奖。时至今日，瑟伯为世界带来的阅读欢愉仍然值得回味。

撷英采华

片段1：

Walter Mitty stopped the car in front of the building where his wife went to have her hair done. "Remember to get those overshoes while I'm having my hair done," she said. "I don't need overshoes," said Mitty. She put her mirror back into her bag. "We've been all through that," she said, getting out of the car. "You're not a young man any longer." He raced the engine a little. "Why don't you wear your gloves? Have you lost your gloves?" Walter Mitty reached in a pocket and brought out the gloves. He put them on, but after she had returned and gone into the building and he had driven on to a red light, he took them off again. "Pick it up, brother!" snapped a cop as the light changed, and Mitty hastily pulled on his gloves and lurched ahead. He drove around the streets aimlessly for a time, and then he drove past the hospital on his way to the parking lot. (James

Thurber, 2013: 23-24)①

译文:

沃尔特·米蒂把车停在一栋房子前，他太太去做头发。“记得趁我做头发把套鞋买回来。”她说。“我不需要套鞋。”米蒂说。她把镜子放回包里。“我们都是过来人了，”她边说边下车，“你可不再是年轻人了。”他轻踩油门。“为什么不戴手套？丢了吗？”沃尔特·米蒂从口袋里取出手套戴上，但等妻子转身走进大楼，他开到一个路口等红灯时，又把手套给脱了。“快走，老兄！”信号灯转换时，一个警察厉声喊道。米蒂急忙戴上手套，车身向前一窜。他漫无目的地开着车在街上游荡了一会儿，然后经过医院开往停车场。（詹姆斯·瑟伯. 金敏娜、唐伟胜，译，2014: 7)②

片段2:

“It’s the millionaire banker, Wellington McMillan,” said the pretty nurse. “Yes?” said Walter Mitty, removing his gloves slowly. “Who has the case?” “Dr. Renshaw and Dr. Benbow, but there are

---

① 小说的英文引文均出自这个版本，以下只在引文后标注页码，不另加注。

② 小说的中文引文均出自这个版本，以下只在引文后标注页码，不另加注。

two specialists here, Dr. Remington from New York and Dr. Pritchard Mitford from London. He flew over." A door opened down a long, cool corridor and Dr. Renshaw came out. He looked distraught and haggard. "Hello, Mitty," he said. "We're having the devil's own time with Mc Millan, the millionaire banker and close personal friend of Roosevelt. Obstreosis of the ductal tract. Tertiary. Wish you'd take a look at him." "Glad to," said Mitty. (24)

译文：

"是那个家财万贯的银行家韦林顿·麦克米伦。"漂亮的护士说。"是吗?"沃尔特·米蒂边说边慢慢脱下手套。"谁负责这个病人?""伦肖医生和本博医生，但这里还有两个专家在，纽约来的雷明顿医生和伦敦来的普理查德·米特福德医生，他是飞过来的。"一扇大门打开了，门后是漫长而冰冷的走廊，伦肖医生走了出来。他看上去心神不宁，憔悴不堪。"你好，米蒂，"他说，"麦克米伦可把我们折腾得够呛，身价百万的银行家、罗斯副总统的密友，胆管阻塞，三期。希望你来瞧瞧。""很荣幸。"米蒂说。(7-8)

片段3：

They're so damn cocky, thought Walter Mitty, walking along Main Street; they think they know everything. Once he had tried to take his chains off, outside New Milford, and he had got them wound around the axles. A man had had to come out in a wrecking car and unwind them, a young grinning garage man. Since then Mrs. Mitty always made him drive to a garage to have the chains taken off. The next time, he thought, I'll wear my right arm in a sling; they won't grin at me then. I'll have my right arm in a sling and they'll see I couldn't possibly take the chains off myself. He kicked at the slush on the sidewalk. "Overshoes," he said to himself, and he began looking for a shoe store. (82-83)

译文：

走在大街上，沃尔特·米蒂心想，这些人真他妈的自大，他们自以为无所不知。有一次，在新米尔福德城外，他想把防滑链取下来，结果却给缠到车轴上去了，于是只好叫人开拖车来帮忙取，来的是一个咧嘴坏笑的年轻修理工。那以后，米蒂太太总是要他把车开到修理厂去取防滑链。下一次，他想，我要把右胳膊用绷带吊起来，那样他们就不会冲我咧嘴了。我把右胳膊用绷带吊着，他们就知道我自己不可能把链子取下来了。米蒂踢了一脚人行道上的烂泥。"买套鞋。"他自言自语道，然后开始找鞋店。(10)

片段4：

"Perhaps this will refresh your memory." The District Attorney suddenly thrust a heavy automatic at the quiet figure on the witness stand. "Have you ever seen this before?" Walter Mitty took the gun and examined it expertly. "This is my Webley-Vickers 50.80," he said calmly. An excited buzz ran around the courtroom. The judge rapped for order. "You're a crack shot with any sort of firearms, I believe?" said the District Attorney, insinuatingly. "Objection!" shouted Mitty's attorney. "We have shown that the defendant could not have fired the shot. We have shown that he wore his right arm in a sling on the night of the fourteenth of July." Walter Mitty raised his hand briefly and the bickering attorneys were stilled. "With any known make of gun," he said evenly, "I could have killed Gregory Fitzhurst at three hundred feet with my left hand." Pandemonium broke loose in the courtroom. A woman's scream rose above the bedlam and suddenly a lovely, dark-haired girl was in Walter Mitty's arms. The District Attorney struck at her savagely. Without rising from his chair, Mitty let the man have it on the point of the chin. "You miserable cur!" (25-26)

译文：

“或许这能让你想起什么。”地区检察官突然将一把重型自动手枪扔到证人席上安静的证人面前，“你以前见过这把枪吗？”沃尔特·米蒂拿起枪，内行地查看了一番。“这是我的韦伯利—维克斯 50.80。”他平静地说道。法庭上顿时群情沸腾。法官敲了敲木槌，叫人们保持肃静。“我相信，使任何枪你都是神枪手吧？”地区检察官含沙射影地说。“反对！”米蒂的辩护律师大声说，“我们已经证明被告不可能开枪杀人。我们已经证明，7月14日晚上，被告的右臂是吊着绷带的。”沃尔特·米蒂急促地抬了下手，争吵的律师们便不出声了。“用任何一把现有制式的枪，”他平静地说，“即便是左手，在300英尺外，我也能把格雷戈里·菲茨赫斯特撂倒。”法庭里一片哗然。喧闹中冒出一个女人的尖叫，突然有个漂亮的黑发女郎扑进沃尔特·米蒂的怀里。地区检察官朝她猛扑过来，米蒂根本没从椅子上站起来，就一拳正中他的下颚。“你这无耻的狗杂种！”（11）

片段5：

Something struck his shoulder. "I've been looking all over this hotel for you," said Mrs. Mitty. "Why do you have to hide in this old chair? How did you expect me to find you?" "Things close in," said Walter Mitty vaguely. "What?" Mrs. Mitty said. "Did you get the what's-its-name? The puppy biscuit? What's in that box?" "Overshoes," said Mitty. "Couldn't you have put them on in the store?" "I was thinking," said Walter Mitty. "Does it ever occur to you that I am sometimes thinking?" She looked at him. "I'm going to take your temperature when I get you home," she said.

They went out through the revolving doors that made a faintly derisive whistling sound when you pushed them. It was two blocks to the parking lot. At the drugstore on the corner she said, "Wait here for me. I forgot something. I won't be a minute." She was more than a minute. Walter Mitty lighted a cigarette. It began to rain, rain with sleet in it. He stood up against the wall of the drugstore, smoking... He put his shoulders back and his heels together. "To hell with the handkerchief," said Walter Mitty scornfully. He took one last drag on his cigarette and snapped it away. Then, with that faint, fleeting smile playing about his lips, he faced the firing squad; erect and motionless, proud and disdainful, Walter Mitty the Undefeated, inscrutable to the last. (27–28)

译文：

他的肩膀被拍了一下。"我找你找遍了整个酒店，"米蒂太太说，"你干吗躲在这张破椅子里？我怎么找得到你呢？""快逼过来了。"沃尔特·米蒂迷迷糊糊地说。"你说什么？"米蒂太太问道，"你买那个东西了吗？小狗饼干？盒子里是什么？""套鞋。"米蒂答道。"你干吗不在鞋店就套上它？""我那会儿在思考问题，"沃尔特·米蒂说，"你难道就没想到，我有时候在思考问题？"她看着他，说："回家后我得给你量量体温了。"

他们推开旋转门走出酒店，那门以一推就发出嘲讽般微弱的吱吱声。从酒店到停车场要走两个街区。走到街角杂货店时，她说："在这儿等我，我忘东西了，马上回来。"她没有马上回来。沃尔特·米蒂点上一支烟。天开始下雨，是雨夹雪。他倚靠在杂货店墙上，吸着烟……他挺胸并脚。“把他妈的手帕拿掉！”沃尔特·米蒂轻蔑地说。他狠狠地吸了最后一口烟，啪得弹掉烟头。接着，他面对行刑队，唇边挂着淡淡的一现即逝的笑容，挺立着一动不动，满脸傲然和不屑。“常胜将军”沃尔特·米蒂，在最后一刻还是那么高深莫测。(14)

影片资料

影片名：白日梦想家

类型：剧情/喜剧/奇幻/冒险

片长：114 分钟

制作：二十世纪福克斯公司

导演：本·斯蒂勒

编剧：史蒂文·康拉德

主演：本·斯蒂勒饰沃尔特·米蒂

克里斯汀·韦格饰谢丽尔

雪莉·麦克雷恩饰沃尔特母亲

西恩·潘饰摄影师尚恩

获奖情况：2013 年国际电影音乐评论协会奖最佳喜剧电影配乐奖（获奖）；第 85 届美国国家评论协会奖十佳影片；第 18 届金

卫星奖最佳原创音乐（提名）、最佳摄影（提名）；2014 年金拖车奖最佳预告片配乐奖；第 40 届土星奖最佳男主角（提名）、最佳奇幻电影（提名）。

剧情梗概

沃尔特·米蒂是一名在《生活》杂志社工作了 16 年的胶片洗印经理，他性格腼腆内向，对同事谢丽尔心仪已久却又羞于启口表达自己的情感；面对生活，他像个旁观者，经常会进入某种“出神”状态，然后幻想自己做了一些不可思议的事情，但一回到现实中，自己并没有想象中那么富有传奇色彩。不久，公司被并购，杂志社需要做最后一期的封面，此时沃尔特才发现找不到野外摄影师尚恩发来的图片底片，部门经理以此为要挟意欲解雇沃尔特，封面成功与否的关键是找到野外摄影师尚恩，沃尔特决定亲自去寻找尚恩，找到底片的下落。沃尔特鼓足勇气与谢丽尔有了接触，发现谢丽尔非常温柔友好。母亲也鼓励沃尔特出发寻找生活的真谛。沃尔特开始了一段不可思议的冒险旅程，从大海到冰岛再到壮丽的喜马拉雅山，历尽千险的沃尔特终于在山巅见到了尚恩，才知道原来底片一直放在他丢弃的钱包夹里。幸好母亲收起了钱包，沃尔特顺利拿到底片，向杂志社交了差，然后平静地打包走人，和谢丽尔一起迎向美好的未来生活。影片的最后是沃尔特和谢丽尔发现那张照片其实是他本人聚精会神看底片样本的画面，尚恩以此号召读者向像沃尔特一样努力工作、默默无闻的人致敬。

【深度解读】之一：用心倾听生活的旅程——赏析电影《白日梦想家》中的三首歌曲

电影《白日梦想家》讲述了《生活》杂志的员工沃尔特为了完成工作而展开的一场奇妙冒险旅程。剧中的歌曲时尚动听，充满了激情与活力。本文特意选取其中的三首歌曲加以分析，从而突出歌曲在故事情节中的独特作用。

一位兢兢业业工作的中年男人，一名微不足道的小人物，多年以来由于生活所迫，隐藏起自己内心的梦想，只能在一成不变的生活中以神游的方式幻想不同寻常的事情发生在自己身上：他是拯救恋人的小狗的超级英雄，是敢于讥讽和顶撞上司的员工，还是在雪山放鹰驰骋的拉丁情人，更是与恋人相拥到老的幸福男人。后来由于工作需要，他真的踏上了一段说走就走的旅程，间接释放了自己埋藏在心中多年的梦想，这就是电影《白日梦想家》① 呈献给观众的最大看点——沃尔特·米蒂的真实冒险旅程，他完成的一次“自我实现”之旅，也是他追随摄影师兼旅行家尚恩的轨迹寻找《生活》杂志转型前最后一张封面照片底片的故事。在只有8人的格陵兰岛，沃尔特乘坐醉汉开的直升机，跳入冰海，和鲨鱼搏斗，追上厄基斯纳克号船，赶往冰岛的艾雅法拉冰盖火山，最后终于在喜马拉雅山的诺莎克峰见到了尚恩。沃尔特的这段旅程充满了刺激与精彩，让他忆起了留着朋克头型玩着滑板的少年时代，壮阔宏伟的雪域风光，配之以优美轻快的音乐和歌曲，令观众产生了一种由内到外的精神共鸣，仿佛也跟着沃尔特开启了一段精彩的冒险旅程，在自我探索中实现自我超越，克服一切困难，达成一个目标。这种在自然体验中所达到的融合和净化带给人一种通透、超然、忘我的意境，成为这部电影吸引观众的最大亮点。本文将选取其中最具表现力的歌曲进行赏析，突出歌曲在剧情中的重要引导作用，从而给喜爱这部影片的观众呈上一盘文字上的听觉盛宴。

---

① 该影片中文字幕包括对白、歌词等引自电影天堂原创制作，部分歌词引自虾米音乐和QQ音乐。

一、“汤姆少校”和歌曲《太空怪人》

“汤姆少校”出现在电影中的场景颇具幽默效果，出自傲慢自负、盛气凌人的公司过渡期经理泰德之口。泰德从不把像沃尔特这样敬业低调的员工放在眼里，喜欢随意给员工起外号。从第一次在电梯间里碰见端着母亲做的生日蛋糕的沃尔特，就叫他“蛋糕人”，后来在休息间看见端着咖啡、陷入发呆状态的沃尔特（正在梦想着自己是谢丽儿的拉丁情人，把谢丽儿迷得神魂颠倒），泰德就和两个手下对他搞恶作剧，连呼“控制中心呼叫汤姆少校，你听得见吗，汤姆少校?”这句话是就是《太空怪人》里的第一句歌词，然后他把曲别针弹到沃尔特的后脖颈上，惊醒了沃尔特，令他十分尴尬。泰德在全体员工面前宣布杂志社要做最后一期杂志，应著名摄影师尚恩的请求要使用他寄给沃尔特的25号底片做封面，泰德发现负责底片的人是已经见过几次面的沃尔特时，就直呼他为“汤姆少校”，根本不关心沃尔特的真名，只关心底片能不能按时付印，甚至多次逼问沃尔特底片的下落，称呼反应迟钝、发呆走神的沃尔特为“锡皮人”“梦想机器”，过度使用不敬语言对沃尔特冷嘲热讽。善良温柔的谢丽儿一直给予沃尔特很大的支持，不仅帮助沃尔特找到了尚恩的去向，鼓励他去寻找尚恩，而且还特意向沃尔特表达自己不赞同泰德对沃尔特胡乱引用“汤姆少校”的做法，她认为那是一首赞颂“拿出勇气，大胆走向未知”的优秀歌曲。观众看到这里禁不住发问：“汤姆少校”是一首什么样的歌曲？它在剧中体现了什么样的作用？原来精彩还在后面的剧情中继续酝酿。

由大卫·鲍伊作词作曲的《太空怪人》（*Space Oddity*）创作于1969年正值人类热衷于太空探索的时期，阿波罗登月就发生在这一年，因此诞生了很多同类主题的音乐和艺术作品，也出现了“太空摇滚”这一有趣的音乐分支，反映了对人类和太空之间关系的思考。歌曲虚构了一个有情节的故事，宇航员汤姆少校在一次太空航行中被星空的奇妙景象所吸引，那种摆脱尘世、游离在太空中的心境得到了从未有过的释放，使他无心回到地球，而机船的故障使他飘向宇宙的深处。这首歌是大卫第二张专辑里的第一首歌，也是他开始为人所知的第一首歌，曾被英国广播公司在报道登月时使用。从积极意义上讲，该歌曲一方面表达了人类对宇宙太空的热爱，另一方面也表达了对自己所爱事业的坚持精神。

谢丽儿对歌曲中有关自由和勇气的评语以及她对沃尔特的

工作责任心的赞赏鼓舞着沃尔特，他仿佛看见照片里的尚恩在向自己招手，于是决定踏上一次不平凡的旅程。这首歌曲的出现使影片达到了第一个高潮，那种对梦想的执着和坚定在歌曲的帮助下散发了出来。沃尔特千辛万苦飞到寂寥无人的格陵兰岛，在一个酒吧里打听到了尚恩的下路，可惜他已经离开，可能在一只叫作厄基斯纳克号的船上前往冰岛。有架直升机担任给此船送信送物品的任务，但是面对失恋并醉酒的飞行员的邀请，沃尔特退缩了。这时谢丽儿弹着吉他在酒吧出现了，并且献唱了这首《太空怪人》，当然这又是沃尔特心理活动的体现，谢丽儿总好像是他的精神引领者，在他准备放弃、孤立无助的时刻提醒他要“冲破险阻”，沃尔特好像真的是歌中所唱的“汤姆少校”，整装待发，走向未知。这时影片采用了一系列精彩的慢镜头，沃尔特跟随谢丽儿慢慢走出门外，他犹豫的眼神逐渐变得坚定，因为飞行员已经开启了螺旋桨，随着越转越快的螺旋桨，音乐转向了更加激荡的声调，沃尔特迈着大步跑向直升机，一跃登了上去。沃尔特最后再看一眼地面上还在唱歌的谢丽儿，跟着飞机飞向了大海的深处，寻找厄基斯纳克号。无论是歌曲的配乐，乐器的合成，还是展现神秘太空、无限宇宙的歌词，都体现了人类的一种不畏艰险、勇于探索的精神。

此情此景选用这首歌曲是再恰当不过的选择，也是对前面剧情的回应。音乐的旋律中交织着悲怆、坚定、无畏、自由的声音，沃尔特倾听了自己多年以来压制下去的梦想后，重新焕发了对自由的渴望，再次唱起永恒的生命之歌。在后面的历险中，沃尔特再也没有退缩，他更加投入地倾听自己内心的声音。

Ground Control to Major Tom

Ground Control to Major Tom

Take your protein pills and put your helmet on

Ground Control to Major Tom

Commencing countdown engines on

Check ignition and may God's love be with you

This is Ground Control to Major Tom

You've really made the grade

And the papers want to know whose shirts you wear

Now it's time to leave the capsule if you dare

This is Major Tom to Ground Control

I'm stepping through the door

And I'm floating in a most peculiar way

And the stars look very different today
For here
Am I sitting in a tin can
Far above the world
Planet Earth is blue
And there's nothing I can do
Though I'm past one hundred thousand miles
I'm feeling very still
And I think my spaceship knows which way to go
Tell my wife I love her very much she knows
Ground Control to Major Tom
Your circuits dead there's something wrong
Can you hear me Major Tom
Can you hear me Major Tom
Can you hear me Major Tom
Can you hear
I am floating round my tin can
Far above the Moon
Planet Earth is blue

And there's nothing I can do

控制中心呼叫汤姆少校

控制中心呼叫汤姆少校

吃你的蛋白丸戴上头盔

控制中心呼叫汤姆少校

开始倒数发动引擎

检查点火装置愿上帝的爱与你同在

这里是控制中心呼叫汤姆少校

你已经成功升空

媒体想要知道你到底支持哪一队的

现在是该勇敢出舱的时候了

控制中心呼叫汤姆少校

我正步出舱外

用前所未有的姿态飘移

今天星星看起来还真不一样

在这儿

我坐在驾驶舱

远离尘世

看着蔚蓝的地球
如此自由自在
虽然穿越数万英里
但我此刻非常平静
我想我的飞船知道该奔向何方
告诉我的妻子我爱她她知道的
控制中心呼叫汤姆少校
你的电路装置停止运行了出问题了
你能听到吗汤姆少校
你能听到吗汤姆少校
你能听到吗汤姆少校
你能听见吗
我漂浮在船舱的周围
远在月球之上
地球如此蔚蓝
如此自由自在

二、滑板之旅和歌曲《太遥远》

误听飞行员指挥的沃尔特跳进了海里，险些命丧鲨口，幸好被厄基斯纳克号上的船员救起，可惜的是尚恩已被提前接走前往拍摄冰岛的火山爆发，沃尔特等船靠岸冰岛后，就迫不及待骑上自行车赶往火山区域。因为冰岛地处北欧，所以在这段情节中导演斯蒂勒精挑细选了北欧风格的音乐和歌曲，采用最具人气的瑞典组合 Junip 的歌曲《太遥远》来再现空旷沧桑的冰岛风光和沃尔特身临其境的激情。沃尔特在骑行的路上看到优美的风景和飞舞的鸟群，鸟群渐渐化作谢丽儿的脸庞在向他微笑，结果走神的沃尔夫撞到了路边指示牌，撞坏了自行车。他只好跑步到一处景观，用自己的弹力超人玩具换取了三个瑞典男孩的滑板，一方面是为了利用滑板加速奔向火山，另一方面是谢丽儿的儿子瑞奇也玩滑板，唤起了沃尔夫对少年玩滑板时代的怀念。他想把这个滑板当作礼物送给瑞奇。沃尔夫站在高处冷静地观察了一下穿越冰岛山地间蜿蜒曲折的公路线，曾经是滑板高手的他，熟练地捡起两块石头，把领带一撕两截，两只手心各自握上一块石头，就可以作为转向的工具不至于磨手或者摔倒。矫健的沃尔特背起自己的小包，站在滑板上飞速向山下冲去，每一个大转弯处他会用手上的石头划过地面，平稳滑向下一个路段。耳畔的清脆歌声和明快节奏契合着沃尔特的冰岛旅程，那个曾经留着朋克头型、获得过少年滑板冠军的沃尔特，那个和朋友相约去欧洲背包旅行的沃尔特，虽然在经历了丧父之痛后一切戛然而止，但是今天用滑板穿越冰岛的沃尔特接续了少年时代的梦想，他醉心于滑板带给他的美好感觉，倾听滑板摩擦路面的亲切声音，终于看见了世界的壮丽风景，体会了自信的喜悦。沃尔特后来还是没有追上尚恩的飞机，还险些被埋葬在火山灰里。“爸爸约翰”快餐店让他想起了自己和父亲之间的亲密故事以及他打工的经历，便鼓起勇气和谢丽儿通了电话分享了他这段从格陵兰到冰岛的不寻常的经历。他其实特别想告诉谢丽儿，是她在关键时刻召唤着他不畏艰险、勇敢前行，他感到自己和谢丽儿越来越靠近了。

Step in front of a runaway train

Just to feel alive again

Pushing forward through the night

Aching chest and blurry sight

It’s all far so far away

It’s all far so far away

Cold wind blows into the skin

Can’t believe the state you’re in

It’s all far so far away

It’s all far so far away

Who are you trying to impress

Steadily creating a mess

Step in front of a runaway train

Just to feel alive again

Pushing forward through the night

Aching chest and blurry sight

Aching chest and blurry sight

Aching chest and blurry sight

站在疾驰的列车前方

只想再次体会活着的感觉

黑夜中艰难前行

隐隐作痛的胸口还有那模糊的风景

一切太过遥远

一切太过遥远

冷风吹进我的肌肤

不敢相信现在的处境

一切太过遥远

一切太过遥远

你想在谁心中留下烙印

却只是留下了一片狼藉

站在疾驰的列车前方

只为感受还活着

黑夜中艰难前行

隐隐作痛的胸口还有那模糊的风景

隐隐作痛的胸口还有那模糊的风景

隐隐作痛的胸口还有那模糊的风景

三、用心倾听生活和歌曲《活着》

作为瑞典 Junip 组合的重要成员，何塞·冈萨雷斯（José González）首先是一位杰出的吟游诗人，也是现代流行乐坛中少见的音乐人，无论是音乐潮流的变迁还是独一无二的风格，他都是一位令人鼓舞的引领者，同时也是各大音乐排行榜的常客。冈萨雷斯从小听拉丁美洲民歌和流行音乐长大，并把古巴歌手西尔维奥·罗德里格斯列为自己最喜爱的艺术家。他极富表现力的吉他弹奏和令人自省的歌词为他带来了享誉世界的名声，包括各大奖项的青睐，其中包括 2004 年瑞典格莱美最佳新人奖、2006 年欧洲突破国界奖、瑞典和大不列颠白金销量奖、爱尔兰双白金销量奖、澳大利亚和新西兰销量金奖等。这部影片特意选择何塞的《活着》作为片尾曲，曲风优美，歌词动人，而且还通过照片样稿的形式一一介绍演员，同时也是一种对沃尔特及其家人生活的回顾，让观众禁不住要思考平凡生活的意义，是不是就如歌词里所唱的那样，“匆忙繁忙的日子里，心中总有一抹旋律”在召唤我们倾听心声去做一个远方的梦，“尽一切努力，只为了用心活下去，还为了活一场值得的人生”，带领观众再次领悟倾听生活、用心生活的意义。会令人想起年轻时的沃尔特身上是不是也有自己的影子，是不是一个“知道我想要成为什么，我想干什么的”人，是否曾经做了很多计划，构思了很多美好，但随着生活中的意外或者不幸渐渐让人遗忘了自己的豪言壮语，很多规划和梦想被埋葬在琐事中，再也没有声音与它们相呼应。但是迟早有那么一刻，隐藏在内心深处的愿望会发出美妙的声音，让你倾听到未知的召唤，感知生活的丰富和诗意，还要去远方寻找更丰富的诗意生活，体会生活的最广泛的意义。

There's a rhythm in rush these days
Where the lights don't move and the colors don't fade
Leaves you empty with nothing but dreams
In a world gone shallow
In a world gone lean
Sometimes there's things a man cannot know
Gears won't turn and the leaves won't grow
There's no place to run and no gasoline
Engine won't turn
And the train won't leave
Engines won't turn and the train won't leave
I will stay with you tonight
Hold you close 'til the morning light
In the morning watch a new day rise
We'll do whatever just to stay alive
We'll do whatever just to stay alive
Well the way I feel is the way I write
It isn't like the thoughts of the man who lies
There is a truth and it's on our side

Dawn is coming

Open your eyes

Look into the sun as the new days rise

And I will wait for you tonight

You're here forever and you're by my side

I've been waiting all my life

To feel your heart as it's keeping time

We'll do whatever just to stay alive

Dawn is coming

Open your eyes

Dawn is coming

Open your eyes

Dawn is coming

Open your eyes

Dawn is coming

Open your eyes

Look into the sun as the new days rise

There's a rhythm in rush these days

Where the lights don't move and the colors don' t fade

Leaves you empty with nothing but dreams

In a world gone shallow

In a world gone lean

But there is a truth and it's on our side

Dawn is coming open your eyes

Look into the sun as a new days rise

匆忙繁忙的日子里心中总有一抹旋律

悄悄倾诉着远方有个永昼的缤纷天地

就这样独留你赤裸地浸在梦想中

在这逐渐流于肤浅的世界

在这缓慢倾斜的宇宙洪流

有很多事情我们无法理喻

齿轮不再转动树叶停止生长

没有汽油也无处可逃

引擎不再转动

火车不再启程

引擎不再转动而火车也不再启程

今晚我会陪在你身边

紧紧拥着你直到黎明

在清晨我们并肩目睹全新一天的到来

尽一切努力，只为了用心活下去

尽一切努力，只为了用心活下去

我笔下写出的就是我真实的感受

与满口谎言的人想法不同

但是真理始终存在常驻在每个人心头

黎明即将到来

张开你的双眼

在新的一天来临时就直视着朝阳吧

今晚我会等你

你会永远在我身边

我已经等了一辈子

感受你的心跳它就像时钟上速度准确的指针

我们会倾尽所有，只为了活一场值得的人生

黎明即将到来

打开你的双眼

黎明即将到来

张开你的双眼

黎明即将到来

张开你的双眼

黎明即将到来

张开你的双眼

在新的一天来临时就直视着朝阳

匆忙繁杂的日子里心中总有一抹旋律

悄悄倾诉着远方有个永昼的缤纷天地

就这样独留你赤裸地浸在梦想中

在这逐渐流于肤浅的世界

在这缓慢倾斜的宇宙洪流

但是真理始终存在常驻在每个人心头

黎明即将到来张开你的双眼

在新的一天来临时就直视着朝阳吧

四、结语

电影《白日梦想家》以巧妙的线索、有趣的情节、幽默的语言、动听的音乐、优美的风光吸引了喜欢生活哲理、喜欢旅游冒险的观众群体，是一个在平凡生活中透射出阳光般温暖、诗歌般浪漫的情感故事，那种积极向上、催人奋进的精神在数首明快动听、朗朗上口的歌曲阐释下给人留下了更多心灵的震撼。倾听生活中的喜怒哀乐，感受生活中的琐碎小事，理解生活的真正意义。相信自己的努力会换来值得的生活，相信自己的爱情会找到幸福的归宿，只要你靠近自己的梦想，贴近自己的爱人，倾尽全力去追求美好的生活，同时学会享受当下的生活，你就一定能在漫长的生活旅程中收获满满的幸福。

【深度解读】之二：从沃尔特的“白日梦”说起

电影《白日梦想家》里的主人公沃尔特喜欢做各种“白日梦”，在超现实的幻想中寄托自己对工作与爱情的深沉情感。本文从沃尔特与爱情和工作有关的超现实“白日梦”入手，分析沃尔特的自我发现之旅，展现他热爱生活、敬业爱岗的精神。

白日梦实际上是一个心理学名词。根据百度释义，白日梦是指清醒时的脑内所产生的幻想及影像，通常是开心的念头、希望或野心。白日梦者通常会产生一连串的思考，令其暂时完全脱离与周遭有关的事，只集中于思想当中。从旁观者的角度看起来白日梦者会呆呆地望向远处，似乎神游去了某个地方。只有突然刺激，才能令白日梦者返回现实。心理学家对白日梦的种类还没有确切定论，有时是未来的情景或计划，有时是过去的回忆，就像梦的画面一样，有时甚至会影响情绪。在弗洛伊德关于艺术创作的观点中，他认为白日梦是思维的产物，也是意识的产物。白日梦也是一种幻想，白日梦者往往超越现实，打破时间空间的界限，以满足某些需要，伴有一定的欣快感。有时白日梦会推动人们追求某种目标。若是白日梦代替了有意义的行动，就会成为逃避现实的手段，可能成为心理变态的征兆。白日梦的积极作用是激发潜能，开阔视野，放松心情，从更广泛地角度认识自我；弊端则是较为严重的白日梦患者往往会产生幻觉，可能会发展成为癔症或者精神分裂症。产生白日梦的原因可能来自疾病，工作过于单调乏味，对社会生活的不满，受外界因素的刺激，等等。在工作或学习的间隙做一个白日梦让自己的心情放松一下，正在成为90后一代流行的减压法。在白天工作非常繁忙、压力很大的情况下，找10—20分钟时间营造一个放松的环境，让自己的心情放松一下。这个放松的过程就是做白日梦，倾听自己心里的声音。从白日梦的心理学定义来对照电影中的沃尔特，他似乎是一个有着典型做白日梦特征的人，经常听不见别人在说什么，大脑早已神游到某个地方或者场景中去经历自己希望的过程或者结果。有时候也成为一种逃避怯懦的方法，自我宽慰的解脱，因为他的美好愿望往往不能很快实现，加之寡言少语的性格容易被上司欺负，所以特别需要从白日梦里寻找安慰和平衡。本文将主要选取沃尔特超现实的白日梦游场景加以分析，从而突出这部影片的创意所在。

一、与爱情有关的白日梦

沃尔特在对谢丽儿的恋情方面，一再犹豫退却，不敢主动开口，他们明明在一个大楼工作，他却偏偏要选择约会网站的方式与谢丽儿联系，结果也没有成功。沃尔特因为在约会网站上无法操作给谢丽儿发送眨眼表情，就边候车边打电话咨询。网站工作人员陶德要求沃尔特完善个人资料，但沃尔特想不出自己有什么值得别人注意的特点。此时，他仿佛听到了从街角传来的狗叫声，在他的白日梦里，沃尔特从轨道的高架桥上直接撞破玻璃飞身冲进了公寓，然后瞬间抱着一条小狗从公寓楼下的出口跑出，并且大声叫喊“要爆了，快跑!”招呼众人逃生。在沃尔特奔跑的背景中，公寓楼发生了大爆炸，火光冲天。而谢丽尔则慌张地迎面跑过来，呼喊着“奇普”，沃尔特则双手将小狗奉上，并且告诉谢丽尔他帮奇普做了义肢（之前在约会网站上沃尔特读了谢丽儿的信息，她有一只三条腿小狗和一个两条腿儿子）。白日梦里的沃尔特得到了谢丽儿的赞赏和崇拜，沃尔特自信坚定地说道：“这就是我的生活态度，爱冒险，勇敢和有创意。”沃尔特为什么会做这样一个白日梦，是因为他看到谢丽儿的理想约会对象是爱冒险，勇敢和有创意的人。所以他把自己想象成一个勇敢的英雄救下了谢丽儿心爱的宠物。可以说谢丽儿的要求或多或少地引导着沃尔特展开了更多的冒险旅程，其实是潜意识里希望自己成为谢丽儿心仪的男人。

在咖啡间，沃尔特旁听了谢丽儿与另一名女同事之间关于周末的对话，谢丽儿开玩笑说这个周末在泡温泉，自己还约会了拉丁情人念情诗给她听。沃尔特立刻幻想自己变成了一个刚从崩塌的雪山中间归来的拉丁裔人，满身雪片，相当英勇与潇洒，操着略带口音的英语，充满深情地盯着谢丽儿说："雪山崩了，动起来就像女人。"谢丽儿问他去哪里了，沃尔特回答："我去检验人类精神的极限。"谢丽儿含情脉脉地说："那我想爬上你的额头那就能检验出来了。"沃尔特向谢丽儿介绍了自己的诗歌之鹰，说可以透过这只鹰联系他。接着放飞了这只鹰，留下一阵悠远的鹰的叫声。这次白日梦里，沃尔特和谢丽儿都沉浸在诗意气息浓厚的氛围里，对话听起来就像某句诗歌，而且还颇有些调情的味道，让人忍俊不禁。沃尔特的浪漫梦想，很好地诠释了在危险的环境里爱冒险、勇敢无畏的沃尔特形象，那只名为诗歌之鹰的鸟也是幽默的创意，肯定迷倒了谢丽儿。但是好梦却被上司泰德扔过来的曲别针打断了。

由于找不到25号底片，沃尔特向谢丽儿打听摄影师尚恩的地址，他们之间才算有了基本交往。沃尔特和谢丽儿在大楼前的水池边偶遇，谢丽儿鼓励沃尔特要通过线索来推断尚恩的去向，但是沃尔特有些笨嘴拙舌，他们的对话匆匆结束，沃尔特很想挽留谢丽儿，就幻想自己创造了水池里的雕塑，男性托起女性的身体似在飞翔的形象，向谢丽儿展示，令谢丽儿欢喜不已。但其实谢丽儿只说了一句告别的话就走远了，只剩下发呆的沃尔特。

谢丽儿邀请沃尔特一起去公园接儿子瑞奇同时可以继续探讨底片的线索，在公园谢丽儿接到了前夫的电话，沃尔特再次陷入梦幻之中，他听见谢丽儿突然向他表白："我只想和你在一起，我们私奔吧，珍惜每一刻，从现在就开始。"沃尔特一阵欣喜，告诉谢丽儿一件秘密，就是自己也得了本杰明·巴顿那样返老还童的毛病，会从老变小，逐渐死去，但是谢丽儿说："我们还是可以一起创造人生。"于是镜头里出现了老去的谢丽儿和缩成婴儿的沃尔特相拥坐在房门前的秋千上展开一段人生最后的对白，沃尔特似像非像电影《返老还童》所表现的那样，以小孩的身体死去。因为《返老还童》里是年老的黛西怀里抱着缩成婴儿的本杰明慢慢停止呼吸的。这完全是搞笑十足的白日梦设计，依然反映了沃尔特的心理状态，他如此希望谢丽儿也能倾心于他，可以相爱到永远。可惜回到现实的沃尔特只听见谢丽儿的告别声，当然还有对他的鼓励。

赶到格陵兰岛的沃尔特错过了尚恩，在是否搭乘直升机追赶尚恩的问题上，沃尔特有些动摇和退缩，但是关键时刻他的白日梦里又出现了弹着吉他唱着《太空怪人》歌曲的谢丽儿，她用歌声鼓励沃尔特要做爱冒险和勇敢的人，使沃尔特在最后一刻跳上飞机，继续这段不寻常的冒险旅程，用自己的实际行动向心爱的女人表明自己的勇气。其实整个冒险旅程的原始动力来自他对谢丽儿的爱，以及他渴望与人分享生活、希望拥有家庭的愿望。从冰岛回来后，他误解了谢丽儿，以为她要和前夫复婚，沃尔特有些心灰意冷。于是沃尔特又踏上喜马拉雅山之行，终于找到了 25 号底片的下落，其实一直放在尚恩送给沃尔特的钱夹的夹层里，细心的妈妈保留了下来，沃尔特终于完成任务，而谢丽儿也坦言了自己没有和前夫复婚，表达了对沃尔特的情谊，沃尔特的白日梦终于有了良好结果，因为他终于可以鼓足勇气，牵起心爱女人的手，去迎接幸福的未来了。

二、与工作有关的白日梦

沃尔特是《生活》杂志的底片资产部经理，手底下只有一个胖员工，他们的工作就是在地下一层日复一日地分拣底片、冲印照片以及做好底片的分类归档。虽然这也是杂志出版过程中的重要一环，但因其简单枯燥、缺乏创新而得不到应有的重视，加之沃尔特不善交际、木讷寡言，在众人眼里他是一个几乎引不起别人注意的边缘人物。沃尔特早就适应了这种工作方式，他所能做的就是认真严谨地完成这项工作，在他经手的上百万张底片中，从来没有出现过错误和疏漏，是摄影师尚恩心中的敬业楷模。但他与杂志社空降而来的过渡期经理泰德之间却从一开始就格格不入，沃尔特对泰德敢怒而不敢言，只能从白日梦中幻化出另一个“我”直面泰德的挑衅与蛮横。

沃尔特和另外两个同事在电梯间遇到了泰德，这是他第一天来到公司处理过渡期事宜。那两位同事主动与泰德握手招呼并自我介绍，而泰德看到沃尔特手上端着的蛋糕，就径直调侃沃尔特为“蛋糕人”，问他在哪个部门工作。这一称呼其实是令沃尔特不快的，他边进电梯边支吾着说自己不叫“蛋糕人”，蛋糕也只是今天才有，想说出自己的部门，却出现了发音错误，泰德也学着他的错误发音步步紧逼，而当沃尔特说出了自己部门的名字时，泰德则又若无其事地抱歉说：“我听歌太入迷了，没听你说话。”于是沃尔特的白日梦出现了，他很镇定地冲泰德说道："我说你知道谁留的大胡子好看吗？邓布利多，不是你。"身后的两个同事大笑不已，尴尬的泰德一脸愠怒，沃尔特也跟着微笑起来。结果沃尔特的白日梦被现实中泰德的两声"伙计"惊醒了，接着看见泰德那张困惑的脸"你的职务是什么？"他这才回答自己是底片资产部经理，泰德显然有些吃惊，说了一句："等那么久才回答还真是无语啊！"然后唱着电梯间里的歌曲先行离开了。

从此泰德就盯住了沃尔特，只要一有机会就追问25号底片的情况。某日，沃尔特拿着妹妹送给他的弹力超人玩具与泰德在电梯中相遇，泰德询问最后一期封面的冲印进展，并取笑沃尔特手中拿着的弹力超人玩具，沃尔特再次陷入白日梦中。幻想中的沃尔特被泰德抢夺玩具的行为激怒，与泰德在电梯中扭打起来，二人在厮打中飞出楼外，在大街上展开了追逐。二人的追逐打斗火花四溅，丝毫不逊于像《蜘蛛侠》这一类好莱坞超级英雄电影中的场景，两人抢夺弹力超人把他拉得老长，弹力超人似乎生气了，使劲往回拽两人，就在两人快要碰上、互相挥拳要击打对方的一刹，沃尔特再一次被泰德惊醒，此时正在用手不住地指点着他的额头，嘲笑说他是"锡皮人"，需要上油。泰德对沃尔特的走神很是不满，他恶狠狠地强调25号底片务必找到。

随着线索一步步变得清晰，沃尔特正在犹豫要不要去格陵兰岛找尚恩。这时他在电梯间第三次遇见泰德，泰德老远就喊他，他可能从来也不在乎沃尔特的名字，只在乎他要的照片找没找到。泰德总是粗鲁地打断沃尔特的谈话，称听不懂那所谓的专业术语，坚决要求沃尔特下次见面时就是见到照片的时候，沃尔特想离开，结果被泰德用外号“梦想机器”喊回来，逼迫沃尔特许下找到照片的承诺。心情沉重的沃尔特回到工作室，同事告诉他尚恩根本没有把底片寄到公司，最后一丝希望也没有了，被逼无奈的沃尔特看着墙上尚恩在野外的留影照片，感觉尚恩忽然动了起来，慢慢伸出两个手指头指引沃尔特朝自己的方向来，这坚定了沃尔特践行公司座右铭的决心，他快速从大厅里的《生活》杂志封面跑过，最后一个封面变成了戴着宇航员头盔的沃尔特本人，上面写着“勇者诞生”，意味着沃尔特即将蜕变成一个“开阔视野，冲破艰险，看见世界，贴近彼此，感受生活”的勇敢者和探索者，他要去体验生活的真正意义。

三、看世界归来 白日梦结束

沃尔特出游历险的原动力也许是出于对工作的责任感，但是内动力应该来自对美好爱情的向往。恋爱中的人容易把爱人的话当作至理名言，尤其是那些令人鼓舞和振奋的话语，撼动了沃尔特曾经埋藏在心中、几乎被遗忘了的梦想。在格陵兰岛和冰岛的历险之后，沃尔特抛开了从前的懦弱和犹豫，变得自我认可和自信，主动愿意与谢丽儿分享感受。最大的变化表现在他面对泰德时敢于直言为自己辩护，不再是从前服从沉默的受气员工的形象。在办公大楼外面的空地，泰德一眼看见沃尔特，怒气冲冲指责沃尔特糊弄他底片的事情，沃尔特耐心解释自己去辛苦找寻底片的经过，希望再给一点时间，但是泰德听不进去，当着所有人的面大声呵斥并解雇沃尔特，转身要走。沃尔特突然大声喊住泰德，也不称呼泰德的名字或者职位，令泰德很吃惊。沃尔特语气坚定地表达不满："我办公室经手的底片超过百万张，一张都没有放错过……"没想到泰德回应道："把这句话刻成牌匾，挂在你下一个工作地点吧。"

沃尔特根据钢琴一角的照片和妈妈提供的线索终于确定了尚恩的确切地点，于是大胆前往无政府管理的阿富汗地区寻找在雪山拍摄雪豹的尚恩。虽然无功而返，却领略了大自然的凶险与壮美，还有尚恩的那句名言："美好的事物不需要关注。"尚恩以为沃尔特扔掉了自己送他的钱包，认为没有必要再告诉他25号底片的内容，沃尔特只好回国。结果还是细心的妈妈喜欢收集沃尔特的所有物件，她及时保留了钱包，让沃尔特如获至宝，他终于从钱包夹层里找出了25号底片，已经被遣散的沃尔特不想知道底片内容，只想尽快把它交还给公司。泰德正在会议室里商讨最后封面的方案，沃尔特把底片仍在办公桌上看着泰德说："这就是尚恩要的25号底片，你们还有两天时间，这就是你要的精髓。"泰德正不知说什么好，沃尔特忽然问他："你知道公司的座右铭吗？"泰德回答不上来，竟然滑稽地说出了麦当劳的座右铭。沃尔特诚恳地提醒泰德在《生活》杂志工作过的员工努力工作打造了这家公司，他们都相信这句座右铭，结果却换来了被遣散的结局，他的行为惹人生厌，最后他送给泰德一句话，恰恰是不久前泰德送给他那句话："把这句话（座右铭）刻成牌匾，挂在你下一个工作地点吧。"一脸无奈的泰德若有所悟，哑口无言。如果如此努力工作的员工，公司都不珍惜，那么向前的希望何在？

看到这里，观众会不禁产生疑问。历险前后的沃尔特是有差别的，曾经唯唯诺诺、谨小慎微，如今却变得充满自信、敢于直言，曾经的沃尔特经常依靠白日梦来实现内心的渴望，缓解工作的不快，如今的沃尔特已经不需要白日梦来慰藉自己枯燥的生活，因为他的精神已经找到了依托，从此生活将会变得异常精彩。

四、结语

《白日梦想家》将白日梦与现实结合在一起，在寻找底片的线索中让工作与历险有机结合，让生活变得惊险刺激、跌宕起伏，让爱情变得甜美隐秘、惊喜万分。踏上一段未知的旅程，探索广阔的天地，让人生充满更丰富的内容，也是为了更加安稳的生活，创造更美好的未来。从这个意义说，也许每个人都应该先做白日梦，再去践行真正的梦想。突破白日梦的心理概念，把它作为别样人生的起点。

【深度解读】之三：泛谈《沃尔特·米蒂的秘密生活》小说原著与改编电影的差异

美国作家詹姆斯·瑟伯在他最著名的讽刺短篇小说《沃尔特·米蒂的秘密生活》中，用简练新奇的手法刻画了大都市小人物的种种幻想。根据同名小说改编的同名电影作品（又译《白日梦想家》）只借用了原主人公的名字和喜做"白日梦"的特质，几乎没有其他相同之处。本文对原著文本与电影作品进行对比分析，向这部创意独特的作品致敬。

著名美国作家、漫画家詹姆斯·瑟伯是美国公认的继马克·吐温之后的最受欢迎的幽默大师之一。他的作品根植于美国本土文化，取材于现实生活、常人趣事，反映了美国人民机智、诙谐的生活情趣与性格，继承和发扬了美国文学的幽默传统。但是他的幽默并不是那种插科打诨、油腔滑调的风格，也不是纯粹以取悦读者为目的，而是发挥他漫画家的天赋，将现实生活中的精髓浓缩到那些不太明显却又荒谬可笑的现象中，夸张地刻画出典型人物的典型性格，借此给人们以某种启示，帮助人们认清和洞察事物的本来面目。瑟伯对文学中的幽默有独到的见解，他曾这样写道：“他们（幽默作家）的创作机器是由一双忧郁、沮丧的手驱动的。”他认为如果幽默作家的任务就是让人们轻松愉快、无忧无虑，这是极端荒谬的观念，而是应该在荒唐之中有真实，幽默之中有苦涩，才是幽默作家的真正使命。

詹姆斯·瑟伯著作颇丰，但最为成功的还要数他那些冷面滑稽的讽刺小说。他用简练而新奇的手法刻画了大都市中的小人物，其中以《沃尔特·米蒂的秘密生活》最为有名，在这部出版于1939年的短篇小说里，詹姆斯·瑟伯塑造了他笔下最为著名的人物之一：沃尔特·米蒂。这部作品是对美国经济大萧条时期的回顾，反映了美国人迷失在困惑、挫败和死亡预感之中。人们生活在噩梦中，生活意味着匮乏、贫困和痛苦。沃尔特·米蒂是一个生活在大城市纽约的小人物，承受着美国社会造成的压力。他在现实生活中唯妻子之命是从；在社会中软弱无能，是受气包，但他的内心极不平衡，因此生活中的一些细节常常使他幻想自己成为受人重视的英雄。小说描述了他陪妻子进城美发、购物等琐事过程中的内心活动，他的内心世界跌宕起伏，先后陷入了五个不同的白日梦当中。

没有铺垫，没有赘述，小说一开始，沃尔特就幻想自己是一位英勇的海军中校，海上飞机遭遇了罕见的风暴，他果断地带领部下穿越重重风暴和迷雾，成功脱险。接着现实中他的妻子在美发店下车之后，他将车开往医院停车场，于是陷入了第二场白日梦。这一次他变成艺高胆大、医术高超、闻名遐迩的外科医生，仅仅用一支钢笔就不费吹灰之力地修好了出了故障的麻醉机，并在众名医束手无策的情况下挥洒自如地为垂死的著名银行家施行手术。从停车场出来之后，行走在大街上，他突然听到报童喊着有关审判的新闻，便幻想自己是第三场白日梦中一位百发百中的神枪手，在法庭上为自己辩护，并狠狠地教训了凶暴的地方检察官，还收获了美人的青睐。后来，在等待妻子时看到德军轰炸机的图片，他开始的了第四场白日梦，又变成了勇敢的英国皇家空军上尉，准备穿越德军的炮弹封锁执行一项危险的军火运输任务。在故事末尾，当他靠在墙上吸烟时，他把自己想象成一个视死如归的死刑犯——“常胜将军沃尔特·米蒂”，面对着行刑队，始终保持高深莫测、桀骜不驯的姿态。值得注意的是，在所有五个白日梦中，沃尔特扮演的都是和他现实身份极不相符的角色。在现实生活中，他生性懦弱，不断被妻子呵斥；他手脚笨拙，连车也停不好；想取下车的链子，链子却缠到车轴上；他好忘事，妻子让他买小狗饼干，他却怎么也记不得；警察朝他粗鲁叫喊，停车场的服务员、停车工、路人都对他鄙夷不屑。这样一个人的白日梦却有着太多英勇和浪漫的镜头和内容：他穿越了许多人不敢穿越的飓风，奔向了一条没有回头路的危险之途，他的病人是罗斯福总统的富翁朋友，被他救下的美人对他无比倾心最后投身他的怀抱。沃尔特·米蒂这些看似荒唐的白日梦并非完全与现实不着边际，而是与现实的场景有着直接的联系：作为海军中校全速飞行穿越风暴的幻觉产生于他驾车飞速行驶的过程中；把自己想象成外科医生的幻觉则来源于他所戴的白手套、妻子所提及的医生以及刚刚路过的一家医院；产生作为神枪手出现在法庭上的幻觉则是因为报童的叫卖中提及的有关庭判的头条新闻；而成为英国皇家空军上尉的幻觉来自于一张旧报纸上的文字和图片。

在整个故事中。沃尔特不断穿梭于现实和梦想之间，全文形成了“幻想—现实”相互交织的独特叙事结构，一方面是沃尔特的胆小畏缩，另一方面则是他的勇敢无畏。现实中的他以一种隐忍低调的态度在生活，而白日梦中的他却远离人的轻慢变得积极而令人钦佩。正是这些此起彼伏的幻梦构筑了他全部的“秘密生活”，在另一层空间中享受着自己英雄般的体会过程。每当沃尔特在现实中受到委屈或欺辱，他就习惯性地躲入这些幻境以获得暂时的内心平衡，而且总能找回这些平衡；现实中压抑的自我欲望在虚幻世界里找到突破口。这些白日梦使他暂时脱离现实苦闷，个人情绪获得缓和，从而找到自己的精神家园。瑟伯构思的叙事方法给读者留下了强烈的印象，他的梦幻和现实之间似乎没有明确界限，而是混杂在一起。沃尔特默默躲在自己充满英雄情结的白日梦里对抗现实的残酷与不公。每一个梦境都是在最高潮的时候被打断，没有一个梦境是圆满收场，无情的现实一次又一次把他从英雄梦中拽回来。小说的结尾似乎戛然而止，对应了故事的匆匆开场，但是给读者留下无穷回味，因为这篇故事并非按照传统的“开始—发展—高潮—结局”来进行情节构造，而是以沃尔特的最后一场幻想做结，给广大读者甚至包括作者本人留下无限空间添加更多更好更精妙的幻想场景，可以将叙事无止境地延续下去。

虽然电影作品取材自同名原著小说《沃尔特·米蒂的秘密生活》，但除了男主人公的姓名，故事的主要发生地点以及他爱做白日梦的特点与原著相同，其他内容则完全脱离原作内容，找不到一丝一毫的相似之处。原作中的沃尔特是一个有妻子生活在美国大萧条时代的中年男子，而影片中的沃尔特则是有母亲有妹妹却没有妻子的中年单身男人，生活在美国现代社会，面临公司转型被解雇的风险。沃尔特的外形在电影中更加具体真实，不需要像作品那样在脑海中构思沃尔特的形象。电影中的沃尔特总是身穿灰白色夹克、提着银白色手提箱上班，看上去总是一成不变，古板木讷。被生活的压力和一成不变的工作模式所异化，成为一个没有棱角、沉默少言、普通平凡的上班族。他用记事本仔细记录着生活中的每笔开销，精打细算地控制着收入和消费间的收支平衡，甚至在他外出寻找 25 号底片的间隙也不忘统计花销数目。其实沃尔特的内心世界极为活跃，因为父亲的过早离世，使原本快乐轻松的少年生活急转直下，沃尔特不得不担负起养家的重任，只好放下滑板冠军的骄傲，收起欧洲旅行的背包，为支撑全家的生活而打拼，牺牲了自己的精神追求，不知不觉人到中年。虽然身兼底片资产部经理的职位，却不受重视，归于平淡，尤其是公司过渡期间，他的懦弱和寡言令他成为新来经理泰德经常取笑打击和极度轻视的对象。沃尔特的白日梦大多来自对爱情的向往与幻想，因为沃尔特暗恋刚来公司一个月的谢丽儿，不太敢主动与谢丽儿说话，更不敢当面发出约会邀请，反而大费周折去约会网站上了解谢丽儿对配偶的要求，想向谢丽儿发送眨眼表情却总不成功，显然患上了社交恐惧症。于是一切的希冀变成了他的白日梦，一幕一幕超出现实的场景让沃尔特沉浸在自己希望的幻想当中，一会儿是朗诵着情诗的拉丁情人，把谢丽儿迷得神魂颠倒；一会儿又变成了《返老还童》里的本杰明·巴顿，以孩童的样子被谢丽儿拥在怀中死去。他甚至幻想谢丽儿向他大胆表白愿意跟他私奔的场景，显然映衬了他的内心被压制的表达欲望。一个寻找摄影师的25号底片的线索将两人联系到一起，沃尔特最终受了谢丽儿的鼓舞踏上历险之旅，而且在第一站格陵兰岛寻找线索不顺想放弃的时候，也是他的白日梦中的谢丽儿唱歌的场景重新振作了沃尔特坚持下去的决心。与其说沃尔特的冒险之旅表面上是为了完成工作职责，找到那张25号底片，不如说他借此呼唤自己内心埋藏已久的出去看世界的愿望，也为了印证自己是否真正需要情感依托和归宿。

整部电影中展现的沃尔特的白日梦多与他对谢丽儿的恋情有关，再者就是与他在工作中的心理有关，从开始对谢丽儿欲言又止，到最后勇敢牵起谢丽儿的手走在大街上；从开始不敢抵抗上司泰德，到最后历险归来变得自信敢言。小说是随着沃尔特移动的地点和思想的变化，按照顺序一幕幕展现了他的白日梦境，电影则是围绕着一条寻找 25 号底片的线索，前前后后铺设了许多情节，带入了许多人物，用现实与梦幻两层场景展开对故事的叙述。影片最精彩的部分是沃尔特的三段旅程，那是真实存在的经历，又好像幻境一般，令人几乎不敢相信他的旅程如此精彩和震撼。在格陵兰岛跳上直升机奔向大海，跳进大海与鲨鱼搏斗，在冰岛骑行在空旷寂寥、弯弯曲曲的道路上，坐着店主的小车从浓密的火山灰里逃生，进入茫茫白雪的喜马拉雅山区，忍受高原反应行进在崎岖的山径上，终于找到尚恩，和他一起欣赏难得一见的雪豹，在高地踢足球，快乐得手舞足蹈。这些镜头充满着魅力，背景音乐明快动听，都增加了这部电影的看点。

除了男女主人公沃尔特和谢丽儿，其他几个人物的琐碎生活细节也为该片的成功起了不可忽视的作用。例如尚恩为了拍摄最好作品，四处游走、不惧危险的精神也鼓励着沃尔特，因为他冒着生命危险去拍摄作品，只为了给人们展现最美的瞬间。对这种美，尚恩有着更深刻的不同于常人的见解。当他的相机捕捉到雪豹的瞬间，他却放弃了这千载难逢拍摄的机会，因为他不愿意相机分心，只愿意享受那个最美的时刻，他相信美好的事物不需要关注，因为它本身焕发出来的光芒自会吸引人们去关注。还有沃尔特的母亲，不想给孩子们增加太多麻烦，执意要求卖掉钢琴，而且总是刻意收集整理沃尔特的物件，包括他少年时获奖的照片和证书，以及父亲送给沃尔特的从来没有启用的旅行笔记本。因为母亲的这个不经意的习惯，反而在最后化解了沃尔特的困难，她及时收起了沃尔特扔掉的钱包，而钱包里恰恰存放着尚恩送给沃尔特的25号底片。真应了中国古老的谚语："踏破铁鞋无觅处，得来全不费工夫。"沃尔特之前的历险都是值得的，因为他收获的远远大于他所期待的。还有那个在冰岛从瑞典孩子那里换来的滑板，谢丽儿的儿子终于学会了花样滑板，让妈妈专门录了一段视频发给沃尔特，沃尔特看着瑞奇活泼自信的样子露出了会心的笑容。这让沃尔特看到了爱情的希望，也看到了当年的自己，那个拥有梦想的少年。当然每个故事都会有反面人物，电影里的泰德是沃尔特典型的对头，处处为难沃尔特，瞧不上沃尔特的"神游"，总是给沃尔特起外号。他最后受到了沃尔特不愠不怒的批评，不得不承认像沃尔特一样努力工作、打造公司的员工应该受到尊重。尚恩的25号底片正是反映了这样一个主题：公司的员工才是《生活》杂志的精髓，没有他们就没有公司的明天。25号底片为电影创造了一个完美的线索，设置了一系列的悬念，直到最后谜底揭开，才令人明白尚恩为何要把底片单独寄给沃尔特，为何在沃尔特紧紧追问底片内容的时候却不多言。白日梦在后面的情节中也几乎消失，因为历险归来的沃尔特不需要再借用白日梦表达自己的未实现的愿望和被压抑的情绪了，他可以和所爱的人一起拥抱生活追求幸福了。

詹姆斯·瑟伯把文学创作中的幽默风格与深刻的文化内涵及生活哲理有机地结合起来，在创意的构思和幽默的语言中透射出作品严肃而丰富的社会意义。作为瑟伯创作的典型人物，沃尔特·米蒂代表了社会上微不足道、不被重视的小人物和生活中的失败者，他们只有在幻梦中，才能得到慰藉、受到尊重、实现自己的理想。瑟伯给读者带来的不仅仅是轻喜剧般的幽默故事，留给读者更多的是对人生和现实的思考。影片较好借鉴了小说的主要人物和故事创意，在场景设计、情节安排和人物塑造方面都有创造性的发挥，带来了听觉和视觉的冲击，突出了电影作品本身所具有的思想精髓，是一部积极向上、发人深省的优秀电影作品。

参考文献

[1] James Thurber. The Secret Life of Walter Mitty. 英语世界. 2013（11）：4-13.

[2] 詹姆斯·瑟伯．沃尔特·米蒂的秘密生活．金敏娜、唐伟胜，译．北京：商务印书馆，2014.

［3］郭亮亮．关于边缘小人物幻想的思考——解读《华尔脱·密蒂的隐秘生活》．鸡西大学学报．2013（5）：114-115.

［4］付艳丽．《白日梦想家》的情感传达艺术．电影评介．2014（24）：114-115.

［5］穆文超．论詹姆斯·瑟伯的《沃尔特·米蒂的秘密生活》．文学教育．2012（9）：16.

［6］秦江丽．论《沃尔特·米蒂的隐秘生活》中的幽默．时代文学．2011（10）：173-174.

［7］唐诚．《白日梦想家》的喜剧元素分析．电影文学．2017（13）：129-131.

［8］王昌杰．奇幻喜剧电影《白日梦想家》的多线叙事模式赏析．电影评介．2017（4）：48-50.

［9］王薇坚．詹姆斯·瑟伯和他的幽默．盐城工学院学报．2002（4）：28-29.

［10］闫珊珊．自我的实现与困境的消解——《白日梦想家》中的虚实手法探析．电影评介．2016（16）：71-73.

（本章作者：李华）

4.《在路上》

On the Road

作者简介

杰克·凯鲁亚克（Jack Kerouac，1922—1969），1922 年 3 月 12 日出生于马萨诸塞州洛厄尔，父母为法裔美国人，他是家中幼子。凯鲁亚克自幼生性腼腆，但却喜欢运动（骑马、棒球、足球），热衷于阅读文学作品。1939 年，由于他接受了纽约哥伦比亚大学对其在足球运动中表现出色而提供的奖学金，进入该校。但在二年级时退学，先后做过体育报社记者，在商船上干活，又加入美国海军，后又回到纽约，与爱伦·金斯堡、威廉·巴勒斯和卢西安·卡尔等“垮掉的一代”的核心人物交往。

1946 年 5 月，凯鲁亚克的父亲去世，悲痛之下他开始创作第一部小说，1950 年《乡镇与城市》出版。在此期间，于 1946 年 12 月，经朋友介绍，凯鲁亚克结识了来自丹佛的尼尔·卡萨迪，后者成了他于 1957 年出版的第二部小说《在路上》中迪安·莫里亚蒂的原型。《在路上》使他成为“垮掉的一代”的代言人，跻身 20 世纪最有争议的著名作家行列。他后期的作品有《萨克斯医生》（1952 年）、《玛吉·卡萨迪》和《地下人》（1953）、《孤独的天使（第一部）》（1956）、《达摩流浪者》（1957）、《萨托里在巴黎》（1966）和《杜鲁阿兹的虚荣》

(1968)。

经典文学典故和街头下层人民的日常口语是他作品语言的两大特色，前者显然受益于他自幼（一直到进入大学）对世界名著的酷爱与熟悉，而后者则与他的各种生活经历及几次横跨美国的旅行中的见闻密不可分。

1969 年 10 月 21 日，凯鲁亚克在佛罗里达州圣彼得堡去世，享年 47 岁。

撷英采华

片段 1：

I woke up as the sun was reddening; and that was the one distinct time in my life, the strangest moment of all, when I didn't know who I was—I was far away from home, haunted and tired with travel, in a cheap hotel room I'd never seen, hearing the hiss of steam outside, and the creak of the old wood of the hotel, and footsteps upstairs, and all the sad sound, and I looked at the cracked high ceiling and really didn't know who I was for about fifteen strange seconds. I wasn't scared; I was just somebody else, some stranger, and my whole life was a haunted life, the life of a ghost. I was half-way across America, at the dividing line between the East of my youth and the West of my future, and maybe that's why it happened right there and then, that strange red afternoon. (Jack Kerouac, 2000:

15–16)①

译文：

我醒来时太阳发红；那是我一生中难得有的最最奇特的时刻：我不知道自己究竟是谁了——我远离家乡，旅途劳顿、疲倦不堪，寄身在一个从未见过的旅馆房间，听到的是外面蒸汽的嘶嘶声、旅馆旧木器的嘎吱声、楼上的脚步声以及各种各样凄凉的声音，看到的是开裂的天花板，在最奇特的十五秒里我真的不知道自己是谁。我并不惊恐；只觉得自己仿佛是另一个人，一个陌生人，我一生困顿，过着幽灵般的生活。我正处于横穿美国的中间地点，在我青年时期的东部和我未来时期的西部分界线，也许那就是那个奇特的火红下午为什么发生的原因。(杰克·凯鲁亚克．王永年，译，2006：21)②

片段 2：

I wondered what the Spirit of the Mountain was thinking, and looked up and saw jack pines in the moon, and saw ghosts of old miners, and wondered about it. In the whole eastern dark wall of the Divide this night there was silence and the whisper of the wind, except in the ravine where we roared; and on the other side of the

---

① 小说的英文引文出自此版本。其后只在引文后标注页码，不另加注。

② 小说的中文引文出自此版本。其后只在引文后标注页码，不另加注。

Divide was the great Western Slope, and the big plateau that went to Steamboat Springs, and dropped, and led you to the Western Colorado desert and the Utah desert; all in darkness now as we fumed and screamed in our mountain nook, mad drunken Americans in the mighty land. We were on the roof of America and all we could do was yell, I guess—across the night, eastward over the Plains, where somewhere an old man with white hair was probably walking toward us with the Word, and would arrive any minute and make us silent. (49)

译文：

我想知道山的精灵在想什么，抬起头，看见月亮里有短叶松，还看见了老矿工的鬼魂，心里觉得纳闷。那天晚上，整个幽暗的分界线的东面，除了我们谷地里的喧闹声之外，只有一直绵延到汽轮泉，地势突然变低，通向科罗拉多西部的沙漠和犹大沙漠；我们这些恣意妄为的、疯狂的美国人喝醉了酒，在山旮旯里朝漆黑广袤的空间乱叫一通。我们现在在美国的屋顶上，我们能做的事，我看只有嚷嚷——在黑夜里朝着东面的大平原叫嚷，那边一个拿着福音书的白发老人可能正朝我们走来，随时都会到达，让我们住嘴。(70)

片段3：

Suddenly I found myself on Times Square. I had traveled eight thousand miles around the American continent and I was back on Times Square; and right in the middle of a rush hour, too, seeing with innocent road—eyes the absolute madness and fantastic hoorair of New York with its millions and millions hustling forever for a buck among themselves, the mad dream—grabbing, taking, giving, sighing, dying, just so they could be buried in those awful cemetery cities beyond Long Island City. The high towers of the land—the other end of the land, the place where Paper America is born. (96)

译文:

我突然发现自己已经身在时代广场。我在美国大陆旅行了8000英里，又在交通最拥挤的时刻回到了时代广场；以我闯荡江湖却又不谙世故的眼睛看着纽约的绝对疯狂和荒诞的浮躁，看它的数百万居民为了钱而你争我夺、疯狂的梦——掠夺、攫取、给予、叹息、死亡，只为了日后能葬身在长岛市以远的可怕的墓地城市。这片土地的高楼——这片土地的另一端，也就是签署美国《独立宣言》的地方。(136)

片段4:

"You mean we'll end up old bums?"

"Why not, man? Of course we will if we want to, and all that. There's no harm ending that way. You spend a whole life of non-interference with the wishes of others, including politicians and the rich, and nobody bothers you and you cut along and make it your own way." I agreed with him. He was reaching his Tao decisions in the simplest direct way. "What's you road, man? —Holybody road, madman road, rainbow road, guppy road, any road. It's an anywhere road for anybody anyhow. Where body how?" We nodded in the rain. (229)

译文：

"你是说我们会沦为流浪汉吗?"

"干吗不会，老兄? 我们自己愿意的话当然会。最后落到那个地步也没有坏处。你一辈子不干预别人的愿望，包括政客和有钱人，别人也不来打扰你，你自顾自，独行其是。"我同意他的看法。他以最直截了当的方法得出了他的符合道家学说的结论。"你的道路是什么，老兄? ——乖孩子的路，疯子的路，五彩的路，游荡子的路，任何路。那是一条在任何地方、给任何人走的任何道路。到底在什么地方，给什么人，怎么走呢?" 我们在雨中频频点头。(321)

片段 5：

Suddenly I had a vision of Dean, a burning shuddering frightful Angel, palpitating toward me across the road, approaching like a cloud, with enormous speed, pursuing me like the Shrouded Traveler on the plain, bearing down on me. I saw his huge face over the plains with the mad, bony purpose and the gleaming eyes; I saw his wings;

I saw his old jalopy chariot with thousands of sparking flames shooting out from it; I saw the path it burned over the road; it even made its own road and went over the corn, through cities, destroying bridges, drying rivers. It came like wrath to the West. (236)

译文：

我眼前突然浮现出迪安的模样：一个急急巴巴的、骇人的天使，风风火火地穿过马路，像云似地以极快的速度向我逼近，又像是传说中的穿尸衣的旅人，在平原上朝我扑来。我看到了他那张疯狂瘦削的大脸和发亮的眼睛；我看到了他的翅膀；我看到了他那辆发射出千万道光焰光芒的旧汽车；我看到地上一路燃烧过后的痕迹；势不可当地开出一条通道，穿过玉米地，穿过城市，焚毁桥梁，烧干了河流。他像是来到西部的愤怒之神。(332)

片段 6：

The boys were sleeping, and I was alone in my eternity at the wheel, and the road ran straight as an arrow. Not like driving across Carolina, or Texas, or Arizona, or Illinois; but like driving across the world and into the places where we would finally learn ourselves among the Fellahin Indians of the world, the essential strain of the basic primitive, wailing humanity that stretches in a belt around the equatorial belly of the world from Malaya (the long fingernail of China) to India the great subcontinent to Arabia to Morocco to the selfsame deserts and jungles of Mexico and over the waves to Polynesia to mystic Siam of the Yellow Robe and on around, on around, so that you hear the same mournful wail by the rotted walls of Cadiz, Spain, that you hear 12, 000 miles around in the depths of Benares the Capital of the World. These people were unmistakably Indians and were not at all like the Pedros and Panchos of silly civilized American lore—they had high cheekbones, and slanted eyes, and soft ways; they were not fools, they were not clowns; they were great, grave Indians and they were the source of mankind and the fathers of it. The waves are Chinese, but the earth is an Indian thing. As essential as rocks in the desert are they in the desert of "history". And they knew this when we passed, ostensibly self-important moneybag Americans on a lark in their land; they knew who was the father who was the son of antique life on earth, and made no comment. For when destruction comes to the world of "history" and the Apocalypse of the Fellahin returns once more as so many times before, people will still stare with the same eyes from the caves of Mexico as well as from the caves of Bali, where it all began and where Adam was suckled and taught to know. (255-256)

译文:

同车的两人都睡着了，只剩我一人没完没了地开车，道路直得像箭。和驱车通过卡罗来纳、德克萨斯、亚利桑那或者伊利诺伊的感觉不同；我的感觉倒好像是横穿世界，进入了终于可以在印度农民中间认识自我的地方，那是人类基本、原始、悲恸的种族，就在世界的肚皮即赤道周围地带，从马来亚（中国的长指甲）到宽广的次大陆印度，穿过阿拉伯、摩洛哥到达一望无垠的沙漠，接着漂洋过海，抵达墨西哥丛林、波利尼西亚，再到人们身穿黄袍的暹罗，转来转去，以致你听到了西班牙加的斯的倾圮城墙的哀号，听到了世界首都贝拿勒深处 12000 英里方圆的声音。这些人显然是印第安人，一点也不像愚蠢文明的美国传说中的佩德罗们和潘卓们——他们高颧骨、丹凤眼，举止优雅；他们不是傻瓜，不是小丑；他们是伟大严肃的印第安人，是人类的源泉和祖先。波浪是中国式的，然而土地是印第安的。像沙漠中最基本的岩石一样，他们是“历史”沙漠中的基本。我们是路过的，他们了解这一点，我们显然是在他们的土地上寻欢作乐的、自以为是的、有钱的美国人；他们了解地球上古生命中谁是父亲谁是儿子，因此不加评论。因为当“历史”的世界遭到毁灭，大灾变像以前一样再一次回归时，人们会在墨西哥的岩洞以及巴厘的岩洞里用同样的眼睛瞪视，因为世界就是在那里开始，亚当就是在那里学会吃奶，学到知识。(359–360)

片段 7：

I jumped up on the steel roof of the car and stretched out flat on my back. Still there was no breeze, but the steel had an element of coolness in it and dried my back of sweat, clotting up thousands of dead bugs into cakes on my skin, and I realized the jungle takes you over and you become it. Lying on the top of the car with my face to the black sky was like lying in a closed trunk on a summer night. For the first time in my life the weather was not something that touched me, that caressed me, froze or sweated me, but became me. The atmosphere and I became the same. (268)

译文：

我跳上汽车的钢皮顶，展开四肢平躺在上面。仍没有风，不过钢皮有传导散热的作用，收干了我背上的汗，使得千百只死甲虫在我的皮肤上板结成块，我体会到丛林接受了你，你成了丛林一部分的感觉。脸冲着墨黑的天空躺在汽车顶上，就好像夏夜里躺在盖好盖儿的大衣箱里。我生平第一次感觉到气候不是接触我、抚慰我、使我冻僵，或者使我出汗的东西，而成了我本人。大气和我融为一体。(375)

片段 8：

I went back to my bed of steel and stretched out with my arms spread. I didn't even know if branches or open sky were directly above me, and it made no difference. I opened my mouth to it and drew deep breaths of jungle atmosphere. It was not air, never air, but the palpable and living emanation of trees and swamp. I stayed awake. Roosters began to crow the dawn across the brakes somewhere. Still no air, no breeze, no dew, but the same Tropic of Cancer heaviness held us all pinned to earth, where we belonged and tingled. There was no sign of dawn in the skies. Suddenly I heard the dogs barking furiously across the dark, and then I heard the faint clip-clop of a horse's hooves. It came closer and closer. What kind of mad rider in the night would this be? Then I saw an apparition: a wild horse, white as a ghost, came trotting down the road directly toward Dean. Behind him the dogs yammered and contended. I couldn't see them, they were dirty old jungle dogs, but the horse was white as snow and immense and almost phosphorescent and easy to see. I felt no panic for Dean. The horse saw him and trotted right by his head, passed the car like a ship, whinnied softly, and continued on through town, bedeviled by the dogs, and clip-clopped back to the jungle on the other side, and all I heard was the faint hoofbeat fading away in the woods. (269)

译文：

我回到我的钢皮床上，张开两臂躺下。我不知道我的上方是树枝呢，还是开阔的天空，反正也没有什么差别。我张开嘴，一口一口地吸着丛林的气息。不是空气，绝不是空气，而是树木和沼泽触摸得到的、有生命的散发物。我醒着。灌木丛那只公鸡开始报晓。仍旧没有空气，没有风，没有露水，只有北回归线的沉重把我们紧紧按在我们所属的、使我们感到激动的土地上。天空没有破晓的迹象。突然间我听到黑暗中传来狗的狂吠声，随后又听到隐隐约约的嘚嘚的马蹄声。马蹄声逐渐临近。这个疯狂的夜行骑者会是谁呢？接着我看到一个幻象：一匹白色的、幽灵似的野马在路上朝着迪安奔来。马背后则是争先恐后的嗥叫的狗。那是一些邋遢的丛林老狗，我看不清楚，但是那匹马高大无比，白处像雪，几乎发出磷光，容易看到。我并没有为迪安感到惊慌。马看到了他，一路小跑着从他头边上过去，擦过汽车旁边，像船一样，嘶鸣了一声，在狗的追逐下，穿过小镇继续跑去，回到丛林的另一边。我听到的只是消失在树林里的马蹄声。(376–377)

片段9：

So in America when the sun goes down and I sit on the old broken-down river pier watching the long, long skies over New Jersey and sense all that raw land that rolls in one unbelievable huge bulge over to the West Coast, and all that road going, all the people dreaming in the immensity of it, and in Iowa I know by now the children must be crying in the land where they let the children cry, and tonight the stars will be out, and don't you know that God is Pooh Bear? The evening star must be drooping and shedding her sparkler dims on the prairie, which is just before the coming of complete night that blesses the earth, darkens all rivers, cups the peaks and folds the final shore in, and nobody, nobody knows what's going to happen to anybody besides the forlorn rags of growing old, I think of Dean Moriarty, I even think of Old Dean Moriarty the father we never found, I think of Dean Moriarty. (281)

译文：

于是，在美国太阳下了山，我坐在河边破旧的码头上，记着新泽西上空的长天，心里琢磨那片一直绵延到西海岸的广袤的原始土地，那条没完没了的路，一切怀有梦想的人们，我知道这时候的艾奥瓦州允许孩子哭喊的地方，一定有孩子在哭喊，我知道今夜可以看到许多星星，你知不知道熊星座就是上帝？今夜金星一定低垂，在祝福大地的黑夜完全降临之前，把它的闪闪光点洒落在草原上，使所有的河流变得暗淡，笼罩了山峰，掩盖了海岸，除了衰老以外，谁都不知道谁的遭遇，这时候我想起了迪安·莫里亚蒂，我甚至想起了我们永远没有找到的老迪安·莫里亚蒂，我真想迪安·莫里亚蒂。(394)

影片资料

影片名：在路上

类型：剧情

片长：137 分钟

制片：BBC 电影公司

导演：沃尔特·塞勒斯

编剧：杰克·凯鲁亚克、何塞·里维拉

主演：萨姆·赖利饰赛尔·帕拉代斯

加内特·赫德兰饰迪安·莫里亚蒂

克里斯汀·斯图尔特饰玛丽卢

汤姆·斯图里奇饰卡洛

获奖情况：2012 年第 65 届戛纳电影节主竞赛单元金棕榈奖（入围）；2012 年悉尼电影节 Official Competition Award（提名）；2013 年第 84 届美国国家评论协会奖十佳独立电影；2013 年金拖车奖唐拉方丹最佳语音奖（提名）

剧情梗概

《在路上》是根据杰克·凯鲁亚克的同名小说改编的影片，描写了以垮掉一代的代表人物、作者凯鲁亚克和卡萨迪为原型的萨尔和迪安横跨美国大陆的旅行经历。年轻的作家萨尔在父亲去世后大病一场，意志消沉，失去了写作灵感。这时他通过朋友结识了来自丹佛的迪安和他的妻子玛丽卢，疯狂的迪安深深地吸引了他，使他产生了一种兄弟般的亲切感。在西部的时候，迪安有三分之一的时间泡在台球厅，三分之一在蹲监狱，剩下三分之一在公共图书馆。和萨尔的其他朋友总为自己的窘境找各种理由不同，迪安总是随遇而安。萨尔和朋友卡洛等文学青年与迪安一见如故，他们一起畅谈、喝酒、吸毒，在深夜在街道上大声喊叫。

迪安离开纽约后的一封来信好似一种召唤，使一直渴望旅行的萨尔上路了。他的目的地是西海岸。在路上，他沿途搭乘农民的卡车与素不相识的来自不同地方的人说笑，也在装满炸药的车上与刚切掉脚趾的司机喝酒聊天。到达丹佛后，与卡洛和迪安相聚，了解到迪安同时和两个女孩交往，并和卡洛进行完全坦诚的交谈，卡洛深爱着迪安。离开丹佛继续西行的路上萨尔和墨西哥裔女子特雷一见钟情，并随她来到加利福尼亚州做了一段时间的采棉工人，秋天萨尔回到纽约家中。

再次见到迪安是在一年多后的圣诞节，在北卡罗来纳萨尔的姐姐家。迪安和玛丽卢及朋友邓克尔突然来到。他们饥饿难耐，疲惫不堪，表现令萨尔的家人侧目。这时的迪安已经与玛丽卢离婚，与卡蜜儿结婚并有一女儿。他给萨尔描述自己的困惑及性经历。在驱车回纽约的途中，他们在加油站偷油，因超速而被罚款。回到纽约他们见到了从非洲回来的卡洛，喧闹的新年聚会后，迪安邀萨尔加入他和玛丽卢进行三人性游戏。

新年后，他们再次上路，去西部找朋友布尔·李。家住路易斯安那的布尔·李夫妻都吸毒成瘾，但对孩子都很关爱。李对迪安的不负责任表示不满。随后萨尔、迪安和玛丽卢继续他们向西的行程。傍晚到达旧金山后，迪安将身无分文的玛丽卢和萨尔扔在路边回家去和卡蜜儿团聚。第二天一早，萨尔在赊住的旅馆醒来时，发现和他共度一晚的玛丽卢也已离开。他身无分文，独自一人在这个陌生的城市里，翻垃圾筒，捡烟蒂，在各色皱巴巴的废纸上写作。后来为了生存，当了火车装卸工。他离开旧金山前去找迪安，两人被卡蜜儿赶出来，决定一起回纽约。在路上，他们遇到男同性恋者，迪安为钱与之发生性关系，令萨尔不满。迪安沿途寻找自己的流浪汉父亲，但没有结果。

最后一次旅行的目的地是墨西哥，迪安和萨尔同行。他们吸大麻，逛妓院，在熙熙攘攘的街头品尝当地小吃，感受当地文化。后来萨尔得了痢疾，迪安扔下发着高烧的萨尔，带着所有的钱回旧金山了。

冬天的夜晚，在纽约的街头，长途跋涉、衣衫破旧的迪安与西装革履、准备和朋友去听音乐会的萨尔相见，简单的寒暄之后，两人分手，迪安请求搭车被萨尔拒绝。夜晚，萨尔回想着他与迪安的相识及经历，开始了《在路上》的写作。

【深度解读】之一：
《在路上》的生存美学解读

生存美学是法国哲学家福柯的思想精华，他认为创造和叛逆是生存美学的基本实践，关怀自身是生存美学的核心，我们应在语言游戏中审美地生存。本文从福柯生存美学的这三个主要论点出发分析解读凯鲁亚克的小说《在路上》，以达到对这部垮掉一代的信仰宣言的深刻理解。

1957 年 9 月 5 日，《纽约时报》刊出一篇吉尔伯特·米尔斯坦有关杰克·凯鲁亚克小说《在路上》（*On the Road*）的评论，其中写道："在极度的时尚使人们的注意力变得支离破碎，敏感性变得迟钝薄弱的时代，如果说一件真正的艺术品的面世具有任何重大意义的话，该书的出版就是一个历史事件……就如同《太阳照样升起》比 20 年代的任何一部小说都更能被认为是'迷惘的一代'的信仰声明一样，《在路上》将被奉为'垮掉的一代'的信仰声明。"（1–2）

《在路上》描写了一群年轻人几次横跨美国大陆的经历以及

离经叛道的生存状态。他们带着强烈的反叛精神和自由主义思想，藐视刻板保守的生活方式，无视传统的伦理和道德规范，吸毒酗酒，喜欢冒险。在一般人眼中，这些人浑浑噩噩，精神空虚，生活颓废，毫无社会责任感，但是福柯的生存美学却能对这个特殊的群体的不同寻常的表现提供合理的解释。

生存美学是法国哲学家米歇·福柯的思想精华，“对人来说，最重要的，不是把自身界定或确定在一个固定的身份框框之内，而是要通过游戏式的生存美学，发现人生的‘诗性美’的特征，创造出具有独特风格的人生历程。”（高宣扬，序：14）生存美学的基本理念，可以追溯到古希腊时期。从苏格拉底、柏拉图、伊壁鸠鲁学派、斯多葛学派、犬儒学派，到文艺复兴和近代的自身文化及尼采的酒神美学理论，都为今天的生存美学奠定了理论基础。生存美学的基本宗旨，就是为自身寻求生活的快乐和愉悦，达到人自身在肉体、情感和精神上的满足和升华，以便在现实社会生活中，实现自身在精神和肉体两方面的自由幸福。在这个意义上说，生存美学不同于传统美学的最主要的特征，就在于它把审美重点从艺术美的鉴赏转向了人的生存方式和生活风格。（高宣扬，437）

《在路上》明显地反映出生存美学的主要理论内涵和现实

表现。

一、创造和叛逆是生存美学的基本实践

对于福柯来说，以生存美学的原则进行创造和叛逆，就是在生活历程中实现充分自由的游戏，敢于并善于逾越各种约束人的自由的界限、禁忌、极限、规范和制度，甚至把逾越本身当成审美创造的基本前提。(高宣扬，4)

小说中的年轻人处处表现出对社会的叛逆及对法律和道德规范的逾越和违背。其中的典型人物迪安一年偷了五百辆汽车，而目的只是“想开开而已”。以杜鲁门总统说的“我们必须削减生活费用”为借口，他们心安理得地偷窃，利用在工房区作警卫的便利，萨尔和雷米监守自盗，从自助餐馆成箱地偷食品。在横跨美国的旅行中，他们屡次从沿途的杂货店偷牛奶、面包和香烟；还趁加油站管理员熟睡的机会，偷偷给自己的车加油。

福柯认为，美的生活，不应该静如止水，不应该局限于日常生活的惯常循环重复的圈子，而是应该如同江河大海那样流动，并时时涌现惊涛骇浪，历经险象环生的旋涡。（高宣扬，70）这一点，在小说中更是体现得淋漓尽致，垮掉的一代的生活充斥着颠覆人们思想的举动，各种疯狂的描述比比皆是。

“我们在丹佛墨西哥人城区我生平所见的最狭窄、最古怪、最曲折的小街上走着。在人们都已熟睡的静寂中，我们大声喧哗。”（55）

开着别人的凯迪拉克，迪安的疯狂令经常与他在一起的萨尔害怕起来，“我紧张得要命，觉得当天上午一定会撞车，我躺在车厢地板上，闭起眼睛，设法入睡。我以前当水手的时候，常常遐想船身下面滚滚流过的波浪和更下面的无底深渊——现在我能感觉到我身体下面二十来英寸的公路，在那个疯狂的亚哈驾驶的车辆底盘下以难以置信的速度嗖嗖展开，横穿呻吟的大陆。我闭上眼睛时看到的只有向我奔来的公路路面，我睁开眼睛后，看到的是纷至沓来的、在车厢地板上颤动的树影。躲不开也避不掉，只能听天由命。”（301）

迪安一行三人在圣诞节出其不意地出现在萨尔的哥哥家，已经三十六小时没有进食的他们“狼吞虎咽地吃起来，迪安手里拿着三明治，弯着腰在那架大唱机前面蹦上蹦下……唱片的音量大到了难以置信的疯狂程度。那些南方人面面相觑，敬畏地摇着头……南方人一点都不喜欢迪安那种疯疯癫癫的样子。迪安根本不加理会。他的疯狂开成了一朵怪诞的花。”（145）

作为小说中人物原型的“垮掉的一代”的好几位作家，都有被诊断为精神病患者的经历，比如金斯堡和凯鲁亚克，他们都曾在精神病院里度过了一段“不堪回首”的日子，“疯狂”无疑是他们最大的罪名。(熊晓霜、张金蕾，2011)

福柯还强调人的生活和生命的自由与身体快感、吸毒快感的不可分割性。他说：“尽可能地使用我们的身体，将身体作为我们的多种多样快感的可能源泉，在我看来，是一件非常重要的事情。”(高宣扬，67)

小说中的人们对毒品的狂热，就是基于它能带给人身体和精神的癫狂状态。卡洛和迪安的灵魂深处的对话要在服用安非他明之后进行，因为那时人的意志力失去了控制，灵魂深处的想法会自然表达出来。作者也是在服用安非他明后的无意识状态下在二十几天的时间里完成了他的成名之作。

在第三部第二章借迪安之口，作者生动地描述了吸食大麻过量后的身体感受：“第一天，我僵硬得像块木板似的躺在床上，既不能动，也说不出话；我只能睁大眼睛盯着天花板。我脑袋里嗡嗡作响，眼前出现种种美妙的彩色幻象，感觉好极了。第二天，各种各样的事情纷至沓来，凡是我生平做过的、知道的、看过的、听过的，或者猜测过的都回忆起来，在我心中以崭新的、合乎逻辑的形式重新组合，由于我在内心惊异和感激之余想不出别的话，我不断地说：‘是啊，是啊，是啊。’……这些绿货引起的幻象一直持续到第三天。那时我彻底醒悟，我的整个生活定了下来。”（237）

福柯严厉批判传统的身心分割理论，也反对重精神、轻身体的传统哲学和道德论述。他认为，任何思想和精神方面的审美活动，都离不开身体、感官和性的审美感受及其反应。事实上，并不存在纯粹的生物学意义的身体和性的快感。在身体和性的快感中，自然地隐含着与精神心灵方面的审美意识、情感及感受的内在关系。审美的生存必须以身体、感官和性的审美快感满足作为基础，并将身体和性的审美欲望及其快感满足同思想、精神和语言方面的审美活动联系在一起。（高宣扬，489）

“美国的青年男女经历了一个如此可悲的时期；世故要求他们不必寒暄客套，可以立即进入性爱程序。不必多费口舌献什么殷勤——可以开门见山谈心灵感受，因为生命是神圣的，分分秒秒都十分可贵。”（74）性观念的开放是小说人物共有的特征，他们每到一处，首先想到的就是找女孩，传统的关于性的羞涩，在这里早已不见踪影。

根据福柯的生存美学理论，性爱，作为人类身体本能欲望以及精神创造和文化发展的基本条件，不论就其快感满足要求，还是就其精神超越层面，都不应该有固定的形式，不应受到任何特定的规范和规则的限制，更不应以任何人为分类的手段，而对其中的不同形式给予贬低或侮辱。（高宣扬，508）这与现实社会中的婚内性行为的伦理观大相径庭，却被《在路上》的人们践行着。对于初次见面的萨尔等人，迪安就“开始谈他的性爱问题，因为对他说来性是生活中的头等大事”。（4）小说中描述的几乎所有的性行为，都不是在婚内状态中发生的。性行为可以是恋人之间的，可以是与初次见面的陌生人，也会是到墨西哥妓院寻欢作乐，它不光发生在两人之间，还出现了萨尔、迪安和玛丽卢三人之间的游戏；不仅是男女之间，还有里齐酒吧的同性恋聚集。“各种邪恶的计划都在里齐酒吧里酝酿——空气中都可以察觉出来——各种疯狂的性爱程序都在这里起始。”（170）

所有这些疯狂叛逆的举动，归根结底是垮掉的一代对当时主流文化的反叛和挑战，也是他们试图逃离压抑的社会的途径，是他们渴望体会更完整、彻底、独立的人生的一种探索和尝试。物质上的贫乏困顿并没有影响到他们，“在路上”的状态已经令他们满足。

二、关怀自身是生存美学的核心

福柯探讨生活艺术和生存美学的过程，也就是发现生存美学的核心问题，即“关怀自身”的过程……简言之，生存美学就是“自身的技术”，是关怀自身的艺术美学，是为了使自身的生存提升到愉悦快感境界的实践智慧。(高宣扬，411)

垮掉的一代试图在一个越来越物质化、个体的精神追求被渐渐忽视的世界寻求生存的意义。追求个人自由的前提是理解自我，明白自己的真实需求；忠于自我，做真正的自己。这就是他们一再上路的原因。在路上的状态可以使自己远离社会的束缚，找回自我。在一个物质富有但精神缺失的社会中，他们冷眼旁观，“以我闯荡江湖却又不谙世故的眼睛看着纽约的绝对疯狂和荒诞的浮躁，看它的数百万居民为了钱而你争我夺、疯狂的梦——掠夺、攫取、给予、叹息、死亡，只为了日后能葬身在长岛市那边的可怕的墓地城市。”(136)他们拒绝像大多数人一样被物欲控制，不愿陷入荒诞的为身外之物的纷争而耗尽生命，所以选择一次次踏上旅程。他们多数的旅行没有事先的周密计划，而是听从内心召唤，随时上路，他们把上路当作自己最神圣的使命，对这种向内的生命体验及生存意义的追求表现出宗教般的狂热，墨西哥夏季的炎热和东部冬季的风雪都阻挡不了他们的车轮，传统的责任感和道德规范都无法削减他们了解新的景色、事物及人的热情。在路上的状态就是他们关怀自身的一种表现形式。

他们重视的是不受约束的生命体验，小说中的最具有影响力的人物无疑是迪安，迪安认为的最伟大、最了不起的人——罗洛·格雷布——“他表演威尔第的歌剧，穿着后背开了一个大口子的睡衣做形体动作。他是个大学者，腋下夹着十七世纪乐谱的原稿跌跌撞撞地走在纽约滨水区，高声喊叫。他像大蜘蛛似的爬过街道。他极其亢奋，眼睛里露出可怕的光芒。他心醉神迷地抽搐似的转动着脖子。他口齿不清地说话，他扭动身体，他猛然坐下，他呻吟，他号叫，他绝望地往后一倒。他兴奋得一句话都说不出来。”（164）迪安对疯狂的罗洛·格雷布赞赏有加，认为他“是最伟大、最了不起的人。我就要做像他那样的人。我人像他一样。他永不停息，他四面出击，全力以赴，他了解情况，不达目的决不罢休。哥们儿，他是最棒的！”他认为假如你事事以他为榜样，最后也能达到生命的理想的终极状态，即抛却一切俗世的物欲及烦扰，达到自然顺势、了解一切的纯粹的精神世界。

同时，关怀自身不光指照顾满足自己的需要和欲望，还指关注自身生活风格和生存技艺的培养和修炼。

小说中主人公们的叛逆的生活方式其实只是他们关怀自身的一种表现形式，他们不受传统规则的束缚，按照自己的愿望生活，就像萨尔说的“只是快活快活罢了。人生只有一次。我们正及时行乐呢。”（162）

在疯狂之余，他们也在对生活进行思考。萨尔说：“我要同一个姑娘结婚……我们两人老了的时候，我的灵魂就可以在她身边得到宁静。不能老是过现在这种东跑西颠、紧张忙乱的日子。我们终究要找个地方安顿下来，找些事做做。”就连放纵成性的迪安也说：“噢，哥们，多年来，我一直在注意家庭、婚姻，以及有关心灵的种种美好的东西。”（150）他也关心朋友的未来，“我懂得你说的你的生活经历，我一向理解你的情感，假如你能找到一个真正了不起的好姑娘，同她培养感情，使她关注你的心灵，正如这些年来我试图同我的那些该死的女人所做的那样，你完全有条件同她结合。”（239）

老布尔·李研究“生活的事实”，非但是出于需要，而且是出于愿望。他尝试各种工作和经历，只是为了获取经验。他和妻子几乎把所有的钱都花在毒品上，因为“如今，他最后的研究课题是吸毒成瘾”。

关怀自身的宗旨就是使自身实现自由的愉悦，使自身很自然地掌握满足快感的分寸和方式。

作者几次把旅途描绘成“应许之地”，比如“我贪婪地望着窗外：拉毛粉饰的房屋、棕榈树和免下车的路旁快餐店，整个疯狂的世界，破烂的应许之地。”（105）

我一直睡到中午；忽然看见窗外一列南太平洋铁路公司的运货车驶过，平板车上躺着好几百个流浪汉，他们把背包当作枕头，有的在看报上的滑稽连环漫画，有的在吃岔线旁边摘来的上好的加利福尼亚葡萄。“妈的！”我嚷道。“嚯，这就是《圣经》里的应许之地。”（116）

应许之地本为上帝应许给犹太人的“流奶与蜜之地”，是人们心中的理想家园、人间天堂。萨尔却“贪婪地”注视路边普通的景象，把流浪汉们看报吃葡萄的画面看成是理想家园。当看到特雷家的五兄弟在歌唱，孩子们在嬉笑，“我躲在葡萄藤中间，这一切全看在眼里。我觉得你是有百万美元那么富足。”（127）这说明他的欲望并不是物质方面的享乐，不是城市生活中的纸醉金迷，而是自然景色和平凡的生活中人们感到的宁静和安详，是精神层面的愉悦。

这群年轻人充满热情地上路，以一种贫穷的状态旅行，他们不在意物质生活，只专注于追求精神世界的自由。因此他们一再上路就是为了满足自己的这种精神情感需求而进行的探索追寻。“在路上”是他们关怀自身的方式。

三、在语言游戏中审美地生存

与传统思想家们从思想意识内部、以主体为中心进行理性思考的模式不同，福柯采取一种“在外面”的思考方式，即“走出纯意识的框架，到主体意识之外，沿着语言游戏的逻辑，任凭语言运用的运作轨迹冲破一切约束和规范，进行自由自在的思想创造活动。”（高宣扬，124）

这与凯鲁亚克的自发式写作模式如出一辙。这种游戏语言的特点在小说的整体结构、语句篇章及人物语言上都有体现。

（一）整体结构

凯鲁亚克认为，传统小说的框架无法承载作家的才思，因为情节设置、起承转合等会捆绑住作家的自由联想。他主张突破传统小说的条条框框，且不可刻意考虑形式上的问题，因为“你所感受到的东西，会拥有自己的形式。”（尚广义，2015）

《在路上》分成五部分。前四部分分别为萨尔和迪安等人的四次横跨美国的旅行，最后一部分只有五页，相当于整部作品的尾声。作品没有严谨的结构、紧凑的叙事节奏和设计精巧的故事情节，找不到明显的开端、发展和高潮，而是许多碎片的堆积。整部作品给人一种混乱的感觉，更像一部生活实录，故事的脉络要靠读者在读完这些碎片后自己拼接起来。

语言上也没有华丽的修辞手法，因为“素描”是凯鲁亚克对于“自发式写作法”描写的要求。凯鲁亚克吸收了友人关于创作中素描描写的观点，重视用精练、节省的文字粗线条地勾勒人、物、事，过滤掉情节、噱头等华而不实的东西，重在把握他所谓的意象主体的“关注中心”，决不使用渲染、烘托、铺陈等修辞手法，从而取得真实可感的艺术效果。

（二）语句篇章

福柯提倡“使用语言时，不要始终执着于主体性原则，不要试图垄断语言使用的主体地位，相反，要有宏大气魄，主动放弃自己的主体性，把主体性归还给语言本身。”（高宣扬，483）而凯鲁亚克自己在《自发式散文体的要点》一文中也把创作过程比作爵士乐吹奏，认为创作就是用文字自由演绎作家的情感，借由释放内心最深层的情感来得到满足。

《在路上》中的语言大部分读起来似乎是语句自然流出，没有经过作者有意识的组织和推敲，经常出现语句简短，主题不一，内容上毫不相关的叙述，比如："我高兴得大叫起来。我们把酒瓶传来传去。天上出现了硕大的彗星，迅速退后的沙丘逐渐模糊。我觉得自己像是一支永不停息的箭。"（33）

"我在柯蒂斯街那些悲凉的低级夜总会附近闲逛；穿牛仔裤和红衬衫的小青年；花生壳，电影院的挑出帐篷，射击馆。离开灯光璀璨的街道就是黑暗，黑暗的那边是西部。我非走不可。"（75）

在这两段的描述中，作者的意识似乎处于一种迷离状态，思维不再呈线性延续，而是点状跳跃，这种自由联想的技巧是自发式写作的一个重要特点。作者似乎不受任何逻辑顺序的限制，随意在几种完全不同的表述对象间转换。对事物的描写也不完整，而是呈碎片状。

除缺乏逻辑和完整性之外，叙述主体的变化也是造成混乱感觉的原因。

"然后他告诉我迪安是怎么认识卡蜜儿的。台球房里干活的罗伊·约翰逊在一家酒吧里发现了她，把她带到旅馆；自豪感

压倒了理性，他邀请我们全体去看她。我想马上出去见见他个疯子，他答应为我做些安排；丹佛所有的姑娘他都认识。”（54）

在这一段中，第一句的叙述者是作者，第二句则在没有任何迹象或提示的情况成了卡洛的叙述，最后的“我”又转回到作者。这种叙述主体的转换会造成读者理解上的困难，所以是一般作家刻意避免的一种作法。

除此之外，分段的任意性也是小说语篇上的一大特点。

与通常按照对事件或其片断的相对完整的描述为标准分段不同，《在路上》的分段显得十分随意，往往是几个事件连在一些描写，一个事件连着另一个事件，由此，小说中有许多超过一页的长段落。比如，第一部第二章中，一个 36 行的段落（14—15 页），占了一页半的篇幅，写萨尔第一次上路出师不利的经历；在 22—23 页，在 32 行的段落中描写他两次搭车以及结识埃德的经历；在 220—222 页更是出现一个 53 行的大段，描述萨尔在旧金山被玛丽卢抛下后孤身一人、身无分文、饥饿难耐时产生的头晕眼花、类似幻觉的感受。

（三）人物语言

文学作品中的对话通常具有内容上的衔续性和语体上的口

语化两大特点，用词简单，语义明了。但是《在路上》却不然，作者不仅在描述部分突破了语言使用的规范，小说中人物的语言也呈现出怪诞晦涩的特点。

在第二部第三章的一个长段中，迪安向萨尔描述自己的思想及经历后说："上帝无疑是存在的。我们行驶在这条路上时，我完全相信我们的一切早已作了安排。一切自然而然都会顺利，你不会偏离路面，我可以睡觉。再说，我们了解美国，我们在自己的国家；我可以去美国的任何地方，得到我想要的东西，因为各个地方都一样，我了解人们，知道他们在干什么。我们有给予，有获取，在难以想象的复杂的甜蜜中曲折行进。"（157）这几句话表达的含意非常模糊，萨尔说："他讲的话让人摸不着头脑，但是他想讲的意思在某种程度上却表达得纯净清晰。"

卡洛在萨尔、迪安等人去西部前对他们说："惩罚的日子就要来到。气球维持不了多久了。不仅如此，那是一个抽象的气球。你们大家都要飞到西海岸去，然后摇摇晃晃地回来，寻找你们失落的宝石。"（168）连话不多的埃德也说出"走在人行道上的是我的幽灵"这样的话来。

《在路上》在整体结构、语句篇章及人物语言上都体现出了福柯所提倡的在语言游戏中审美地生存的意念，表现出“诗性地使用语言，意味着自我陷入醉与梦的状态，让自身自由地想象，不但可以随意脱离自己预定的设想计划，而且不断逾越各种限制和界限”。（高宣扬，384）

四、结语

初读感觉混乱无序的《在路上》，如果从创造和叛逆、关怀自身及语言游戏的角度用福柯的生存美学理论进行解读，则可以对其有更深刻的理解，发现无序表面下作者及人物的精神状态和追求，从而更好地了解在特定历史时期的“垮掉的一代”的生存状态。

【深度解读】之二：
《在路上》小说与电影人物塑造对比

由同名小说改编的电影《在路上》基本保持了原著的思想内涵和故事框架，但明显加强了父亲的角色、改变了萨尔和迪安关系的发展走向，并且使卡洛这个人物立体鲜明，本文从这三个方面分析了小说与电影在人物塑造方面的差异。

由同名小说改编的电影《在路上》基本保持了小说的思想内涵，表现了一代年轻人对自我的认识和对人生的探寻。故事框架也没有太大变化，描写了萨尔的几次单独或与朋友一起的横跨美国的旅行的经历。但在人物塑造方面，电影与原著有着明显差异。

一、父亲角色的加强

德国哲学家弗罗姆说：“父亲虽不能代表自然界，却代表着人类存在的另一极，那就是思想的世界、科学技术的世界、法律和秩序的世界、风纪的世界、阅历和冒险的世界。父亲是孩子的导师之一，他指给孩子通向世界之路。”（弗罗姆，59）父亲的角色在人的一生中是不可或缺的，在培养孩子的坚毅、勇敢、果断等品格方面起着其他人无法替代的重要作用，给孩子以安全感，是他们精神情感的重要依托。然而，父亲的角色在凯鲁亚克的小说里是明显缺失的，在电影中却被大大加强。

电影一开始的黑屏中，只能听到男声的吟唱：“……那间赌场内，找到我父亲，父亲啊父亲，您去了何处，从我十岁起便独自飘零，父亲开口说，我儿勿担忧，你父染肺疾，命怕不久矣……跳上旧货车，挥别蒙太拿，当夜凄凉雨，父亲溘长逝。”从这苍凉的歌声中，不难体会出男主人公对于父爱的呼唤及失去父亲的感伤，而且因为父亲的去世，便不知家在何处，陷入精神上的迷茫漂泊状态，这似乎是对整部作品的一个注解。

小说中萨尔的生活中几乎没有父亲的存在，除了一句“迪安在寻找他的父亲，我的父亲早死了，斯坦在逃避他的爷爷”。（341）他几乎没有提到过自己的父亲。而另一个主人公迪安“是一个酒鬼的儿子，他父亲是拉里默街最落魄的流浪汉，事实上他是拉里默街附近的人抚养大的。他六岁时就常常请求法庭释放他的爸爸。他常常在拉里默街上乞讨，把要来的钱悄悄地拿回去给他爸爸，而他爸爸则在一摊砸碎的空酒瓶中间同一个老朋友等钱买酒。”（48）迪安的父亲从没承担过做父亲的责任，却让儿子从小就负起照顾他的重担。他连抚养自己儿子的义务都没有尽到，更谈不上对儿子的关爱和导引。所以，在迪安的成长过程中，父亲的角色也是缺失的。不仅如此，这个失败的父亲对迪安的一生都产生了负面影响，使他形成不负责任的个性。

但在电影中，父亲的形象被正面放大。父亲对主人公的影响也作为一个重要因素，从开头一直持续到结尾。

萨尔一直处于失去父亲的痛楚之中。伴着萨尔脚步的低沉的片头曲预示了萨尔父亲的不在场及对他生活的影响。从牧师在父亲葬礼上的致辞中，我们对父亲有了更多的了解：他是一个来自法国的移民，爱家人爱故土。父亲的去世对萨尔影响很大，他大病一场，并感觉“生活陷入一片死寂”，好友卡洛说他，“跟之前判若两人，一阵阴郁的沉寂从你身上蔓延开来。”

萨尔告诉迪安：“我父亲去世的前一天，他抓着我的手，仔细端详，他说，你手上没茧子，萨尔，因为你都不干下力气的活，小子。”父亲认为他还没有经历生活的艰辛，对于他有些担心。他清楚地记得父亲临终前的话，这是他决定踏上旅途，去品尝生活的艰辛，去接受历练，去感受未知的一个因素。

和迪安简单的“敬老爸”不同，萨尔的一句“敬优秀的、年迈的、过世的、疯狂的、我们爱的老爸”，表明了他对父亲深厚的情感，在他的心中，父亲是优秀的，行为中可能也有些“疯狂”的举动，他对父亲的爱和怀念溢于言表。

在旅途中，当他迫不得已要当掉父亲的表时，忧郁眼神里满是不舍和愧疚，摆弄着不愿放手，说：“是我父亲留给我的，它能走。”这似乎是在强调这表作为自己与父亲的情感纽带的重要意义。

在他生活中时遇到困扰或是要做出重大决定时，都会去父亲的墓前沉思。这似乎是在与地下的父亲交谈，寻求父亲的指引，体现出父亲在他的一生中发挥着重要的不可替代的指导和引领作用。因为在成长过程中有父亲的指引，萨尔的人格健全，做事懂分寸，知道克制和自我约束，有责任心，因此才会有后来的成功。父亲的去世，使得萨尔的生活中缺少了导师，所以他把迪安看作兄长，以他为榜样，也就不难理解。

电影中，迪安在讲自己的童年经历时提到，他九岁时，爸爸还是个理发师，在11岁时和父亲走散了，那时他们是和一群流浪汉在一起。可见，他童年时的生活还是正常的，我们猜他曾像其他孩子一样得到过父亲的关爱。后来由于某种原因，父亲变成了流浪汉，“我都不知道我爸在哪，他一直在丹佛的大街上流浪……”迪安的父亲虽然仍然是一个流浪汉，但没有了小说中的负面和消极的色彩。

迪安一直处于寻找父亲的过程中，当他在看到一个老流浪汉的背影，他怔住了，以为那是自己的父亲。在老布尔家中，布尔在房间与儿子画画、玩耍时，他在外面陷入沉思，似乎由眼前的这种亲密的父子关系想到自己和父亲。在被卡蜜儿赶出家门，离开纽约后，他对萨尔说：“我们先去丹佛。这次我们一定得找到我爸爸。”他一个个店铺去问，有没有人见过“剪头发的”莫瑞亚提；他去跟路边的流浪汉交谈，打听父亲的下落。

另外两个有关父亲角色的细节处理有明显的差异。

小说中迪安最后收到了被关在西雅图监狱的父亲的信，希望能见到孙子。而在电影中，迪安一直没能找到父亲，这使他的无根漂泊的感受更加强烈。

小说中对于迪安有孩子的事情处理得非常随意，只是通过萨尔的角度说“他有了一个聪明伶俐的小女儿”（142），“他掏出一张卡蜜儿在旧金山拍的抱着新生小女儿的照片”（324）。而在影片中，或许是由于自己对父亲角色的向往和对父爱的渴望，迪安似乎对于父亲角色格外重视，所以在两次有孩子的时候，他说的都是“我当爹了”，从中不难感觉到他为完成了向父亲角色的转换而倍感自豪。

小说中对布尔和儿子的关系没有详细的描述，只说：“大人几乎不怎么吃饭；小孩也这样——大人反正也不关心。”他的两个孩子，一岁的雷“光着屁股，满院子乱跑”。午睡时，“小雷搂着他的脖子睡着了。父子俩舐犊情深的画面很感人，要是有事可做，有话可说，做父亲的绝不会让他儿子感到腻烦。”（194-195）

电影中老布尔的父爱展现更加具体：布尔的第一次出现，便是抱着儿子坐在摇椅上，当儿子在睡梦中起身，他轻轻地把儿子的小脑袋按在胸前，让他安睡。他耐心地陪儿子画画，按着孩子的逻辑与他聊天、玩耍。这个温馨的画面引起了其他人对家庭的思考。

总之，影片有意加重了对父亲角色的表现，或许是为萨尔的最后清醒，迪安的始终彷徨提供合理解释，而老布尔，除吸毒没有给孩子树立好的榜样外，呈现了一个比较具体生动的好父亲形象。

二、萨尔与迪安

在小说和电影中，萨尔和迪安都是最重要的人物，但影片对迪安的刻画及两人之间的感情发展进行了不同的处理。

在小说中，迪安“是萨尔的榜样……是梦的现实。他身处社会边缘，对道路尽头不存幻想……是‘垮掉分子’……是至福的道路和灵魂，掌握着开启通向神秘的种种可能和多姿多彩的历练之门的钥匙。”（凯鲁亚克. 王永年，译，思郁代译序：18）他从少年起流浪各地，与父亲失散后，一个人经历了生活中的各种艰辛。“迪安的智力十分正常、完整、熠熠生辉，没有那种讨厌的知识分子腔调。他的‘犯罪行为’不会惹人愠怒和嗤笑，而会引起一阵狂野的美国式的喝彩；它有西部情调，西部风味，是来自平原的颂歌，某些早有预示、正在实现、含有新意的东西（他只为了乱兜风才偷汽车）。我所有的纽约的朋友都处于消极的、梦魇似的状态，整天在贬低社会，搬出他们那些陈旧的、学究似的、政治学的或者心理分析的理由，迪安却不一样，他为了面包和性爱在社会上使劲拼搏。”（11）

他是“阳光的西部亲属”，对萨尔有着无穷的吸引力，使他仿佛“听到了新的召唤”。作者对迪安的态度是理解和佩服。

“我仿佛看到迪安一辈子就在这么奔跑……他瘦削的脸直对生活，两条胳膊上下摆动……不过，谁都跑不过他，这倒是真的。”（197）在萨尔看来，从小经历了无数磨难的迪安，像个西部牛仔，已经学会了在残酷的社会生存的技巧，他总能在与生活挑战的斗争中取胜。

小说中的迪安对萨尔也是照顾的。在旧金山，当孤单的萨尔被玛丽卢抛下，身无分文、饥肠辘辘时，是迪安找到他并带他到卡蜜儿的住处，使他摆脱了困境。当迪安在墨西哥离开病中的萨尔时，他说：“斯坦可以照顾你。”并没有将朋友陷入绝境。所以，“我有所好转后，觉得他是个混蛋，不过那时候我不得不理解他的生活的无可救药的复杂性，他不得不抛下病中的我，去应付他的两个妻子和烦恼。好吧，老迪安，我没有什么可说的。”（385）这些话表明萨尔理解并原谅了迪安，这也就使后面两人仍然保持联系显得自然合理。

而在电影中，迪安的形象则要卑劣得多。布尔对他的评价是：“他有为任何人做过任何事吗？迪安对人毫无责任感可言，他压根儿就没这个概念，可他却觉得别人就有义务满足他。”

布尔说得没错，刚到旧金山，他把萨尔和玛丽卢两人放在路边扬长而去，丝毫不考虑他们的生活。玛丽卢离开后，萨尔一文不名，只能捡路边的烟头，翻垃圾筒，在各种皱巴巴的废纸上、在报纸的页边写作，做装卸工出苦力维持基本生计。迪安却再没出现。

小说中迪安与男同性恋并没有事情发生，但在电影中他为了钱与同性恋男子有了性行为，这就使得行为的性质发生了变化，是萨尔不能接受的。对垮掉的一代来讲，为了满足情欲而进行的任何形式的性行为都是追求自由的体现，是无可厚非的。但为了金钱，无异于出卖自己，这引起萨尔对迪安的不满，也是两人关系疏离的开始。

将病中的萨尔扔在墨西哥的情节更显得自私冷酷。因为影片中删掉了斯坦这个角色，在只有两人的情况下，迪安把重病的萨尔抛下并拿走钱包中的所有的现金，无疑将朋友推向绝境。虚弱的萨尔眼角的泪水表明了他对迪安的失望。这使两人的关系降至冰点，也为故事的结尾埋下伏笔。

虽然在小说和电影中认识迪安的初期，萨尔都感觉他像是自己的兄弟，认为他从来都是随遇而安，而且两人能够相互学习，但后来他们的关系发展却不尽相同。

小说中他们各自的生活状态和两人之间的兄弟情谊从开头到结尾似乎没有太大的变化。墨西哥之行后，萨尔和迪安关系基本正常，仍有长书信来往。萨尔仍旧没有攒够买旧卡车的钱，迪安也仍然要“凭铁路免费券回去，在灰尘扑扑的车厢和硬座守车里待五天五夜。”萨尔感觉“我最后一次见到他的情景相当奇特悲哀。”（392）不让迪安搭车是由于雷米的反对，而“我所能做的只是坐在凯迪拉克的后座向他挥手告别。”在整个音乐会的过程中“我根本没有兴趣，只想着迪安，揣摩着他怎么回到列车上，在那片凄凉的土地上行驶3000英里，我不明白他除了看看我之外，究竟为什么要来。”（393）迪安长途跋涉，只为来看他，而自己竟然让朋友失望。萨尔和女朋友对迪安的离去仍感悲伤，对自己的表现感到愧疚，说明经历一路的波折，他们的兄弟之情并没有改变。

但电影中则是墨西哥分手后的两人没再相见，直到最后在纽约的街头，寒风中走来的迪安叫住要去听音乐会的萨尔。这时两者的对比异常鲜明：萨尔似乎已经从一个垮掉一代的成员回归主流生活，西装革履，头发梳得一丝不苟，并且开始与权贵交往。迪安却更加落魄，穿着破旧的衣服，神情中也没有了往日的朝气、热情和自信。当迪安要求搭车时，萨尔坚决地回绝了。从他的态度中我们感觉不到不舍和留恋。迪安伤心落泪，虽然他说“我依然爱你”，但我们知道两人已经从兄弟到陌路，从此各自沿着自己的生活轨迹，不可能再有交集。

在为两人命运唏嘘的同时，我们对迪安感到可悲。他虽然能够依从内心，但对家人和朋友却缺少应有的责任和担当，他一生只追求表面的疯狂和身体欲望的满足，却始终没有学会深入思考，思想和人格方面并没有成长；他像个长不大的孩子，在探索中迷失了自己。眼看一直追随他的萨尔，乘坐凯迪拉克驶离，自己却只能背着破旧的行囊，在寒风中瑟瑟发抖。

三、卡洛

《在路上》主要描写萨尔和迪安的经历，卡洛在小说只是几个从属角色中之一，着墨不多。作者把他叫作“心地阴暗还有忧伤诗意的骗子”，他和迪安的“活力迎头相遇”，“整天整宿地神聊，关系搞得不能再铁了”。（9）在丹佛期间，他们“进入了一个了不起的时期”，在安非他明的作用下，“以极端的诚实一五一十地互相告知心里想的事情。”（53）他会给朋友们“朗诵他写的启示录式的、疯狂的诗句。”（75）从非洲游历回来，他变得深沉了；他“眯着眼睛，看着这种愚蠢而疯狂的举动”，并质问：“这次去纽约有什么意义？你们在干什么肮脏的勾当？……你去何方？”（155）

正如小说的总体特征一样，这些简要的描写并不能让我们对卡洛其人形成一个具体完整的认识，他只是一个模糊的轮廓。

电影中的卡洛虽然也只是一个配角，镜头不多，但特点鲜明、形象丰满，给人留下深刻印象。他忧郁率真，关心朋友。在萨尔父亲的葬礼上，是他陪在萨尔身边。他勤于思考，并勇于实践，看上去他只是跟在迪安身后，但他的生活不像迪安那样混乱。白天在公司打工，晚上则在安非他明的作用下和迪安进行“极端诚实”的交谈。他坚持创作，写出自己的感受和对世界的认识。虽然脸上总带着孩童般的笑容，他有着哲学家的深邃头脑，能够透彻地理解和描述生活，谈吐睿智，“从一个生命那么长的美梦中醒来，我意识到上帝并不在高远的天堂，而是在这里，坚实的大地上。”

他疯狂地爱着迪安，虽然别人不理解，称他“童话里的卡洛”，但他不在意，因为“这是我爱的方式”。他也知道迪安要的不是男人，“我甚至告诉他们，可以不要肉体关系，只要和我在一起就好，拥抱我，给我打电话。”可是迪安忙着在他的两个女友间奔波，连这点也做不到，即使在他心痛时都不会打电话安慰，认为这“太陈腐了”。这时“忧郁”已经无法表达卡洛的感受，“用‘悲痛’好点”。

对于自己的这种感情需求和性格特点，他也困惑，“我真希望我能像个爷们儿一样喝威士忌，像那些人一样说干就干。”对于自己的人生，他有明确的计划和目标——“我 21 了，到 23 的时候，我要写一部伟大的诗作，我的理想就圆满了。”

看似柔弱的卡洛是勇敢的，为了更好地认识世界、体验人生，“我要走了，我要去非洲，像兰波一样，跳上一艘船，我要吸鸦片……”他像勇士一样，无所畏惧地独自上路了，比起萨尔和迪安在美国大陆的结伴而行多了一份果敢悲壮。

在这群激进叛逆的青年中，他是唯一一个有着明确的是非观念而且有勇气坦白表达的人。对于迪安等人不负责任的做法，他明确表示不满，“你为什么把加拉蒂雅丢在图桑呢，她可是你老婆，你们在国内跑来跑去，是干什么？迪安，你为什么为玛丽卢离开卡蜜儿？”他警告他们：“暴怒的季节就要到了，你们的快感只是一种幻觉，你们一路飞到西海岸，总有一天，会突然从高空坠落，摔在地上。”

电影中，由于卡洛对人生的体验和思考及对写作的坚持，他的诗集率先出版。这应该可以理解为是电影改编者赋予卡洛这个人物的示范作用。

四、结语

《在路上》的电影改编和小说虽然情节基本一致，但在人物塑造上仍存在比较明显的差异。通过父亲角色的强化，对萨尔和迪安关系的不同处理，及对卡洛这一角色的突出演绎，电影中的人物更加丰满，特点更加鲜明，角色的作用更突显，故事的发展也更加合理自然。这消解了以自发性写作完成的原著情节散漫混乱的特点，使整个电影叙事更加流畅。

【深度解读】之三：
电影《在路上》的互文性分析

> 互文性指两个或几个不同文本之间存在着某种关联与呼应，可以互为参照。本文从这一概念出发，分析电影《在路上》与原著、小说《追寻逝去的时光》及作者生平的互文关系。

互文性，或称“文本间性”，通常是指两个或几个不同文本之间产生的互文关系，即不同的文本互相之间有着某种关联与呼应，可以互为参照。主要是指对前人创作的一种高难度的融会性的借鉴，是一种不断再创造的过程，最终以一种神遇气合的方式借前人笔墨来倾吐己意。(李桂奎，2011)

1966年，互文性概念第一次出现在克里斯特瓦介绍巴赫金理论的一次报告中，文章后来以《词语、对话和小说》为题发表。她认为：“每一个文本都是对其他文本的援引而构成的镶嵌图案，每一个文本都是对其他文本的吸收和转换。”从这篇文章开始，互文性概念进入学术视野，为学界熟知。皮艾格这样来定义互文性："互文性是一种一个文本转引另一个文本的运动。而互文本就是被一个作品纳入自身的所有文本。它以或者不在场的方式指涉另一文本（影射），或者以在场的方式重写（引用）。这个广泛的范畴包括各种各样的形式：仿拟、抄袭、重写、拼贴……它是文学的一个构成要素。"（钱翰，2015）

由于其后来研究范围不断扩大，形成了广义的互文性概念，文化作品的互文性摆脱了文本的局限，也可以有电影、绘画、音乐等多种表现形式，互文性的衔接也延伸到文化、社会甚至受众心理等元素与文化作品的相互关联。（谭晓闯，2016）

如今，互文性概念更多被作为一个文本分析工具，以作品为研究对象，研究各种各样的文本之间的关系。

由同名小说改编的电影《在路上》是一部反映自我内心寻找的影片。由于小说是凯鲁亚克以自发式方法写成，人物繁多，结构杂乱无章，语言直白粗糙，情节简单近乎素描，缺乏丰富质感，导演弗朗西斯·科波拉（Francis Ford Coppola）在获得小说改编权后的 30 年中，几次尝试将其改写为电影剧本都没成功，直到遇到巴西导演沃尔特·塞勒斯（Walter Salles），才终于在 2012 年完成影片的拍摄。

影片总长度 137 分钟，主要以小说《在路上》的创作过程为主线，展开萨尔与朋友们的路上经历。影片表现出与其他文本的较明显的互文性特征。

本文将借助广义的互文性概念，探讨电影《在路上》与小说《在路上》《追寻逝去的时光》及作者生平的互文关系。

一、与原著的互文

影片沿用了小说的主题。安·查特斯为小说写的序中说："《在路上》里的人物实际上是在寻求，他们寻求的特定目标是精神领域。虽然他们一有借口就横越全国来回奔波，沿途寻找刺激，他们真正的旅途却在精神层面；如果说他们似乎逾越了大部分法律和道德的界限，他们的出发点也仅仅是希望在另一侧找到信仰。"（凯鲁亚克. 王永年，译，思郁代译序：28）

而对于影片表达的主题，塞勒斯也曾这样解释"在路上"的意义：当你离家或者距离起始点越来越远的时候，你会对自己、对未来的目标有着更为清晰的看法。这与小说的主题一脉相承，都是表达对自我及生命意义的探寻。

电影的主要故事框架也基本来自小说，只是顺序和细节根据电影叙事需要做了调整和改编。

初见迪安的场景与小说中基本相同。查德带来了迪安到纽约的消息，大家去他住的公寓找他，迪安上身赤裸着来开门。他是“一个极其热爱生活的人”，“在西部的时间有三分之一花在台球房，三分之一在监狱，三分之一在公共图书馆”。几个人一见如故，喝酒，玩乐。萨尔和迪安相处得很好，一是因为俩人都能从对方身上学到东西，还因为迪安使萨尔感觉“仿佛是个失散多年的兄弟”。与此同时，迪安在停车场找了份工作，他是全世界最棒的泊车员。

萨尔独自去西部的首次旅行中最愉快的搭车经历在小说中所占篇幅较长，在电影中他与六七个人在卡车的敞开式车厢中喝酒、唱歌、说笑的场景也有比较详细的描述。到达丹佛后，萨尔找到卡洛，并从卡洛口中了解到迪安的情况：他同时与两个女孩交往，并与卡洛进行极度诚实的心灵交谈。在去加州的途中，萨尔遇到特雷，并随她去采棉花。

在圣诞节，迪安、玛丽卢和埃德来到萨尔哥哥（电影中改为姐姐）家，三人狼吞虎咽地吃东西，在回纽约的路上超速被罚。

在纽约的新年聚会上，迪安和玛丽卢疯狂跳舞。后来，迪安邀萨尔与他和玛丽卢在卡洛的公寓进行三人性行为，卡洛对他们的行为表示不满。

新年后，他们一行驱车去西部找布尔·李，在途中迪安描述他童年的经历。布尔·李建了一个“生命力蓄能器”，他称迪安是一个“夹杂着变态的不负责任和暴力倾向的强迫性精神病”。随后，萨尔、迪安和玛丽卢前往旧金山，途中他们从食品杂货店偷食品和香烟，后又搭载姑妈开杂货店的小伙子和一个丢了吉它的乐手。到达旧金山，迪安把玛丽卢和萨尔放在路边，去找他的卡蜜儿。玛丽卢在一家她能赊账的旅馆开了房间，然后，她也离开，留下身无分文的萨尔。

萨尔和迪安去纽约的旅程中与男同性恋同车，在墨西哥之行中，他们认识的当地男孩维克多带他们吸大麻，逛妓院，迪安抛下病中的萨尔回旧金山。两人最后一次见面是在纽约街头，迪安想搭萨尔等人的车去市中心，遭到拒绝。

虽然在对细节的处理上小说与电影有些差异，但仍是这些情节构成了影片的主要框架，因此影片与原著在主题及情节上的互文性是影片的基础。

二、与《追寻逝去的时光》互文

马塞尔·普鲁斯特（1871—1922）的代表作、长篇巨著《追寻逝去的时光》被誉为20世纪最重要的文学作品之一。全书共七部，十五卷。

小说《在路上》中萨尔提到“迪安爱不释手的普鲁斯特”，迪安也把它称为“这本了不起的普鲁斯特”。但是既没有提作品的名字，也没有具体说明是哪一部，因此不会引起特别关注。

但在电影中，这部巨作的第一卷《在斯万家那边》（Swann's Way）却多次出现，不仅作为表现和深化它的所有者迪安的思想境界的手段，还因为电影和这部作品之间明显的互文性。

（一）小说中的语句反映了人物处境及心理状态

在电影中，有两处直接朗读《在斯万家那边》的段落。电影的76分49秒处，在去加州的路上，迪安倚在仪表盘上，面对开车的萨尔，读道：“他们不珍惜生命，是吗？可世上还有什么能比生命更值得珍惜呢，毕竟这个礼物上帝只给我们一次。”这句话其实是他们生活态度的写照，生命只有一次，所以他们珍惜生命的方式就是突破禁忌，及时行乐。在79分零6秒处，在亚利桑那荒漠的路边休息时，玛丽卢又读道：“每次我这样惊醒，大脑都在做徒劳的尝试，试图明白我置身何处，这时，周围的一切便在黑暗中旋转起来，所有的事物、地方和年代，而我的身体还睡意沉沉，动弹不得。”这是小说第一部《在斯万家那边》开头描写“我”在病床上的感受，其实也是影片《在路上》中年轻人们的境遇，他们犹如被困在病床上的普鲁斯特一样，虽然在努力寻找生存的意义，以及自己在这个世界上的位置，但仍然难以走出迷茫，陷入物质及精神的困境中不能动弹。

（二）两部作品都表现了各自小说的创作过程

电影《在路上》以同名小说的创作为主线，情节围绕它展开。父亲去世后，萨尔灵感枯竭，为了从生活中寻找灵感，又受到迪安来信的启发，他终于上路。秋天，待完成的书召唤他回去：“我感到生命里有某个力量正召唤我回去，我还有一本书要写。”在旧金山，当他早上在旅馆醒来发现玛丽卢已离他而去，而自己身无分文时，他捡烟蒂，在废纸上写作。最终，他在打字机前不眠不休地完成了小说。

与之相似，《追寻逝去的时光》既是小说本身，同时又是叙述者（作者）完成这部小说的心灵历程的记录。它描述了一个聪明绝顶、敏感到痛苦地步的人的经历。这个人从小就出发寻找绝对的幸福，他在家庭里、爱情中、世界上都没有找到绝对幸福，最后像宗教神秘主义者一样到时间之外去寻找一种绝对存在。他在艺术中找到这个绝对物，因此小说与小说家的生平融为一体，而小说结尾时说叙述者找回了失去的时间，可以开始写他的书了。就这样，这部书像一条长蛇首尾相衔，绕成一个巨大的圆圈。（普鲁斯特. 李恒基，译，序：10-11）

（三）两部作品都是带有很大程度的自传性质

《追寻逝去的时光》是一部回忆录式的自传体小说，从作者自己的童年一直写到他的晚年。马塞尔·普鲁斯特（Marcel Proust，1871—1922），出生在巴黎一个艺术气氛浓郁的家庭，他内向而敏感，从小就因哮喘病而被“逐出了童年时代的伊甸园”。他生长于上流社会，从小家境富裕，过着养尊处优的生活。从青少年时期开始，出入于各种上流社会的沙龙，深受大家喜爱。由于受母亲的影响，他对法国和英国的古典作家的作品和写作风格异常熟悉。由于患有严重的哮喘病，即使清新空气和植物的味道也会引起他的不适，因此大约从三十五岁起到五十一岁去世，普鲁斯特终年生活在一间门窗紧闭的房间中，这种生活持续了十五年之久。在这十五年期间，普鲁斯特生活在回忆中，回忆他童年、少年以及青年时期的经历。他的愿望就是写成一部特殊的文学作品，于是，他利用独处病室的漫长岁月，用十五六年的时间，在去世前完成了巨著《追寻逝去的时光》。所以有人说，普鲁斯特生命的最后十五六年是关在斗室中度过的，他把窗帘都掩上，室中无光，白昼点灯，他的时钟与我们的时钟不同，我们的时钟上的指针是向前走的，他的时钟的指针是向后退的。他愈活愈年轻，复得了失去的时光，创造了新的生命。(普鲁斯特. 李恒基，译，序：25–26)

《在路上》则是凯鲁亚克以自己和其他“垮掉的一代”代表人物为原型而创作的，记录了他和卡萨迪的旅行。其中名为萨尔·帕拉迪斯的第一人称叙述者，实际上是凯鲁亚克本人；其他人物的原型也都是作者身边的朋友：迪安·莫里亚蒂即尼尔·卡萨迪；老布尔·李即威廉·巴勒斯；卡洛·马克斯即金斯堡，尽管这些人物和事件不是一一对应，但它确是以作者经历为基础写成的。

三、与作者生平的互文

电影中有很多细节不是取自小说，而是凯鲁亚克的生活经历。

杰克·凯鲁亚克的父母亲列奥·凯鲁亚克和加布里尔·凯鲁亚克是来自加拿大魁北克的法国移民，罗马天主教徒。直到六岁，凯鲁亚克才开始学习英语。父亲列奥·凯鲁亚克开了一家印刷厂，足以维持全家生计。杰克排行老三，是家中最小的男孩，其童年生活是平静和幸福的。四岁时，比他大五岁的哥哥杰拉德因病死去，凯鲁亚克对此印象极深。凯鲁亚克的父亲于 1946 年死于癌症。

而在电影中，在父亲葬礼上，牧师致辞说："列奥·帕瑞戴斯一生博爱，与爱妻加布里尔定居美国，对故乡魁北克的眷恋丝毫未减。他对故乡倾出满腔热忱，此刻，极乐世界之上，他与早逝的儿子杰勒德终能团聚。"这就是对作者早期家庭生活经历的描述。电影中甚至保留了凯鲁亚克父母亲和哥哥的真名，只是把姓从凯鲁亚克改为帕瑞戴斯。

凯鲁亚克自幼生性腼腆，热衷于阅读文学作品。从中学便养成了随身携带笔记本的习惯，记录下周围的人和事——家人、朋友、邻居的日常谈话、广播节目、电影中人物新奇的表达方式。这一点在电影中得到充分体现，无论是在搭乘的卡车上，在路边的木屋前，还是在装卸场的货车边，都能看到萨尔拿着笔记本记录所见所闻。

电影中交代与迪安相识的画外音，选用的不是小说中的语句，而是凯鲁亚克写作的小说的早期版本的开头。"我是在父亲死后不久初次见到尼尔的。当时我大病初愈，病的起因我懒得多谈，不过确实和我父亲去世有点关系，我万念俱灰，觉得一切都完了。随着尼尔的到来，我生命中的一部分，就是那可以叫作我路上生命的一部分，也真正开始了。”

在描写三人深夜在小巷中的情形时，电影中使用的也是小说原稿中的句子："我像往常一样蹒跚地跟在他们后面，我一辈子都喜欢跟在我对之感兴趣的人后面，因为让我感兴趣的人只有那些疯疯癫癫的人，他们疯狂地生活，疯狂地谈话，同时希望得到所有的东西，从不厌倦（渴望）或者谈论平庸的东西……他们像罗马焰火那样在夜空中燃烧、喷发灿烂的火焰。"（凯鲁亚克. 王永年，译，思郁代译序：22）

电影开头，萨尔家中书架上的橄榄球和奖杯展示了作者年轻时的爱好。凯鲁亚克擅长体育尤其是橄榄球。1939 年，波士顿学院和纽约哥伦比亚大学都允诺因为其在橄榄球方面的出色表现向他提供奖学金。

在电影结尾处表现了萨尔写作小说时的情景，他将打印纸粘成一长卷，不停歇地打字直到小说完成。这个细节也是来自作者的生活。1951 年 2 月，卡萨迪给凯鲁亚克写了一封长达两万三千字的长信，用自由联想的方式记述了他复杂的性爱关系。

受到这封信的启发，凯鲁亚克开始了《在路上》的创作，他"相信每打完一页需要换纸时，他的文思就会受到阻碍。他把描摹纸粘在一起，左边留出空白，裁成能放进打字机里的尺寸，成了一个连续不断的卷筒纸"。（凯鲁亚克. 王永年，译，思郁代译序：18）凯鲁亚克花了二十多天的时间，在安非他明的作用下，坐在打字机旁几乎不停歇地在长达 120 英尺的打字纸打出了《在路上》手稿。

四、结语

在改编电影《在路上》中，不仅有原著中的情节框架，也加入了小说《追寻逝去的时光》的内容，还有从作者的生活经历中摘取的信息，所有这些互文操作有机结合，对电影总体效果的形成起到了关键作用。

参考文献

[1] Kerouac, Jack. On the Road. New York: Penguin Group Inc., 2000.

[2] 杰克·凯鲁亚克. 在路上. 王永年，译. 上海：上海译文出版社，2006.

[3] 杰克·凯鲁亚克．在路上．文楚安，译．桂林：漓江出版社，2001.

[4] 李彬．经典之累，改编之殇——谈影片《在路上》的改编．北京电影学院学报，2013（6）：19-25.

[5] 李桂奎．“互文性”与中国古今小说演变中的文本仿拟．河北学刊，2011（2）：96-99.

[6] 马塞尔·普鲁斯特．追忆似水年华．李恒基，译．南京：译林出版社，2008.

[7] 马塞尔·普鲁斯特．追寻逝去的时光第一卷《去斯万家那边》．周克希，译．上海：华东师范大学出版社，2015.

[8] 钱翰．论两种截然不同的互文性．学术论坛，2015（2）：88-95.

[9] 秦海鹰．互文性理论的缘起与流变．外国文学评论，2004.

[10] 谭晓闯．电影《小王子》的互文性分析．电影文学，2016（16）：126-128.

[11] 尚广义．杰克·凯鲁亚克的“自发式写作法”．金田，2015（10）：71.

[12] 吴昉．由《在路上》论影像的自发式美学．电影文

学，2014（1）：51-52.

［13］熊晓霜、张金蕾．孤独的上路——简析《在路上》的多重结构．绵阳师范学院学报，2011（7）：66-71.

［14］张艳．影片《模仿游戏》的互文性解读．环球纵横，2015（3）：138-140.

（本章作者：李瑞青）

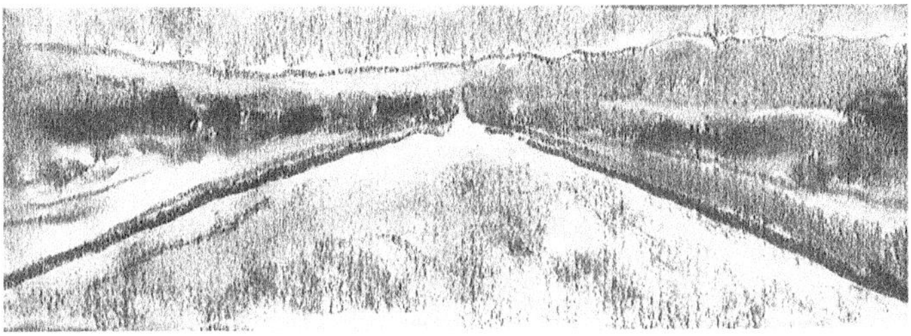

5.《荒野生存》

Into the Wild

作者简介

乔恩·克拉考尔（Jon Krakauer，1954—）美国现代畅销书作家，也是最杰出的探险类作家，《户外》（*Outside*）杂志专栏作家、登山家。为了写好陨难于荒野的青年克里斯托弗的真实故事，乔恩·克拉考尔沿着他的足迹奔走于美国西部，走访与他的旅途曾有交集的人，阅读他留下的谜样日记、照片、书籍和信件，并毫无保留地讲述自己年轻时的“魔指峰”冒险，以及使他醉心户外探险的家庭、心理因素，试图解开这个“阿拉斯加之谜”。他的《荒野生存——阿拉斯加之死》于1998年出版后，长居《纽约时报》畅销排行榜达两年以上，为他赢得杰出探险类作家的赞誉。在乔恩亲历1996年珠穆朗玛峰山难后，他在《户外》杂志发表的分析报道，后来编撰成书《进入空气稀薄地带》（*Into Thin Air*），出版后迅速登上《纽约时报》畅销书榜第一名，长居排行榜52周，荣膺《时代周刊》“年度图书”、1997年美国国家书评奖、1998年普利策非小说类奖项，英文版销量过百万，并被翻译成25种语言在世界各地出版，被誉为“登山者的《圣经》”。美国艺术与文学院曾称赞他“集职业记者坚韧不拔、勇往直前的优良调查传统与天才作家敏锐的洞察力于一身”。乔恩·克拉考尔还著有《艾格尔山之梦》和《天堂的旗帜下》等。

撷英采华

片段1：

By then Chris was long gone. Five weeks earlier, he'd loaded all his belongings into his little car and headed west without an itinerary. The trip was to be an odyssey in the fullest sense of the word, an epic journey that would change everything. He had spent the previous four years, as he saw it, preparing to fulfill an absurd and onerous duty: to graduate from college. At long last he was unencumbered, emancipated from the stifling world of his parents and peers, a world of abstraction and security and—material excess, a world in which he felt grievously cut off from the raw throb of existence.

Driving west out of Atlanta, he intended to invent an utterly new life for himself, one in which he would be free to wallow in unfiltered experience. To symbolize the complete severance from his previous life, he even adopted a new name. No longer would he answer to Chris McCandless; he was now Alexander Super-tramp, master of his own destiny. (Jon Krakauer, 2007: 22-23)①

---

① 小说的英文引文均出自此版本，以下只在引文后标注页码，不另加注。

译文：

其实，克里斯已经走了好久了。沃尔特和比莉去看望他的5个星期前，他把所有家当搬进他那辆小达特桑，漫无目的地向西开去。毫无疑问，这是一次长途冒险之旅，一次会改变很多事情的史诗之旅。他觉得，他已经用4年的时间完成了一项荒唐而艰巨的任务——上大学。终于，他不再受任何束缚了，可以从父母以及同辈那个令人窒息的世界里逃离，逃离那个抽象的、安逸的、物质过度的世界，那个割裂他原始生命悸动的世界。

离开亚特兰大，他打算为自己创造一种全新的生活，一种肆意体验各种经历的生活。为了完全脱离过去，他甚至为自己取了一个新名字。他再也不叫克里斯·麦坎德利斯了，现在，他是“亚历克斯超级流浪者”，是自己命运的主人。（乔恩·克拉考尔．陈宇欣，译，24-25）①

片段2：

...Ron, I really enjoy all the help you have given me and the times that we spent together. I hope that you will not be too depressed by our

---

① 小说的英文引文均出自此版本，以下只在引文后标注页码，不另加注。

parting. It may be a very long time before we see each other again. But providing that I get through this Alaskan Deal in one piece you will be hearing from me again in the future, I'd like to repeat the advice I gave me before, in that I think you really should make a radical change in your lifestyle and begin to boldly do things which you may previously never have thought of doing, or been too hesitant to attempt. So many people live within unhappy circumstances and yet will not take the initiative to change their situation because they are conditioned to a life of security, conformity, and conservatism, all of which may appear to give one peace of mind, but in reality nothing is more damaging to the adventurous spirit within a man than a secure future. The very basic core of a man's living spirit is his passion for adventure. The joy of life comes from our encounters with new experiences, and hence there is no greater joy than to have an endlessly changing horizon, for each day to have a new and different sun. If you want to get more out of life, Ron, you must love your inclination for monotonous security and adopt a helter-skelter style of life that will at first appear to you to be crazy. But once you become accustomed to such a life you will see its full meaning and its incredible beauty... (53–54)

译文：

……罗纳德，我很感激你为我做的一切，也很怀念我们在一起的时光，希望这次分别没有让你过于伤心。下次再见到你，应该是很久以后的事情了，如果我能顺利从阿拉斯加回来，一定会继续给你写信的。我不得不再唠叨一遍：我认为，你应该彻底改变现在的生活方式，大胆尝试一些以前没有做过的事情，或者一直犹犹豫豫不敢去做的事情。这么多人活得不快乐，却又没有勇气改变他们的处境，就是因为他们把自己限制在安全、舒适和保守的生活里。这样的生活表面上能给人以心灵的宁静，但实际上，没有什么比安全的未来更能扼杀一个人的冒险精神了。冒险精神是一个人生命的核心，生命的快乐来自于发现新的世界，没有什么比每天迎接不同的地平线和新的太阳更让人快乐的了。罗纳德，如果你想要让现在的生活有所突破，就必须放弃追求一成不变的安全感的习惯，追求一种随性的、甚至有点疯狂的生活方式。一旦你适应了这种生活，就能体会到它的意义和它令人难以置信的美……（59）

片段3：

As a young man, I was unlike McCandless in many important regards: most notably, I possessed neither his intellect nor his lofty ideals. But I believe we were similarly affected by the skewed relationships we had with our fathers. And I suspect we had a similar intensity, a similar heedlessness, a similar agitation of the soul.

The fact that I survived my Alaska adventure and McCandless did not survive his was largely a matter of chance; had I not returned from the Stikine Ice Cap in 1977, people would have been quick to say of me—as they now say of him—that I had a death wish. Eighteen years after the event, I now recognize that I suffered from hubris, perhaps, and an appalling innocence, certainly; But I wasn't suicidal.

At that stage of my youth, death remained as abstract a concept as non-Euclidean geometry or marriage. I didn't yet appreciate its terrible finality or the havoc it could wreak on those who'd entrusted the deceased with their hearts. I was stirred by the dark mystery of mortality. I couldn't resist stealing up tot eh edge of doom and peering over the brink. The hint of what was concealed in those shadows terrified me, but I caught sight of something in the glimpse, some forbidden and elemental riddle that was no loss compelling than the sweet, hidden petals of a woman's sex.

In my case—and, I believe, in the case of Chris McCandless—that was a very different thing from wanting to die. (154–155)

译文：

年轻时，我有很多和麦坎德利斯不同的地方，其中很重要的一点就是，我既没有他的聪慧，也没有他高尚的情操。但是我想，至少在糟糕的父子关系上我们是一致的，也许，我们还有着同样的热情，同样的鲁莽，以及同样躁动的灵魂。

至于我从阿拉斯加的冒险之旅中存活下来，而麦坎德利斯没有，纯粹只是运气的缘故。假如我没能活着回来，人们也许会草率地断定我有自杀意图，正如他们对麦坎德利斯的判断一样。那场冒险已经是 18 年以前的事了，现在的我清醒地认识到，当时的我，也许很自大，也许很无知，但绝没有自杀的企图。

年轻时，死亡对于我说，就像欧几里得几何或者婚姻一样，只是个抽象的概念。我并不了解它可怕的结局，也不了解它对爱我的人来说会是怎样的灾难。我被死亡的黑色神秘震慑了。我曾经无法抗拒地偷偷溜到死亡的边缘，偷偷看了它一眼。那些黑暗里隐藏的暗示让我极度恐慌和害怕，但同时，我也从中窥到了某些禁忌和神秘的东西，就和甜美神秘的女性私处一样让人着迷。

我相信，我的故事和麦坎德利斯的故事一样，和寻死完全没有关系。(163)

片段 4：

It is not merely the young man, of course, who are drawn to hazardous undertakings. John Muir is remembered primarily as a no-nonsense conservationist and the founding president of the Sierra Club, but he was also a bold adventurer, a fearless scrambler of peaks, glaciers, and waterfalls whose best-known essay includes a riveting account of nearly falling to his death, in 1872, while ascending California's Mt. Ritter. In another essay Muir rapturously describes riding out a ferocious Sierra gale, by choice, in the uppermost branches of a one-hundred-foot Douglas first:

"*Never before did I enjoy so noble an exhilaration of motion. The slender tops fairly flapped and swished in the passionate torrent, bending and swirling backward and forward, round and round, tracing indescribable combinations of vertical and horizontal curves, while I clung with muscles firm braced, like a bobolink on a reed.*"

He was thirty-six years old at the time. One suspects that Muir wouldn't have thought McCandless terribly odd or incomprehensible.

Even said, prissy Thoreau, who famously declared that it was enough to have "traveled a good deal in Concord," felt compelled to visit the more fearsome wilds of nineteenth-century Maine and climb Mt. Katahdin. His ascent of the peak's "savage and awful, though beautiful" ramparts shocked and frightened him, but it also induced a giddy sort of awe. The disquietude he felt on Katahdin's granite heights inspired some of his most powerful wiring and profoundly colored the way he thought thereafter about the earth in its coarse, undomesticated state.

Unlike Muir and Thoreau, McCandless went into the wilderness not primarily to ponder nature or the world at large but, rather, to explore the inner country of his own soul. He soon discovered, however, what Muir and Thoreau already knew: An extended stay in the wilderness inevitably directs one's attention outward as much as inward, and it is impossible to live off the land without developing both a subtle understanding of, and a strong emotional bond with, that land and all it holds. (181–182)

译文：

当然，不仅只有年轻人会被冒险吸引，中年人也如此。比如约翰·缪尔，他是一位生态环境保护者和山峰俱乐部创始人，也是一位大胆的冒险家，一位无畏的山峰、冰川和瀑布攀登者。在另一篇著名的文章里，他兴奋地提到一次故意把自己挂在30多米高的黄杉树顶上，躲避狂暴山风的故事：

“我从来没有体会过如此让人激动的运动。细长的枝条在激烈的气流中摇摆，前后飘荡，一圈又一圈，在空中画着水平或垂直的弧线。我紧紧地抓着树枝，就像一只小鸟抱在一棵芦苇上一样。”

写下这些话的时候，缪尔已经36岁了，他应该不会觉得麦坎德利斯的行为古怪而不可接受。

即使是沉着而谨小慎微，宣称只要“在康科德好好旅行一次”就足够了的梭罗，也认为拜访缅因州令人生畏的荒野和攀登卡塔丁山是很有必要的。攀登这座“野蛮、恐怖，却十分壮丽”的山峰让他害怕，让他震慑，也让他敬畏。在卡塔丁山花岗岩山峰上感受到的这些复杂的感觉激发他写出了更有力量的作品，并加深了他对这篇粗糙而桀骜不驯的土地的理解。

和缪尔、梭罗不同，麦坎德利斯走进荒野的目的并不是为了思考大自然和世界，而是为了探索自己内心某处尚未开垦的领域。然而很快，他就发现了缪尔和梭罗早已了解的事实：一个人如果长久地待在荒野里，将不可避免地开始同时关注外在和内心的世界；一个人如果依靠大自然生活，就不可能不关注大地和大地上的一切细节，并对它们产生强烈的情感依赖。(190–191)

影片资料

影片名：荒野生存

类型：剧情/传记/冒险

片长：148 分钟

制作：派拉蒙优势公司

导演：西恩・潘

编剧：西恩・潘、乔恩・克拉考尔

主演：埃米尔・赫斯基饰克里斯・麦坎德利斯

威廉・赫特饰 父亲沃尔特

吉娜・马隆饰妹妹卡琳

马西亚・盖伊・哈登饰妈妈比莉

文斯・沃恩饰韦恩

哈尔·霍尔布鲁克饰朗·弗兰兹

获奖情况：2008年第80届美国金球奖最佳原创歌曲（获奖），最佳原创配乐（提名）；2008年第80届奥斯卡最佳男配角（提名）、最佳剪辑（提名）；2008年第52届意大利大卫奖最佳外国电影（提名）；2008年第10届青年艺术家奖最佳剧情电影（提名）；最佳剧情电影男演员（提名）；2009年第34届法国恺撒奖最佳外国电影（提名）。

剧情梗概

美国青年克里斯家境优越，是亚特兰大私立名校艾莫里的优等生，大学他入读哈佛法学院，前程似锦。但是毕业后的他选择了截然不同的人生，他放弃常规工作，将所剩存款捐给慈善机构，甚至没有知会家人就毅然踏上阿拉斯加的旅程。克里斯开着自己的达特桑小车进入茫茫沙漠，差点死于洪水。他烧掉钱，将小车弃于沙漠中，背起行囊徒步旅程，先后到过米德湖畔和太平洋山脊步道、科罗拉多河，还深入墨西哥境内，吃尽了苦头，路遇形形色色的人群，边打工边准备去阿拉斯加的装备。所到之处都给别人留下了勤奋友好、热爱读书、敢于冒险的积极印象。一个名叫朗·弗兰兹的老人非常喜欢克里斯，甚至希望克里斯做自己的孙子并与他共同生活。但是克里斯心中的阿拉斯加梦想如此坚定，他甚至奉劝弗兰兹勇敢走出家门去体会不一样的自然景观。在和老人告别后，克里斯义无反顾地走进阿拉斯加荒野，去那里寻找自我，并寄居在一辆废弃公交车上。在四个月的时间里，他数次遭受野外生存的挑战，每一天都充满了艰辛。直到粮食耗尽，身体严重缺乏营养，最后不幸死于野生食物中毒和饥饿。

【深度解读】之一：

回放的生命
——谈电影《荒野生存》中的插叙手法

电影《荒野生存》采用荧屏插叙的手法将主人公克里斯短暂而非同寻常的一生串联起来，向观众展现了人物和故事的起源、发展和终结的过程。本文重点分析了三种插叙方式——克里斯的明信片文字、克里斯妹妹卡琳的旁白、克里斯的独白。这些插叙回放着克里斯的生命，短暂却美好，令人惋惜却也令人羡慕。

著名演员兼导演西恩·潘执导的传记冒险影片《荒野生存》一经放映，便引起巨大轰动。无论是从剧情到表演，从摄影到音乐，还是从氛围的烘托到情感的迸发，影片都有出色的呈现。这部电影是他执导的第四部作品，也终于让观众见识了这位前台巨星的幕后才华。影片画面优美纯净，音乐悠扬动听，以插叙和夹议的手法刻画出克里斯短暂而不同寻常的人生。整部影片都是实景拍摄，为了再现当时的场景，剧组横越美国大陆，四赴阿拉斯加，将克里斯之路走了一遍。剧组人员表示：这不仅是一次艰苦的拍摄过程，更像是每个参与者的洗礼，“潘是用心灵来拍摄这部电影”。另外，凭着西恩·潘在好莱坞的广泛人脉，该片邀请了大批巨星加盟。主演埃米尔·赫斯基是近年来在美国蹿红的新生代演技派明星，他与真实的克里斯在外形和气质上都极为酷似。配角阵容也分外强悍，三位主要配角获得的个人奥斯卡提名就达七次之多。连续两年获奥斯卡最佳配乐的乐坛大师古斯塔沃·桑塔奥莱亚也倾力压阵，他为影片配注了诗一样的音色气韵。影片于 2007 年 9 月在美国上演，随后以不可阻遏之势横扫各类大奖。该片在乔恩·克拉考尔所写的克里斯传记基础上做了较大改编，只保留了与克里斯有关的重要情节，虽然沿用了书中章节的方法，但冠以新名称并采用插叙的手法将克里斯短暂而非同寻常的一生串联起来，向观众展现了人物和故事的起源、发展和终结的过程。配合着优美的画面和醉人的音乐，荧屏上出现了三种插叙方式：克里斯的明信片文字、克里斯妹妹卡琳的旁白、克里斯的独白。这三种方式如同倒带，回放着克里斯的生命，短暂却美好，令人惋惜却也令人羡慕。

一、克里斯的明信片文字

克里斯的书信文字在整部影片中只出现了两次，但在推动情节发展、突出人物性格方面出现得恰到好处。影片开始是克里斯的母亲比莉从噩梦中惊醒，她梦见自己的儿子在向她求救，遂痛苦地向身边的丈夫哭诉："这不是想象的，我听见他了，听见他了，他在……"这显然不是一个好预兆。随着悠扬的吉他声起，镜头很快切换到冬天的一列奔驰的火车上，刻印着"亚历克斯超级流浪者"和"1992年4月"字样的火车箱板，克里斯行李的一角，接着出现了写有"韦恩"称呼的几行字，仿佛从一封信中摘录的一小段文字。这应该是克里斯在旅行途中写给韦恩的明信片的内容。观众并不知道韦恩的身份，也许是他的家人或者是朋友，但肯定是他愿意与之分享旅程的人。这段文字简洁清晰，透露给观众克里斯的行踪和现状。原来他早已身在加拿大育空地区，历经搭车的困难，终于在两天前到达了阿拉斯加第二大城市费尔班克斯，准备从那里只身前往阿拉斯加荒野住上几个月，而且已经备足了必需品，还购买了北美动植物的书籍。短时间内不打算返回南部。最后还夸奖韦恩是个了不起的人。这最后一句话基本可以让观众判断出韦恩应该是克里斯旅行途中结识的朋友，而且是一个自己比较感谢和赏识的朋友。他的决心和毅力在这短短的几行字里得到体现，是带着对荒野生活的向往前往阿拉斯加的。

另一段书信文字出现在一个小时后，这之前的情节已经让观众对克里斯和韦恩之间的故事清楚于心。克里斯临时受韦恩雇佣，在农庄收割麦子，不怕脏累，任劳任怨，韦恩也待克里斯不薄，认定克里斯是一个有前途的好青年，听说克里斯立志要去阿拉斯加荒野，便和朋友教授了克里斯很多野外求生技巧。而克里斯的言辞表露了对社会的不满，他与韦恩在小酒吧高呼着“病态的社会”，激昂而愤慨的眼神里有着年轻的冲动与盲目。他甚至用“父母、伪君子、政客和混蛋”一类词来定义“人”，韦恩也感觉到克里斯有些反社会倾向，过于激进，他奉劝克里斯应该懂得如何平衡青春与激情，不要玩火自焚。然后韦恩因有案底被联邦警察拘捕，临走时还嘱咐克里斯一定要在春天再北上阿拉斯加，其余时间应该去南方活动。而且答应克里斯一定会把工钱寄给他。这时观众应该明白是韦恩的狂野气质以及豁达、友善和关心令克里斯感动，所以才会走到每个地方都给韦恩寄送明信片。于是这段文字出现在克里斯经历了科罗拉多河漂流、高山跳水的历险之后，他在平原追逐群马嬉戏时写下了这段文字，同情韦恩被关在牢里，因为狂野的人更向往自由。有了韦恩寄给他的钱，流浪变得容易很多，但是克里斯更喜欢身无分文的流浪。他决定就这样生活一段，因为自由和简单的美丽太美好了不容错过。这样的生活态度也对应了克里斯漠视金钱和物质的观念，但也没有完全排斥，毕竟去往阿拉斯加的必需品还要购买才能储备。他看重的是可以游走人间的自由，自由徜徉于自然中，是最简单的美好。

二、克里斯的妹妹卡琳的旁白

卡琳是家庭中唯一让克里斯愿意交流的成员，他和妹妹在成长的过程中共同经历了父母不睦、家庭不和的痛苦。不得不说，克里斯独立漂泊流浪的主要原因也是来自家庭。用亲人的口气记叙克里斯年轻的一生更有说服力。所以卡琳的旁白在影片中占据了大部分的插叙，起到了解释说明和追根溯源的作用。

影片是在阿拉斯加荒野中的克里斯和城市中的克里斯之间反复切换，通过妹妹卡琳的叙述让观众更加清楚地了解到克里斯成长中的困惑和烦恼以及他的性格特点。家庭为克里斯顺利毕业举行的聚餐不欢而散，因为克里斯非常抵触父母要给他购买新车的意图，执意强调自己不要任何物质的决心。他甚至把学士帽扔给了妹妹卡琳做纪念，这时候响起了卡琳的第一次画外音独白："克里斯用极其严谨的道德标准去度量自己和他周围的人，他冒险去走一条可能是残忍的孤独人生路，但他有热爱的作家，托尔斯泰、杰克·伦敦和梭罗的书中人物陪伴他，他可以引用他们的任何一句话放在不同的场合。"正因为克里斯的道德标准使他不能原谅父母的过去，无法融入这个富裕的家庭。他是一个热爱作家、热爱读书的人，恰恰是所读作品中的文字和故事托起了他奔向荒野的梦想。这些作家和书籍一直陪伴他流浪直到死亡的那一刻。克里斯也正是在华莱士·斯特格纳的《生活在美国西部》里一句话——"在我们内心深处，旅行让我们得以从历史、压抑、法律和令人厌倦的义务中逃离，它代表了完全自由，而这条路总是引向西部"——的鼓舞下，捐出两万四千美金给乐施会，烧掉证件，开车一路西行，从洪水里逃生后，卸掉车牌，烧毁所剩余钱，净身上路。

1990 年 7 月，克里斯到达米德湖露营，他在一个厕所中梳洗时突发灵感，就用捡到的口红在镜子上写下了自己的新名字：亚历克斯超级流浪者（Alexander Supertramp），然后丢弃了车牌，永远告别了现代社会的便利工具。这时出现了卡琳的第二段旁白，描述克里斯的父母发现找不到克里斯，此时他已经离开两个月，早已远在雷诺。父母开始调动各方力量寻找自己的儿子。卡琳说：“我了解他所做的事，他花了四年履行大学毕业这荒谬和厌烦的责任，他现在从那个抽象世界，从虚假的安全、父母和过量物质，从阻止他知道真相的东西中解放出来了。”这句插叙让观众更明白了克里斯独自出走的原因，想暂时从家庭环境中解脱出来，从社会责任中逃离出来，去追寻属于自己的自由。克里斯独自走过一段太平洋山脊步道后，来到米德湖附近搭车邂逅了一对夫妇雷尼和珍，他们一起在篝火旁边吃饭交流，晚间休息时克里斯注意到这对夫妇之间似有不和，随着卡琳的独白再次响起，插入了一组家庭生活的过往镜头，卡琳的旁白告诉观众克里斯和妹妹自从懂事开始就生活在一个充满争吵、不太融洽的家庭里，虽然父母事业成功，赚了很多钱，但野心和金钱反而加剧了婚姻的冲突，而且总是让两个孩子被迫成为法官和被告，克里斯和妹妹已经对离婚的家庭会议感到厌倦和麻木。这段旁白插叙更进一步解释失败的婚姻对孩子带来的不良影响，具有难以估计的长久冲击，也难怪克里斯并不留恋这个家庭。

离开韦恩的农场后，克里斯继续上路搭车流浪，观众再次从卡琳的旁白插叙中得知高中毕业的克里斯用自己打工挣的钱买了二手的达特桑小车，展开了一场西部驾驶之旅，从亲戚那里得知父母以往婚姻的秘密“……水晶的脆弱不是一种软弱，而是精致，我的父母了解到精美的水晶玻璃必须小心处理，否则会打碎，但对我哥哥，他们似乎不知道或不关心。他们的秘密，带来了他的痛苦。他们的假婚姻和我们爸爸否认另外有一个儿子，克里斯觉得每天都是一个谎言，他感觉他的一生翻转了，像一条河突然扭转流的方向，突然向上流。这些揭露令克里斯怀疑自己的身份，他们令他的整个童年像一本小说。克里斯从未告诉他们他知道。”从这段插叙中观众可以知道克里斯的道德观念受到极大冲击，可他不能去质问父母的做法，只能把这种痛苦埋藏心底，化作一份离家出走的执念，一份追求生活真理的寄托。克里斯顺着科罗拉多河独自乘独木舟南下，在河岸边遇到了来自哥本哈根的马斯和桑尼亚，马斯建议他向西经过胡佛大坝进入墨西哥，他又展开了一场跨国跨河的独木舟之旅，可惜独木舟被暴风雨冲走，他只好从墨西哥返回境内。卡琳再次插叙讲述了克里斯大学期间就给自己写信，信中可以清楚感受到他的苦恼和与父母之间的矛盾犹存，克里斯说妹妹是世界上唯一能了解他的人。这段插叙让观众更加明白妹妹卡琳的旁白的意义，她应该是唯一一位值得为克里斯叙述故事的家人。克里斯因为不穿袜子工作被麦当劳指责，他再次背起行囊继续漂泊。卡琳的插叙又一次让观众知道了与克里斯失联的一年以后，父母的失望、愤怒和内疚都变成了痛苦，痛苦似乎拉近了他们，他们会一起去教堂为克里斯祈祷，甚至他们的神情也起了变化，妈妈比莉甚至会把背包客错认成是克里斯。克里斯的出走终于促成父母开始反思婚姻和家庭、父母和子女的关系。

在回放完克里斯的最后一段故事后，卡琳旁白道："他现在的声音怎么样？他现在会说些什么？"镜头里是妈妈比莉落寞的神情，父亲沃尔特跌坐在地上怀念儿子的表情，以及所有与克里斯相遇的人的生活片段，"我意识到我思想里的字句越来越没有意思，写他的故事，必须是克里斯自己去讲他的故事。"到此，除了最后离世的片段，克里斯一生大部分的故事已经回放完毕，让观众看到了一个逃离家庭，勇敢地告别物质世界，向严酷的自然世界发起挑战，体会简单自由之美的荒野生活的青年人的形象。

三、克里斯的独白

学业成绩优异、家庭条件优厚的克里斯毅然与物质生活一刀两断，带着“断舍离”的精神和阿拉斯加荒野生存的决心踏上一个人的旅行，感受四处漂泊带来的惊险刺激和孤独无助。影片中相当一部分场景都是克里斯一个人在世间独行的身影，一个人的自言自语，甚至是一个人的阅读和记录。影片使用了较多克里斯独白的插叙，不仅透露了他本人的思想状态，更为他日后漂泊远方埋下伏笔。当影片镜头第一次从荒野切回到两年前他毕业的时候，父亲沃尔特和母亲比莉参加克里斯毕业典礼的现场，众多学子将学士帽抛向空中庆祝毕业，在慢镜头中响起了克里斯的旁白，他看见并描述着录像带里年轻的父母毕业时的场景，随后说着：“他们将结婚，他们是孩子，他们很愚蠢，他们只知道自己是天真的，从不会做伤害他人之事。我想对他们说，‘停，不要做’，她是不适合的女人，他是不适合的男人，他将去做无法想象去做的事，你将会对孩子做坏事，你将遭受从未听过的痛苦……”这段独白表明了克里斯内心中对父母的判断与评价，一切思维早在他高中毕业时就已形成，他从加州亲戚那里了解到父母婚姻关系的过往，他认为父母的结合是错误的，侵犯了神圣的婚姻法则。他与妹妹都是父亲婚外所生的现实令克里斯难以接受，尽管父亲后来办理了离婚，与自己的母亲正式缔结了婚姻关系，但这一切仍不能令克里斯从道德桎梏中释怀。他开始鄙视父母创造的物质财富，厌恶与物质有关的一切话题，经过大学四年的思考，还是决定离开物质富裕的家庭去阿拉斯加荒野体验生活，在某种意义上说，这种行为也是一种逃避，毕竟父母爱他并关心他的未来，虽然他们之间可能缺少更多深入的交流，也许克里斯从知道真相的那一刻起就熄灭了家庭交流之火，在自己的思想世界里游荡。

克里斯独自走过一段太平洋山脊步道后，来到米德湖附近搭车邂逅了雷尼和珍，他感觉这对夫妇之间似乎有过节，就想办法安慰他们。在海边，克里斯克服怕水的恐惧，和情绪不高的珍投入海水一起嬉戏，这时出现了克里斯的独白感悟："海唯一的礼物是强烈的冲击，和偶尔的，有机会去感到坚强。我现在不太认识海，但我知道那是这里的方式，并且我知道在生活中不一定要坚强，但最重要的是感到坚强。至少去测量自己一次，在最原始的情况下，至少找到自己一次，单独面对瞎和聋的石头，没有任何东西帮助你，除了你的双手和脑袋。"这句插叙凸显克里斯的勇气和顿悟，只要拥有头脑，就会拥有行动，行动则需要双手去争取。这表明了他克服一切苦难和障碍，誓与荒野搏击的决心和勇气。克里斯掌握不了荒野自然的变化，当他面临饥寒交迫的恶劣环境，决定返回的时候，才发现眼前湍流不羁的河流阻挡了他的路，他只好被迫以植物充饥，终因误食中毒而亡，将他永远地留在荒野之中。在最后死亡降临之前的一刹那，克里斯独白道："若我微笑，跑入你的臂弯，你会看见我现在看见的东西吗?"镜头里，他跑进父母的怀抱与他们紧紧相拥，这段插叙也许象征着克里斯最终原谅了父母，接受了家庭里仍然存在的关爱。

四、结语

影片采用了插叙的方法将过去克里斯生活的种种片段打乱，在荒野与城市间来回穿梭，在个人与众人的交流中来回切换，并通过克里斯的明信片内容，妹妹卡琳的旁白叙述，克里斯独白三种插叙手法将克里斯的形象更加立体饱满地呈现在观众面前，让观众了解到克里斯成长的轨迹和离家漂流的动因，更具感染力的是他向往荒野、挑战非物质生活的精神，影片完美阐释了物质生活和精神追求的矛盾、荒野之美和人际之殇的对立，为现代人提供了借鉴和反思。

【深度解读】之二：

荒野的呼唤
——从陪伴克里斯的作家及作品谈起

《荒野生存》这部影片取材于美国作家乔恩·克拉考尔的纪实名篇《荒野生存——阿拉斯加之死》，是依据真人真事写成。主人公克里斯远足荒野、漂泊流浪的精神成为这部作品的亮点。除了社会和家庭的原因，陪伴克里斯流浪的文学作品更是他响应荒野的呼唤、前往阿拉斯加冒险的主要精神动力。本文从他随身携带的几部作家作品分析克里斯荒野漂泊的心路历程。

影片《荒野生存》取材于美国作家乔恩·克拉考尔的纪实名篇《阿拉斯加之死》，这本书依据真人真事写成：1992 年 8 月，在美国阿拉斯加的荒原上，人们在一辆废弃的 142 号巴士上发现了一具年轻的尸体，死者形容枯槁、身无长物，几本平装书和一本以第三人称写就的旅行日志上刻画着他生前的零散片断。尸检时，遗体仅有 67 磅，死因是饥饿。此前，这位孤独的流浪者已独自在阿拉斯加荒原上生存了112天。这就是电影《荒野生存》主人公的原形——克里斯托弗·麦坎德勒斯，一位以优异成绩毕业的大学生，一个出生于富裕家庭的独生子，一名从肉体到灵魂都“在路上”的自我放逐者。该片除了恢宏的场景、精湛的演技、醉人的音乐，还有贯穿全片的涉足荒野的克里斯精神，克里斯用他短暂的一生为影片注入了永恒的力量，打动了那些想去漂泊流浪却止步不前的人。每个人都有流浪远方的梦，都有漂泊远方的情结，但是真正的放弃并不容易，在现今社会，太多的束缚与诱惑让人们裹足不前。“自由上路，追寻爱与理想的波希米亚，永远年轻，永远热泪盈眶。”杰克·凯鲁亚克和他的《在路上》成为一代又一代人的精神图腾，这种精神在《荒野生存》里得到了最佳体现。除了社会和家庭的原因，陪伴克里斯荒野漂泊的文学作品应该也是他毅然响应荒野的呼唤，前往阿拉斯加冒险的主要精神动力。

一、杰克·伦敦和《野性的呼唤》

为了写就克里斯的传记，作者乔恩循着克里斯漂泊的轨迹一路采访了很多与克里斯邂逅的人，虽然相处时间短暂，但是克里斯留给他们的印象很深。在亚利桑那州的布尔海德，克里斯找了一份麦当劳的兼职，却隐瞒自己是流浪汉的事实。一位叫查理的老人免费提供给克里斯一辆旧拖车，他生活了一个月，据老人的回忆，克里斯喜欢独处，不喜欢被打扰，有点情绪化，喜欢读那个阿拉斯加人——杰克·伦敦的书。克里斯总是告诉老人他要去阿拉斯加寻找他要的东西，但老人不理解克里斯到底要寻找什么，所以他认为克里斯有时候太复杂。其实文学爱好者都知道杰克·伦敦并非阿拉斯加人，可能是因为他本人有过阿拉斯加淘金的经历，发表的作品也是有关阿拉斯加荒野冒险的书，才给人一种错觉。在尼兰市的"水泥板"——一个流动人口聚居的地方，根据珍的回忆，克里斯帮助她照看"跳蚤市场"里的旧书摊，售卖一些书籍，克里斯似乎很享受这个过程，他非常了解经典作品，比如狄更斯、威尔斯、马克·吐温和杰克·伦敦的作品等。他最喜欢的是杰克·伦敦，几乎向每一个路过书摊的人推荐《野性的呼唤》。原来，"克里斯从孩提时代起就非常迷恋杰克·伦敦，他对资本主义社会的强烈谴责、对原始自然的热情赞颂，以及对底层民众持之以恒的支持都和杰克·伦敦的观点一模一样。他深深痴迷于杰克·伦敦关于阿拉斯加和育空地区的夸张描写，一遍又一遍地阅读《野性的呼唤》《白牙》《生火》《北方的奥德赛》和《波波图克的智慧》

等作品，沉浸在这些故事中不能自拔，忘却了这些故事都是虚构的产物。它们更多是杰克·伦敦浪漫的想象，而非北部极地荒原的真实描写。”（45）

也许就像《野性的呼唤》中的巴克体内蕴藏着一股天生的野性，克里斯从小就对自然产生了无比的向往与崇敬。这种向往与崇敬还源于家庭的周末假日出游，由于要看望父亲第一次婚姻的家人，他们去过弗吉尼亚海岸，大湖区和蓝脊山脉，克里斯特别喜欢这样的旅行，时间越长越好，这样的流浪情怀总在感染着克里斯。最重要的是克里斯的祖父洛伦居住在密歇根州的铁山，是一名伐木工，与山林树木结下渊源，在这一地区流传着很多关于他与动物们亲密关系的传奇故事。克里斯从喜欢到崇拜祖父，老人对大自然的深沉的爱以及对荒野的情愫，都给克里斯留下了深刻印象。克里斯 8 岁时，父亲带着他开始了第一次登山之旅，从此登山成了他们的传统，他们甚至攀登过海拔 4345 米米的朗斯峰——落基山国家公园的最高峰，克里斯那时就表现出了一股不服输的干劲。也许克里斯从小对自然的真实体验都在杰克·伦敦的荒野作品中找到了共鸣，因为从他的作品中时常能感受到英雄主义情结，对生命本身的崇拜，对生存意义的追求，对原始形态与精神自由的追求。作品中的主人公总能与严酷的荒原融为一体，生命在这里往往会呈现出原始的形态，释放出世俗社会永远不可能了解的截然相反的渴望，一种奋发的、跳跃的甚至是狂暴的激情。他，“对待死亡有着不轻言屈服的英雄主义气质，这正是古希腊神话中的酒神狄奥尼索斯一样的自由与激情的结合体，迸发出生命最原始的呼唤——顽强的生存。”（焦建平，2008）因此，克里斯小时候的出游和登山经历唤起了他对自然的向往，文学作品的描述更燃起了他内心漂泊荒野的激情。在阿拉斯加荒野生活初期，克里斯还在一块木头上涂鸦“杰克·伦敦是君王”。落款是“亚历克斯超级流浪者，1992 年 5 月”。可见在克里斯的心目中，杰克·伦敦是当之无愧的荒野之王，是他效仿的偶像。

二、亨利·梭罗和《瓦尔登湖》

作为伟大的自然主义作家和超验主义先驱的梭罗，其经历和作品一定会列入克里斯的出行首选书单。他自始至终携带着梭罗的《瓦尔登湖》直至生命的最后一刻，这本书留有一些他阅读的痕迹和评语。在梭罗短暂的一生中，他试图鼓励人们要简化生活，将时间腾出来去深入生命，品味人生。他通过自己的林中生活实验，告诉世人不要被纷繁复杂的生活所迷惑，从而失去了生活的方向和意义。他认为：假如人们能过宇宙法则规定的简朴生活，就不会有焦虑来扰乱内心的宁静。梭罗对工业文明、喧嚣社会挤压人类、侵蚀人性心怀忧虑，他认为人类只有过简单淳朴的生活，才能享受到内心的轻松和愉悦。原始、平淡的自然生活，适宜人们在其中进行观察、思考和写作。梭罗在瓦尔登湖畔追求孤独，实际上也是在追求深刻，他想在孤独的心境中对人生进行思考和探索。孤独催生了他的深刻思想。“不必给我爱，不必给我钱，不必给我名誉，给我真理吧。”这是他的内心呼声。《瓦尔登湖》由此被认为是一本寂寞、恬静、智慧的书。而书中的这段话也被克里斯引用过来回答珍的关于对他父母的询问。克里斯想做一名梭罗式的人物，抛开凡间的物质诱惑，去自然中体验最淳朴最简单的生活，去追寻生活的真理。其实梭罗并不排斥物质享受，他更愿意提出解决的方法：“如果我们发现自己根本无法抵御今天这个纷繁复杂的物质世界的引诱，那么最好的办法就是‘Simplify，simplify，simplify’（简朴，简朴，简朴）。”

在克里斯的遗体旁的《瓦尔登湖》一书里，克里斯画出了这样的语句：“人们很少听从自己的天性，却偏偏在它带自己走入歧途时又听从起来，结果不免是肉体的衰退……也许那些最惊人、最真实的事实从没有在人与人之间交流过。我生命中的每一天最真实收获，也仿佛朝霞暮霭那样不可捉摸，不可言传。我得到的只是一点儿尘埃，我抓住的只是一段彩虹而已。”（50）克里斯认为财富是堕落、可耻和邪恶的，社会是不公平的，在物欲横流的文明社会，人会滑向不道德的深渊。对社会上人与人之间的贪婪、虚假、欺骗、尔虞我诈满怀着失望和憎恶，继而对支配、审判乃至一切社会文明制度产生了怀疑。面对家庭的历史，他执意选择不与父母交流，执意认为父母是生活在谎言中的不道德的实例，认为家庭给予他的物质是强加的负累，甚至把父母给予他的关爱也漠视为虚伪与不适。因此，他毅然决然选择了一种相当极端的方式挣脱：将自己的全部积蓄捐给了慈善机构，剪掉一切证件，抛弃了代表现代文明的汽车，甚至把随身所有的现金付之一炬，他断然挣脱了一切：金钱、人际、家庭、姓名，义无反顾奔向一种理想化的绝对的自由。什么都不能阻挡他前进的步履，他在写给 80 岁老人朗·弗兰兹的信中振振有词：“如果你认为人生的快乐主要源自于人际关系，那你就大错特错了，上帝将快乐赐给世界万物，快乐无处不在，我们能从所有事物中体验快乐，我们要做的是改变我们看待事物的方法。”（60）他不相信“只有你学会原谅，你才会去爱，只有你去爱了，上帝的光芒才会照耀在你的身上”的道理。他不妥协于世俗人情，他一心朝着渴慕已久的圣地——阿拉斯加进发。

克里斯还在《瓦尔登湖》“更高的规律”一章里圈出了一段话：“贞洁是男人的花朵；所谓的天赋、英雄气概、神圣等优秀品质，无非是它的果实而已。”（68）克里斯经常思索肉体和精神的纯洁，他在性行为方面表现出极强的理智和克制，某种意义上说也是一种美好的个人品质，面对少女特雷西的热情追求他不为所动，冷静劝解了这个女孩。他的禁欲主义思想其实也是追随了梭罗，因为太钟情于荒野，对荒野的渴望难以通过人际交往来满足，肉欲的诱惑与融入自然、融入宇宙万物相比过于渺小，所以，他别无选择，只有一路向北，前往阿拉斯加。

三、托尔斯泰的《家庭幸福》以及帕斯捷尔纳克的《日瓦戈医生》

陪伴克里斯到生命最后一刻的，还有两位俄罗斯著名作家列夫·托尔斯泰和帕斯捷尔纳克及其作品。作为19世纪中期俄国批判现实主义作家、文学家、思想家、哲学家，托尔斯泰在作品中对人性进行了大量的思考，从这些思考中可以看出托尔斯泰精神世界最真实的一面。他的作品中有着乌托邦思想，主要表现为反抗暴力与奴役，反对土地私有制度，反对崇尚资本主义物质文明和“进化论”，要求奉行合法的生活义务和合理的生命法则，回返健康的农耕生活，通过劳动和道德实践建立起充满兄弟情谊、平等、和谐、友爱的属于全人类的人间“天国”。在流浪初期，克里斯画下了托尔斯泰《家庭幸福》中的一句话：“我想要的，是跃动的而非安逸的生命历程；我向往的，是刺激和危险，并愿意为我所爱牺牲自己。我感到，自己有着无比充沛的精力，但在我们平静的生活中找不到宣泄之处。”（18）《家庭幸福》这部作品反映了托尔斯泰同瓦·弗·阿尔谢尼耶娃甜蜜的爱情关系，也表现了他当时逃避现实、追求与世隔绝的家庭“幸福小天地”的幻想。克里斯的激进思想肯定受到了托尔斯泰作品的影响，但是这部作品显然无法与其他深刻作品里的思想相媲美，也许是里面的自然风景描述和对刺激惊险生活的向往符合克里斯的阅读要求。在阿拉斯加荒野生活的第三个月，克里斯又在此书中画出，“我历尽世事，如今终于觅到幸福之所在：归隐于田园，帮可帮之人，助无助之者，行善行之事；修身养性，怡情山水，泛舟书海，唱游天地；邻里坊间，其乐陶陶；这就是我理想的幸福。而最重要的是，有爱人为伴，或许还有孩子。若得如此，夫复何求。”（179）克里斯已经充分领略了自然之美，也经受了自然的严酷考验，体验了荒野生存的不易和挑战，面对猎物和粮食的不足，他其实已经准备离开荒野回归人类文明生活了。

帕斯捷尔纳克的《日瓦戈医生》也是克里斯圈注较多的一部作品：“突然间一切都变了，言论变了，道德风气也变了，既不会思考，又觉得无所适从。仿佛有生以来就像个孩子似的让人牵着手走，如今骤然把手放开，要自己学着迈步了。而且周围既没有亲人，也没有权威人士。于是便想信赖最主要的东西，即生活的力量、美和真理，让它们而不是让被打破了的各种人类法规来支配你，使你过一种比以往那种平静、熟悉、安逸的生活更加充实的、毫无遗憾的生活。”（110）在这段话的上方空白处，克里斯做下批注：“需要一个目的。”我们不禁要猜测，克里斯想说的是什么目的呢？荒野生活的目的？还是人存在于社会的目的？这仿佛是一名成长者的顿悟，学会独立思考的成熟标志。克里斯生活的力量源泉就是荒野生存，荒野的广饶之美摄人心魄，自由的极致便是生活的真理。

“那么历史又是什么？历史就是要确定世世代代关于死亡之

谜的解释以及如何战胜它的探索。正由于此，人类才发现了数学上的极限和电磁波，写出了交响乐。缺乏一定的热情是无法朝着这个方向前进的。要有所发现，就需要精神准备，它的内容已经包括在福音书里。首先，这就是对亲人的爱，也是生命力的最高表现形式，它充满人心，不断寻求着出路和消耗。其次，就是作为一个现代人必不可少的两个组成部分：个性自由和奉献精神。”（196）这是他标注画出的又一个句子，是否意味着他已经认可亲情的重要性，亲人之爱的必要性，当然他始终珍视个性自由，也拥有为理想而献身的勇气。克里斯走出荒野的路被暴涨的河水切断，他只能回到巴士继续读书。他读完《日瓦戈医生》，在一段优美描述段落中写下“自然/纯洁”的评语。他还用星星和括弧重点标出了这一段：“啊！有时候，真想逃离那些毫无意义无聊至极的人云亦云，逃离那些高尚庄严的陈词滥调，到寂静的大自然中去隐居，沉浸在默默的劳作、甜美的梦乡、纯粹的音乐或无言的认知中!”（198）他还特意用黑墨水圈出“到寂静的大自然中去隐居”这几个字。他又画下了另一段文字：“事实证明，只有和我们相似的生命，和我们能轻松融合在一起的生命，才是对我们而言重要的生命，没有被分享过的快乐不是真正的快乐……这正是最令人苦恼的事情”，他在旁边标注道：“快乐只在分享时。”（198）从读书标准和评语可以看出，克里斯已经改变了对荒野生存的看法，已经意识到与人交流的意义，也许他已经打算结束独自漂流的日子，结束逃离亲密关系的日子，回到现实生活中来。只可惜在严重食物匮乏的情况下，克里斯误食了一种有毒的野豌豆，在8月猝然离世。

四、结语

在书海与现实之间，天地间壮美的景色涤荡着克里斯的灵魂，自然中自由的生灵慰藉着他的心灵，这是自然，这也是真实。“无径之林，常有乐趣；无人之岸，几多惊喜；世外桃源，何处寻觅；聆听涛乐，须在海里；我爱世人，更爱自然。”——拜伦诗中的自然，克里斯进入的荒野，是否就是“不是爱情，不是金钱，不是信仰，不是名誉，不是公平，给我真相”的那个真相？克里斯坚信这就是他寻找的答案。他以行走者的姿态浪行天涯。身背巨包，徒步行走，日出而行，日落而憩，风餐露宿，以路为家，走累了就随处坐下，有时晃动拇指搭个便车，有时扒上火车随行天涯，他总是在路上，在行走，有时他也思考，而更多的是体验，在人迹罕至的高山瞭望，在波涛汹涌的激流中搏击……像云一样自由，像风一样不羁，在阳光下简单的活着是多么美好，又是令人心驰神往的流浪！作家作品给了克里斯想象的翅膀，终于有一天借着这双翅膀遨游在天地宇宙之间。

【深度解读】之三：对比分析《荒野生存》文本和电影中章节设计的异同

电影《荒野生存》通过声音光影的技术真实还原了克里斯漂泊流浪的成长轨迹。与只展现人物和故事经过的电影作品不同，传记《荒野生存——阿拉斯加之死》作者乔恩·克拉考尔给予了克里斯更加细致的评价和分析，表现了作者对克里斯殒命荒野的理解之情。本文主要对比分析文本和电影章节设计的异同，帮助读者在欣赏电影的同时充分领略传记作品的精华。

美国著名的纪实和专栏作家乔恩·克拉考尔也是一名探险家。有着丰富的户外探险和登山经历。他在与克里斯相仿的年纪独自一人克服艰难险阻，冲过多日连下的暴风雪，终于问鼎魔指山顶。乔恩与父亲的紧张关系令他对麦坎德利斯父子的关系感同身受，他对荒野的热爱更使他痴迷于探索克里斯出走荒野、追求自由的原因。于是，乔恩循着克里斯的漂泊轨迹，走访了克里斯生前到过的地方，采访了克里斯的亲友和沿途邂逅的朋友，寻找着克里斯一路上留下的各种线索，还结合历史上真人探险殒命的案例，回顾了自己的探险故事，终于写成了《荒野生存——阿拉斯加之死》。著名导演兼演员西恩·潘对此书一见钟情，立刻找到乔恩商量决定将该故事搬上银幕，经过长达十年的执着努力，《荒野生存》终于在2007年的罗马电影节上映，获得了奥斯卡、金球奖等多项大奖提名。可以说十年的积累和打磨使得该作品的精华在电影中得到了极佳展现，真实地还原了大学毕业后的克里斯漂泊流浪的成长轨迹，再通过声音光影的技术，将具有启迪意义的配乐歌词、秀丽壮阔的荒野风景、一望无垠的壮阔山景、丰富的人物对话和画外旁白呈现在观众面前。与只展现人物和故事经过的电影作品不同，传记文学作品给予了主人公更加细致的评价和分析，也体现了作者对克里斯殒命荒野的理解之情。但无论是电影还是文本，都带给观众无限的遐思，在佩服克里斯抛开富裕生活、漂泊荒野的精神的同时，也不禁会思考一个问题：人究竟要怎样生活才能实现自己心中的那份自由梦想呢?

一、文本第一部分——出走和电影中的第一章——新生

电影沿用了原书中的章节设计，但是章节题目改动较大。

电影是以一个人成长的顺序编辑章节题目，以插叙和倒叙的手法编织成一个完整的故事。而文本则是从一个人的思想成长的角度编辑每部分题目，每部分题目下又有若干小节用来描述克里斯两年的漂流轨迹。文本中的第一部分，也是电影的开篇，克里斯给韦恩发了明信片，告知他自己已经来到阿拉斯加的第二大城市费尔班克斯，不日将去往阿拉斯加荒野。很快，克里斯搭车来到斯坦佩德小道，一条在寒冷冬日早已关闭的道路，他只身背着行囊走向茫茫雪野，度过一条河流时还把帽子挂在树枝上作为记号，他很快找到了一辆废弃的巴士。文本中更多描述了搭载克里斯的司机加利恩和克里斯之间的对话，加利恩劝诫克里斯放弃走向荒野的计划，因为他携带的装备明显不足，但是克里斯不肯听劝只有满心奔向荒野的兴奋之情。加利恩返回时差点想报告警察，但是感觉到克里斯很快会因为饥饿返回公路，因为他确信每一个正常人都会这样做。三个月后，去迪纳利国家公园打猎的人发现了克里斯的求救纸条和他已经腐臭的尸体。电影中的第一章名为“新生”，其实是想告诉观众克里斯完成了大学学业，也明白了自己真正想要什么，并很快为之付出了实际行动。抛弃了一切与物质世界有关的证明，毅然踏上漂泊之旅。在米德湖附近的厕所突发灵感，给自己起名“亚历克斯超级流浪者”，邂逅同是流浪者的珍和雷尼夫妇，有过愉快的交谈，但绝口不提自己的家人，令珍很是忧虑。这对夫妇告诉克里斯在石板城还能见到他们，克里斯一早在沙滩写下告别的话语，然后离开湖边继续流浪。

二、文本的第二部分——新生和电影第二章——青春期

题目虽然不同，但故事内容有交集。文本通过七个小节的记叙，主要展现了迦太基的韦恩、布尔海德的查理、伯雷斯夫妇、索尔顿的弗朗兹对克里斯的点滴回忆，中间还穿插着考察队发现了被克里斯丢弃在洪水淹过的沙漠河道里的达特桑小车，克里斯在科罗拉多河漂流南至墨西哥的莫雷洛斯大坝。与他短暂相遇的人一致认为克里斯是一个正直聪明、热爱读书、喜欢孤独的好青年，但是有点讨厌物质过度的社会，他们也都发现克里斯与家人的关系不太好，因为他从不愿意提起他们。这部分列举了几个与克里斯年龄相仿的青年人盲目走向荒野的实例，他们对自然的渴望并希望以此来维持生命的做法存在争议。同时还交代了克里斯的家庭背景，他的优秀学业以及本该光明的前途。他和妹妹的通信透露出自己与家庭格格不入，希望消失一阵子的想法。“离开亚特兰大，他打算为自己创造一种全新的

生活，一种肆意体验各种经历的生活。”（25）也许对克里斯来说，他向往的自由生活诞生了。

电影中的第二章则描述了警方发现了被克里斯遗弃的车，父母意识到克里斯并不想别人发现他，变得更加焦急，甚至雇了私家侦探来寻找自己的儿子。克里斯到达南达科他州东部，结识了农场主韦恩，跟他学习驾驶收割机收割小麦、干农活，赚了一些路费；并向野外生存专家凯文求教了打猎、保存食物等野外生存知识，为阿拉斯加之旅做准备。通过妹妹卡琳的叙述，观众了解到克里斯高中毕业时知道了父母婚姻的真相深受刺激，使本来就有隔阂的父子关系更加不睦。也许正因为青春期的往事促成了克里斯的反叛性格，促使他将要选择一条不同于普通青年人所走的道路。

三、文本的第三部分——追寻和电影第三章——成年

文本的第三部分以“追寻”为题想必是为了表达两层意思，一是《纽约时报》报道了克里斯荒野殒命的新闻，希望能广泛扩散该消息，以便追踪与他有关的各种信息，从而更快确认他的身份；二是通过家庭成员的回忆和反思，追索克里斯离家出走漂泊荒野的原因。在费尔班克斯载过克里斯的加利恩和迦太

基的韦恩先后向警方提供了重要线索，韦恩从克里斯的报税表里找到了他的社保号，通过查询，警方终于找到了克里斯同父异母的哥哥吉姆，确认了克里斯的身份。克里斯的父亲沃尔特和母亲比莉得知噩耗痛苦万分但却难以理解自己的儿子怎会有这样悲惨的结局。强势并权威感十足的沃尔特年轻时是一个非常出色并且有头脑有眼光的人，投身航天产业后其事业如日中天，家庭财富与日俱增的同时婚姻亮起红灯。第二次婚姻中，沃尔特和比莉生下了克里斯，他继承了父亲的聪明，从小就有一种永不放弃的精神。克里斯有很强的体育和音乐天赋，视跑步为精神修行，还有极强的商业头脑，是一个在各方面都非常出色的青年。克里斯还关注社会公平问题，同情流浪汉，对物质享受感到不安，对金钱持鄙夷的态度。高中毕业后的一次远行让克里斯了解了父母婚姻的真相，加深了他与父亲以及家庭的隔阂，也埋下了他立志离家去荒野生存的种子。作者乔恩也回忆了自己年轻时的经历，他执意独自登山并不是为了健身，而是为了逃避内心的折磨和束缚。他说："年轻时，我有很多和克里斯不同的地方，其中很重要的一点就是，我既没有他的智慧，也没有他高尚的情操。但是我想，至少在糟糕的父子关系上我们是一致的，也许，我们还有着同样的热情，同样的鲁莽

以及同样躁动的灵魂。”（163）

在电影第三章里，克里斯顺着科罗拉多河独自乘皮划艇南下，在河岸边遇到了来自哥本哈根的马斯和桑尼亚，马斯建议他往西经过胡佛大坝进入墨西哥。在漂流的过程中，克里斯连头盔都不戴，还因为没有许可证，被水上警察追捕，这是他最惊险的一段旅程。乘皮划艇先后到达托波克峡、哈瓦苏国家生态保护区，一路向南到达科特斯海，通过莫雷洛斯大坝的泄洪道进入墨西哥境内，然后拖着皮划艇越过沙漠，搭顺风车到了哥佛湾；后来皮划艇被风暴刮跑，又往北回到了墨西哥边境。由于没有身份证，克里斯偷扒火车“偷渡”进入美国，在经过洛杉矶之后被铁路警察发现，痛扁一顿，赶下了火车。克里斯在这一年里扒火车、打工、徒步、搭车，经历了艰苦的流浪生活。在远离城市的地方漂泊流浪，让回到城市的克里斯不能适应，那曾经熟悉的钢筋水泥丛林，街头露宿的乞讨者，拥挤而面无表情的路人，沉溺于纸醉金迷的人群一次次撞击着他的心房，使他彷徨不安，使他茫然不知所措，他无法接受假想中衣冠楚楚、表情冷漠的自己，他无法接受在体制的束缚下压抑生存的生活方式，于是克里斯放弃在救济站借宿，重新逃出了城市。这便是克里斯在流浪中的成年。

四、文本的第四部分——觉悟和电影的第四章——家庭

在文本中的第四部分，克里斯经过育空地区的艰难跋涉终于到达阿拉斯加地区。根据免费搭载克里斯的司机斯肯塔回忆，克里斯说他从小就立志要向自己证明，他可以去一个看不见人、飞机或者任何带着人类文明标记的东西的地方，依靠自己的力量存活下来，而不是借助外人的帮助。他走进荒野后，把找到废弃巴士的日子定为“神奇巴士日”，还写下欢欣鼓舞的独立宣言：“最伟大的冒险终于来了。这是最后的战役，他要战胜内心的虚伪，达成精神的升华。”（174）但是克里斯的幻想很快被残酷的现实打破，狩猎并不容易，烟熏驼鹿生肉失败，连绵的大雨，孤独害怕的情绪不断袭来。他自我激励：“我重生了。这是我的黎明。真正的生活在我面前展开。认真地生活，关注生活的本质关注身边的环境和相关的事物，比如，一份工作，一项任务，一本书或任何需要保持专注的东西（环境本身没有价值，只有建立了关系的环境才有价值。所有的意义都存在于任何现象的关系里，存在于它对你的意义里）。”（177-178）怎奈河水暴涨阻断了他想返回的路，回到巴士以阅读度日，在《日瓦戈医生》一段话的空白处标注了：“快乐只在分享时”，也许标志着克里斯的内心已经发生改变，对生活有了全新的感悟，

也许他打算结束荒野流浪的日子返回社会了。食物的匮乏加之经验的缺乏，克里斯误食了有毒的植物后殒命荒野。作者亲自去过克里斯生活的荒野周围，发现沿着河流下游不过几公里处就有渡河的通道，年轻的克里斯本不至丧命于此。

电影中的第四章取名“家庭”，有其深刻的含义。经过1年的流浪之后，克里斯来到石板城和珍和雷尼夫妇相聚，结识了另一对流浪夫妇的女儿特蕾西。克里斯与珍、雷尼还有特蕾西过了几天不是家庭胜似家庭的幸福生活，珍也向克里斯讲述了自己儿子出走至今未归的故事，她是想提醒克里斯无论走到哪里，不要忘记还有惦念自己的家人。特蕾西对克里斯暗生情愫，但是克里斯怀抱奔向荒野的梦想，拒绝了特雷西的情谊。最后珍开车送克里斯到了索尔顿城，取了帮韦恩收割小麦的报酬后，朝着阿拉斯加前进。

五、电影终章——得到智慧

克里斯在安沙波列哥沙漠的温泉营地遇到朗·弗兰兹，弗兰兹是一名80岁的退伍老兵，年轻时妻子与孩子不幸遇到车祸离世，只留下他一个人，经营着一间皮革工作室，一辈子没有走出过自己所生活的城市。克里斯每日爬山进行体能训练，等待着春天的到来，也陪伴孤单的弗兰兹并鼓励他改变生活；他用弗兰兹教给他的技术为自己做了一条记录他冒险经历的皮腰带，此腰带一直陪伴他直至生命最后时刻。荒野生存期间伴随着克里斯的是列夫·托尔斯泰的《家庭幸福》和帕斯捷尔纳克的《日瓦戈医生》以及那本《塔奈纳植物指南》（间接导致了克里斯误食野豌豆）。在生命的尽头，克里斯饱含泪水颤颤巍巍地写出了自己的生命感悟：Happiness is only real when shared.（只有分享才能带来真正的幸福。）

六、结语

在荒野的体验中，克里斯终于找回了自己，也找到了生命的意义。最后他选择了宽恕父母，用自己的真实姓名写下了遗书："我度过了幸福的一生，感谢主，永别了，愿上帝保佑你们！"也正如作者乔恩所说："和梭罗不同，克里斯走进荒野的目的并不是为了思考大自然和世界，而是为了探索自己内心某些尚未开垦的领域。然而，很快，他就发现了梭罗早已了解的事实：一个人如果长久地待在荒野里，将不可避免地开始同时关注外在和内心的世界；一个人如果依靠大自然生活，就不可能不关注大地和大地上的一切细节，并对它们产生强烈的情感依赖。"（191）无论是故事文本还是电影作品，都以独到的方式刻画了这样一位青年人的超凡脱俗的传奇经历，也为世人留下了一份珍贵的精神遗产。具有冒险精神的克里斯的灵魂最终陨落到他热爱的荒野之中，谱写了一曲心灵起航、灵魂归土的挽歌。

参考文献

[1] Jon Krakauer. Into the Wild. London：Penguin Books Ltd. 2007.

[2] 乔恩·克拉考尔．荒野生存．陈宇欣，译．杭州：浙江人民出版社，2013.

[3] 焦建平．杰克·伦敦的英雄主义情结．西北大学学报（哲学社会科学版），2008（04）：174-176.

[4] 荒野生存的真正理解. http：//tieba. baidu. com/p/482090161.

[5] Light 光影世界．《荒野生存》：我们生存在世界上的真正意义．https：//www. jianshu. com/p/3b43f1570f9c. 2017-01-29.

[6] 赵宁．托尔斯泰的乌托邦思想．河南大学学报（社会科学版），2003（1）：63-68.

（本章作者：李华）

6.《少年 Pi 的奇幻漂流》

Life of Pi

作者简介

扬·马特尔（Yann Martel），1963年出生于西班牙，是一位加拿大作家，以《少年Pi的奇幻漂流》获得2002年的布克奖及亚洲/太平洋美洲文学奖。马特尔的父母都是法裔加拿大籍人士，父亲埃米尔是加拿大的外交官。童年时期的马特尔一家曾随任职外交官的父亲四处迁徙，先后辗转于哥斯达黎加、法国、墨西哥。扬·马特尔毕业于加拿大彼得堡的特伦特大学（Trent University）哲学系，毕业后他做过洗碗工、植树工和保安，之后他开始写作。成年定居加拿大后，他依旧四处旅游，去过伊朗、土耳其和印度。马特尔曾花费13个月的时间在印度参观清真寺、教堂、寺庙和动物园，又花两年时间阅读宗教经文和流浪者的故事，马特尔曾说："我不是个旅行作家，但是异国经历确实开阔了我的眼界。世界就是一部小说，观看其各异的局部就如同对一本伟大小说的阅读。"

扬·马特尔在1993年首次出版小说《七个故事》。他在2001年出版《少年Pi的奇幻漂流》，因此获得2002年的布克奖。《少年Pi的奇幻漂流》后来被加拿大CBC广播电台选为2003年读书竞赛作品之一，作家南希·李将它选为冠军。此外，法语版的《少年Pi的奇幻漂流》则被列入2004年的法文版比赛中，歌手路易斯·弗瑞斯将它选为冠军。马特尔从2003年9月开始在恶魔岛监狱度过了一年的时间，担任公共图书馆驻馆作家。他与多伦多皇家音乐学院的作曲家奥马尔·丹尼尔（Omar Daniel）合作，完成一首钢琴、弦乐四重奏及低音大提琴构成的曲子。乐曲*You Are Where You Are*以马特尔的作品为蓝本，其中包括一个平凡日子的手机对话。2005年11月，加拿大萨斯喀彻温大学宣布马特尔将成为驻校学者。他的2010年小说《标本师的魔幻剧本》（*Beatrice and Virgil*）描述犹太人大屠杀，其主要角色是动物标本店中两只动物标本（猴子和驴）以及其他一些动物。马特尔简单运用两种面向来描述相同的主题。马特尔从2007年到2011年之间进行一个名为“史蒂芬·哈珀正在阅读什么?”的计划，他每两个星期送给加拿大总理史蒂芬·哈珀一本书。他在2009年秋季公布该计划的书籍名单。马特尔于2011年2月完成该计划，总共发送给哈珀100本书。

撷英采华

片段1：

A good zoo is a place of carefully worked-out coincidence:

exactly where an animal says to us, "Stay out!" with its urine or other secretion, we say to it, "Stay in!" with out barriers. Under such conditions of diplomatic peace, all animals are content and we can relax and have a look at each other. (Martel, 2001: 23)①

译文:

一个好动物园是一个充满了细心设计的巧合的地方:就在动物用尿或其他分泌物对我们说"别进来"的地方,我们用障碍物对它说:"别出来!"在这样的和平外交条件下,所有动物都很满意,我们也可以放松自己,互相看看了。(扬·马特尔.姚媛,译,2012:19)②

片段2:

The feeling, a paradoxical mix of pulsing energy and profound peace, was intense and blissful. Whereas before the road, the sea, the trees, the air, the sun all spoke differently to me, now they spoke one language of unity. Tree took account of road, which was aware of air, which was mindful of sea, which shared things with sun. Every element lived in harmonious relation with its neighbour, and all was

---

① 小说的英文引文出自美国 Houghton Mifflin Harcourt Publishing Company 的 2001 年的版本。其后只在引文后标注页码,不另加注。

② 小说的中文引文出自译林出版社 2012 年版本。其后只在引文后标注页码,不另加注。

kith and kin. I knelt a mortal; I rose an immortal. I felt like the centre of a small circle coinciding with the centre of a much larger one. Atman met Allah. (78–79)

译文：

这种由跃动的活力和极度的平静自相矛盾地混合而成的感觉十分强烈，充满了幸福极乐。在此之前，道路、大海、树木、空气、太阳都对我说着不同的话，而现在它们却说着同一种语言。树木注意到了道路，道路意识到了空气，空气留意着大海，大海与太阳分享一切。自然环境中的每一个元素都与周围的其他元素和谐共处，大家都是亲友。我跪下时是个凡人；站起来时却已不朽。我感到自己就像一个小圆的中心，和一个大得多的大圆的中心相重合。自我和安拉相遇了。(63–64)

片段 3：

Things didn't turn out the way they were supposed to, but what can you do? You must take life the way it comes at you and make the best of it. (115)

译文：

事情并没有像我们预想的那样发生，你能怎么办呢？无论生活以怎样的方式向你走来，你都必须接受它，尽可能地享受它。(94)

片段 4：

I was alone and orphaned, in the middle of the Pacific, hanging on to an oar, an adult tiger in front of me, sharks beneath me, a storm raging about me. Had I considered my prospects in the light of reason, I surely would have given up and let go of the oar, hoping that I might drown before being eaten. But I don't recall that I had a single thought during those first minutes of relative safety. I didn't even notice daybreak. I held on to the oar, I just held on, God only knows why.（133–134）

译文：

我独自一人，孤立无助，在太平洋的中央，吊在一支船桨上，前面是一只成年老虎，下面是成群的鲨鱼，四周是狂风暴雨。如果我用理性思考自己的前途，就一定会放弃努力，松开船桨，希望自己在被吃掉之前能被淹死。但是我不记得在相对安全的最初几分钟里我有过一点点想法。我甚至没有注意到天已经亮了。我仅仅抓住船桨，就那么抓着，只有天知道为什么。（109）

片段 5：

If you were in such dire straits as I was, you too would elevate your thoughts. The lower you are, the higher your mind will want to soar. It was natural that, bereft and desperate as I was, in the throes of unremitting suffering, I should turn to God.（358）

译文：

如果你像我一样处在如此悲惨的困境之中，你也会让自己的思想变得崇高。你的处境越是低下，你的思想越想高高飞翔。我如此凄凉绝望，处在永无休止的痛苦的挣扎之中，很自然的，我会求助于上帝。(285)

影片资料

影片名：少年 Pi 的奇幻漂流

类型：剧情/冒险/3D

片长：127 分钟

出品：二十世纪福斯电影公司

导演：李安

编剧：大卫·马戈、扬·马特尔

主演：苏拉·沙玛饰少年 Pi

阿迪尔·胡山饰 Pi 的父亲

塔布饰 Pi 的母亲

伊尔凡·可汗饰 成年 Pi

拉菲·斯波饰 作家

获奖情况：2013 年获得第 85 届奥斯卡奖最佳导演、最佳摄影、最佳视觉效果、最佳配乐奖。

剧情梗概

故事开始于蒙特利尔，也结束于蒙特利尔。一名在找寻灵感的作家无意间得知 Pi・帕帖尔的传奇故事。Pi 的父亲开了一家动物园。因这样特殊的生活环境，少年 Pi 对信仰与人的本性自有一套看法。在 Pi17 岁那一年，他的父母决定举家移民加拿大以追求更好的生活，而他也必须离开他的初恋情人。在举家迁往加拿大的船上，他们遇见一位残忍成性的法国厨师，与他们同船的还有动物园里的一些动物，因为父亲打算趁机将它们以高价卖掉。然而货船中途沉没，Pi 的家人全部遇难。Pi 和救生艇被船上掉落的斑马砸进海里，他侥幸落在救生艇的舱盖布上得以生存。于是，他开始了在海上漂泊 227 天的历程，与他同时处在救生艇中的，除了那只断了一条腿的斑马外，还有一只鬣狗、一只猩猩以及一只成年孟加拉虎，由于海关官员的失误，这只孟加拉虎注册了一个正儿八经的绅士的名字——理查德・帕克。在救生艇上的最初三天，鬣狗活吃了斑马，咬死了猩猩，理查德・帕克又杀死了鬣狗。接着，17 岁的少年 Pi 海上生存的故事便这样开始了，他和理查德・帕克由最初的相互提防，想要杀死对方逐渐变为相互依赖，最终也变成了 Pi 生存下去的一种动力。

【深度解读】之一：

《少年Pi的奇幻漂流》中象征符号的解析

《少年Pi的奇幻漂流》是一部内涵极其丰富的作品，到处充满了隐喻性的表达，其中几个主要象征符号的运用对作品的理解起着至关重要的作用。本文通过对少年Pi的昵称、老虎和漂流历程这三个象征符号进行解析，深入分析了这几个叙事要素在作品中的含义，认为少年Pi的昵称代表着无理性、没有结束，老虎代表着人的原始本能和野性的冲动，而漂流历程则代表着人类的人性与兽性较量博弈的心路历程。

《少年Pi的奇幻漂流》是一部集视觉欣赏与思想深度兼具的文学作品。故事的结构相互映照，叙事穿插多变，表达含蓄隐晦，到处充满着隐喻，这都增加了对作品理解的难度。其中三个主要的象征符号的运用，对作品的主题表达具有非常重要的意义。解析它们蕴含的丰富的象征意义，有利于加深读者对作品表达意图的把握，增强对文学作品表达魅力的欣赏水平。

一、少年 Pi 的昵称

少年 Pi 的原名叫派西尼·莫利托（Piscine Molitor），但因这个名字发音与 pissing（小便）相似，派西尼经常遭到同学的取笑。于是派西尼执着地在每次课上重申自己的昵称为“Pi”，甚至天才般地背写了四大黑板的圆周率“π”，最终这个名字得到了大家的认可。π 的近似数值是 22/7，在影片中少年 Pi 与一只老虎一起漂流了 227 天，这不是巧合，“Pi”这一昵称与之有着某种特定联系，被赋予了特殊的使命。

π 作为圆周率，小数点后无限延伸，不遵循任何规律；作为无理数，历史上它引起了“第一次数学危机”，与理性和秩序相对立。而少年 Pi，从小就接受了母亲的宗教启蒙，甚至信仰印度教、基督教、天主教三种宗教，充满了对诸神的崇拜和感性。而 Pi 的父亲认为宗教是欺骗性的故事和美丽的谎言，他的认识代表着人性中理性的一面。虽然父亲教导他不能盲目接受一切，要学会理性思考，他却毅然提出要接受洗礼，这是少年 Pi 的本性使然，毕竟就像 Pi 的母亲所说：“也许派西尼在随着不同的鼓点前进。”（77）少年 Pi 更关注的是自己的内心，他主动遵从了内心的渴求，本能地反抗理性教化。

少年 Pi 感性地认为能从动物的眼睛里发现灵魂，他手拿着一块肉伸向老虎，却被父亲“及时”地阻止。随后父亲以“羊入虎口”这一血淋淋的现实告诉他，从老虎的眼睛里只能看到自己的倒影，没有其他。这惨烈的一课给少年 Pi 的心理造成了重大的打击，从此一切都变了，世界也失去了它的一些魅力。虽然经历过生死考验的 Pi 成年后也承认父亲是对的，但他仍是相信他在孟加拉虎理查德·帕克的眼睛里看到了比他的倒影更多的东西。无论是少年 Pi 还是成年 Pi，心中一直充满着对秩序、对理性的挑战，表达了一种内心的渴望和原始的本能。

另外，Pi 的昵称也像无理数 π 一样，代表着永远没有结束，没有一个彻底的告别。经历过“羊入虎口”这一现实与秩序教育后的少年 Pi 在烦躁不安中长大，内心却在不停地寻找能给他的生活带来意义的东西。当 Pi 与老虎在漫长的漂流之旅中从敌对斗争到相持共存再到相偎相伴，终于漂到墨西哥一处海滩时，老虎跳下船却头也不回地走进了丛林中。Pi 获救后哭得像个孩子，不是因为他对自己历经磨难却生存下来而激动，而是因为老虎理查德·帕克如此随便地离开了他。这个激起他求生意志的可怕猛兽，并没有像他想象的那样以某种方式结束他们之间的关系，而是永远从他的生活中消失了，没有任何留恋。

“事物应当恰当地结束，这在生活中很重要。只有在这时你才能放手。否则你的心里就会装满应该说却从不曾说的话，你的心就会因悔恨而沉重。”（286）Pi 永远地离开了他的父母和兄长，也永远地离开了和他一同经历漫长漂流的理查德·帕克，却都没有好好的道别，就像他的绰号是个无尽的小数点一样，Pi 未能把每件事情都做个妥当的了结，而是将它们永远地埋在内心深处。

二、老虎

老虎是这部作品的核心，它的象征意义决定了整部作品的主题表达。由于作品中第一个故事是第二个故事的隐喻，因而第一个故事中的幸存者少年 Pi 和老虎共同代表着第二个故事中的 Pi。换句话说，老虎这个虚构的角色代表着 Pi 身上的某一部分或某一特性。但正是由于它的出现，以具体的形象凸显了这一特性，我们才能更加清晰地看清少年 Pi 乃至整个人类身上触摸不到的那一部分，那就是人类内心深处最原始的本能，是野性的冲动。正如梁漱溟老先生所说，“人类虽从动物式本能解放出来，但人仍自有其本能，只不像动物本能那样机械性顽强、牢固、紧迫、直率耳。”（梁漱溟，2005）Pi 的整个人格在第一个故事中由此分裂，分裂成了代表人性的 Pi 与代表原始本性的老虎。

老虎的名字就能给我们提供一些信息。如同 Pi 有两个名字，影片中的孟加拉虎也有两个名字。一个叫理查德·帕克的人发现它的时候它正在河边喝水，于是给他起名“Thirsty”。不料送到动物园时工作人员弄反了这两个名字，于是这只老虎此后一直被叫作“理查德·帕克”。理查德·帕克这个名字是原著作者刻意选择的，因为这个名字既是爱伦·坡 1838 年发表的小说中沉船事件的遇难者，又是 1884 年英国震惊世界的海难食人案的遇难者，巧合的是这两个名叫理查德·帕克的人都惨遭其余幸存者分食。之后这个名字经常与海难、食人的事件联系在一起。这部同样涉及海难的作品中再一次出现了这个名字，则暗指少年 Pi 的逃生可能包裹着一个血腥残忍的“人吃人”故事。不同的是，作品中的理查德·帕克作为少年 Pi 的化身，不是被食者，而是食人者。

作品中少年 Pi 与老虎的第一次接触就是父亲用“羊入虎口”来教育 Pi 的那次，父亲告诫他，老虎不是人类的朋友。从此老虎给 Pi 的心里留下了深深的烙印，他认识到了动物世界里“弱肉强食”的森林法则。当海难发生后，少年 Pi 与斑马、鬣狗、大猩猩逃上了唯一的一艘救生船，他却亲眼看见了鬣狗吃掉受伤的斑马，又咬死了大猩猩，以及厨子吃掉受伤的水手，又杀死了Pi的母亲。人类间的“弱肉强食”击垮了Pi的道德底线，母亲的遇害让他内心被彻底激怒，心中的那只猛虎一跃而起，少年Pi杀掉了道德败坏的厨子。显然，理查德·帕克这只孟加拉虎指代的是在人类的内心里深深隐藏的野性。正如恩格斯所说，“人来源于动物界这一事实已经决定人永远不能完全摆脱兽性，所以问题永远只能在于摆脱得多些或少些，在于兽性或人性的程度上的差异。”（郭宝宏，2008）

少年Pi与老虎争斗的过程，就是他自己的人性与原始本性争斗的过程，两者的势力此消彼长。在凶险危急的环境中，人的原始本性会本能的暴露，而在这强大的本能驱使下，即使最不可触碰的道德禁忌也会被突破。就像Pi所说，“我曾经因为把飞鱼裹住杀死而哭泣，现在却高兴地用大锤把鲯鳅打死，在这么短的时间内我的转变如此之快，也许你感到很惊讶……但是事实上却另有解释。这很简单也很严峻：人可以习惯任何事情，甚至习惯杀戮。”（186）因而Pi不仅杀死海里的动物为食，甚至还杀了人，吃了人肉。但随后人性的忏悔又不断地跟野性进行较量，直到这无止境的争斗让Pi开始反思。于是，Pi开始驯化老虎，也开始容忍内心的原始本能的存在。正如 Pi 所说，“我要告诉你一个秘密：一部分的我很高兴有理查德·帕克存在；一部分的我根本不想让理查德·帕克死，因为如果它死了，我就得独自面对绝望，那是比老虎更加可怕的敌人。如果我还有生存的愿望，那得感谢理查德·帕克。”（165）Pi 与老虎和平共处的日子里甚至感受到了很多的快乐。一场暴风雨来袭，Pi 在喊老虎出来看神迹时，老虎却吓得瑟瑟发抖，野性必然是无法正视神性的。最后船漂到墨西哥海岸，Pi 即将回到人类社会时，老虎头也不回地走入了丛林，就这样原始野性在人类世界里很自然地归隐到了内心的深处，没有告别，也没有任何留恋。

三、漂流历程

如果说老虎代表的是原始野性，是 Pi 自身分化出来的另一个 Pi，那么第一个故事中 Pi 和老虎一起经历的奇幻漂流历程象征的就是 Pi 的人性与野性博弈的过程，是 Pi 与内心的另一个自己博弈的过程。

第一个故事看上去曲折但明亮，充满了想象力和奇迹；第二个故事则直接、黑暗，令人不敢正视。然而对比两个故事就会发现，事情远非是第二个故事中的杀人事件这么简单。第二个故事的简短陈述虽道出了一个真相：性格残暴的法国厨子吃掉了受伤的水手，又杀死了 Pi 的母亲，忍无可忍的 Pi 出手杀死了厨子，但漂流的历程更多描述的是杀人之后发生的事情，这才是作品想要表达的核心。第一个故事中，当老虎咬死鬣狗后，船舱里有斑马、大猩猩和鬣狗的尸体，奇怪的是，很快这些尸体全都消失了，全都被老虎吃掉了。投射到现实层面，为母复仇而杀了厨师的 Pi 在漂流的历程中继续面临着生死考验，暴风雨的袭击、鲨鱼的威胁、食物和淡水的缺乏，不断地在摧毁 Pi 的道德底线。原始的生存欲望一旦被激发就不可收拾，迫于生存，Pi 不得不理性地面对。于是面临饥馑的 Pi 不仅吃掉了水手的残尸和厨师的尸体，最后还把目光投向了自己母亲的尸体。由此，通过两个故事间的隐喻，我们了解了漂流历程中的真相。

但一部好作品一定是超越了浅层故事，抵达到人类内心深处最原始的情感状态。影片用大量的画面，形象化地刻画了 Pi 与内心的野性一起走过的心路历程，其波涛汹涌、其复杂交织，如同茫茫大海上的凶险境况。对当时的 Pi 来说，杀人、食母固然恐怖，但更恐怖的是生存的渺茫、心灵的孤独以及希望的逐步丧失。为了增加求生的机会，Pi 不仅以尸体为食，还要靠一种信念给自己以精神力量，更需要一种借口和理由摆脱灵魂的折磨与枷锁。毕竟，“仅次于死亡，孤独禁闭是人类最为严厉的惩罚。人类的身体和心灵都不适应孤独的生活。缺少同伴，人类就会产生绝望消沉的情绪，健康状况也会恶化。”（弗朗斯，2007）于是，Pi 需要一个假想的同伴来填充自己孤独的心灵，他开始与自身的原始欲望为伴，把它当作一个让他警觉、需要他照顾的患难“朋友”。正因如此，在与自身的原始本能经历了搏斗、相持、相依几个阶段后，他活了下来。

与老虎一起的漂流历程，是 Pi 不断战胜大自然带来的种种灾难的历程，更是 Pi 内心的人性与兽性较量博弈的心路历程。在这一历程中，Pi 对人类兽性存在的态度经历了从恐惧排斥到容忍又到接纳的过程，代表了人类对自身认知的不断深入和成长。

四、结语

作品中少年 Pi 的昵称、老虎以及漂流历程这三个象征符号不仅可以帮助我们更好地理解作品的内容，还会帮助我们领会作品所传达的艺术魅力，引发我们深层次的思考。除了这三个核心的象征符号的运用，作品中还有很多叙事要素（如莲花、食人岛等）都具有丰富的象征意义。这些象征符号相辅相依，内涵丰富，不同知识背景的人会做出不同的解读，体现着作品经久不衰的艺术魅力。

【深度解读】之二：

《少年 Pi 的奇幻漂流》中老虎的隐喻意义

影片《少年 Pi 的奇幻漂流》是一部内涵极其丰富的作品，处处存在着隐喻的影子，而老虎是其中最为核心的隐喻元素。对老虎隐喻意义的理解不同，影片的主题表达就会因之而不同。为了更深入地理解影片，本文从不同的视角对老虎的隐喻意义进行了三重解读，即老虎代表信仰，老虎代表人的动物本性，老虎代表人类的邪恶。对这一隐喻元素的多重解读，能够增强读者对影片表达意图的把握及对影片艺术魅力的欣赏。

《少年 Pi 的奇幻漂流》这部影片充满了丰富的隐喻，而老虎是其核心元素，它的形象集中地反映了影片的主题表达。理解影片中老虎所蕴含的多重内在含义，对多维度地理解这部影片所表达的主题十分关键。老虎身上所蕴含的内在含义，均反映了少年 Pi 身上（甚至人类）的某个或某些特质。这些特质交相出现，就如同梦幻漂流中的各种幻象，似有蛛丝马迹可循，却又令人捉摸不定。为了帮助读者深入地领会老虎的隐喻意义，本文尝试对其进行多维度的解读。

一、老虎代表信仰

如果相信影片中的第一个故事，会很轻易就能得到这样的结论，影片一开始也为此做了很多铺垫。

影片开头部分就介绍了 Pi 和宗教的接触，先是从母亲那受到了印度教的启蒙教育，12 岁那年接触了基督教，之后又接触了伊斯兰教。有着三种宗教信仰的 Pi 自然不是虔诚的宗教徒，而是一个泛神论者。成年 Pi 和作家的谈话中提到了对宗教的看法，当作家问到他“信仰就像一所房子，有很多房间，但没有怀疑的房间吗？”他回答说，“有很多，在每一层。怀疑是有用的，它使信仰成为一个活物。毕竟，你无法知道信仰的力量直到它被考验。”

影片中 Pi 在和老虎的第一次接触中就领会了对信仰产生怀疑的价值，而正是这种怀疑使信仰有了生命，成了一个活物。对宗教有着浓厚兴趣的少年 Pi 相信动物是有灵魂的，于是手拿着一块肉伸进铁栅栏去喂老虎，幸好父亲及时地阻止，否则他将失去一条胳膊，随后父亲又用“羊入虎口”的残酷场面教育了 Pi。对照他所说过的“怀疑使信仰成为一个活物”，这次教训使 Pi 开始怀疑之前自己对老虎的认识，而 Pi 之后的漂流之旅中恰恰多出了一个活物老虎，这正暗含着“老虎就是信仰”的信息。而之后的漂流之旅也证明正是有了老虎（信仰）的陪伴，Pi 才坚持下来，从而证明了信仰（老虎）的力量，因为它在漫长的漂流之旅中支撑着 Pi 经受住了重重考验而没有精神崩溃。

另外，从教堂里 Pi 与神父的对话中也可以找到“老虎就是信仰”的证据。与哥哥打赌去教堂喝水的 Pi 问神父“为什么上帝派他唯一的儿子去承受普通人的罪”时，教父却回答说因为上帝爱我们，上帝让他对我们人类来说是可接近的。虽然 Pi 直至后来也不理解，说“牺牲无辜去挽救原罪，这是怎样的一种爱?”但他喜欢“圣子”，告诉自己不能让“圣子”离开脑海。这里我们需要了解的知识背景是：上帝唯一的儿子即“圣子”，是为人类赎罪的耶稣基督，以常人的肉身被上帝派到人类世界，因此能够充分感受到人类在看不见的恶魔撒旦面前是何等的软弱和无奈。因为历来没有人能战胜魔鬼撒旦来到上帝面前，因而上帝就让耶稣降生人间，以人类肉体的弱点率先战胜撒旦和一切诱惑来到他面前，从而为人类开辟一条到上帝面前的崭新的正直路。Pi 的漂流历程使他意识到，老虎正是他心中向往的那个“圣子”，陪伴着他在大海上经受磨难，不断点燃他与饥饿、孤独、暴风雨这些恶魔进行搏斗的信念。

而当结尾处作家说喜欢有动物的那个故事时，Pi 的反应是，“谢谢，这与上帝一致。”老虎就是上帝派来的使者，是“圣子”的化身，与 Pi 一起经受苦难并最终引领他完成心灵的救赎。Pi 对宗教的信仰在经历了困惑、质疑后又重新建立了起来。电影里少年 Pi 吃饭前会祷告，中年 Pi 吃饭前也要祈祷，这种祈祷和信仰却经历了否定之否定的一次升华。

二、老虎代表人的动物本性

先来介绍一下影片中老虎的基本信息。这是一只孟加拉虎，被一个叫理查德·帕克的人发现时正在河边喝水，于是被叫作“Thirsty”。不料送到动物园时工作人员弄反了这两个名字，于是这只老虎的名字便成了“理查德·帕克”。

老虎理查德·帕克在影片中又可以被看作是人的动物本性的象征，具体来说是少年 Pi 分化出来的另一个自己。影片中开头部分就埋下了伏笔，少年 Pi 跟哥哥打赌去教堂喝水，神父见到他说：“You must be thirsty”，Pi 回答：“Yes”。这句双关语暗示着老虎其实就是 Pi 的化身。如果以动物来隐喻人，那一定是他们具有某种共同的特点或特性。而老虎作为森林之王，在中西方文化中都代表着勇猛、野性。而人作为一种高级动物，无法完全摆脱固有的动物属性。而老虎，作为故事中虚构的角色，是 Pi 的化身但又与 Pi 同在，说明它正是代表着 Pi 身上原有的自然属性，而 Pi 代表的则是人类文明进程中形成的社会属性。

三、老虎代表人类的邪恶

生存需要和社会需要使得每个人都在善与恶之间徘徊。影片中残暴的法国厨子是人性邪恶的极端代表。从故事中可以得知，当 Pi 目睹母亲被厨子残杀同时自身也将受到威胁时，他像影片中的老虎那样一跃而出，杀死了法国厨子。作为信奉印度教、基督教和伊斯兰教这三种宗教的宗教徒，Pi 一心向善，但在危急关头却毅然突破了道德底线为母复仇。就像 Pi 后来描述的那样，“他（厨子）将我心里的邪恶带出，我必须与之妥协。”一跃而出的那个老虎可以被看作是人类心中邪恶的化身。

而当少年 Pi 心中的邪恶喷涌而出，Pi 自然无法正视，杀人后的罪恶感促使他与之进行了殊死的搏斗。然而面临生存的巨大考验，他不得不学会理性地向人性中的“邪恶”妥协，甚至于放弃素食的信仰去吃剩下的尸体。当人类处于极端环境下的时候，再善良的人都有可能露出狰狞的面目。而当人类境遇改善，自身的安全得到保障，邪恶的面目又会被隐藏起来。对于人性的丑陋，马克·吐温曾经讽刺说：“如果你捡回一条狗，并给它优裕的生活，那么它是不会咬你的，这就是狗和人最基本的区别。”（弗朗斯，2007：133）这里我们无意说少年 Pi 本人的人性是丑陋的、邪恶的，但从中可以延伸到思考整个人类的特质。

试想，获救后回归人类生活的 Pi 虽然摆脱了邪恶的影子，但他能否经受如此大的精神痛苦和创伤，从沉重的罪恶、负罪感中脱离出来？影片的最后当作家得知成年 Pi 有了妻子儿女，说“这个故事有一个完美的结局”，恰恰说明 Pi 已经成功地从罪恶感中走了出来，重建了自己的精神信仰，从而过上了正常人的生活。这完全可以从少年 Pi 和成年 Pi 吃饭前的祈祷中找到答案。

细心观察会发现，少年 Pi 和成年 Pi 吃饭前都会用伊斯兰教的方式祈祷。这其中包含着什么含义呢？首先了解一下 Pi 的宗教背景。少年 Pi 信奉印度教、基督教和伊斯兰教三种宗教，然而三种宗教对人性的认识并不一致。印度人认为人性大半偏恶，故创立佛教以劝人行善；基督教认为人性恶，由此上帝让耶稣诞生救赎人类；而伊斯兰教虽与基督教有共同的渊源，但在对人的认识上有着本质区别。

圣经中常常寓示，基督徒的神是圣洁的神，圣洁的神不能容忍任何罪恶与污秽，因此当原本圣洁无瑕的亚当与夏娃犯下原罪堕落后，上帝便把他们赶出了伊甸园，从此背离上帝的人类便生活在原罪之中，等待着救赎。而伊斯兰教的经典中对于亚当和夏娃的原罪，真主阿拉却做出了截然不同的选择，他宽恕了亚当和夏娃的堕落，仅仅把偷吃禁果的行为看作是犯错，并让他们继续管理伊甸园。由此可以看出，上帝对于人类的背弃与罪恶选择的是惩罚与隔离，认为人类是一群需要救赎的“罪人”，而真主安拉选择了宽恕，认为人类可以通过自己的好行为和虔诚的礼拜与祈祷来抵消自己在生活中所犯的大错和小错。

当作家看到成年 Pi 饭前用伊斯兰教的方式祈祷时，Pi 说出了原因，“我们在成百上千的神面前感到有罪，除了那一个（真主阿拉）。”如果说少年 Pi 的选择是天性的向往，成年 Pi 的选择则是必然。Pi 必须选择宽容的真主阿拉才能解救自己的灵魂，消除内心的罪恶感，他用虔诚的祈祷希望来抵消以前的“过错”（在基督教看来是罪恶）。只有这样，才能忘掉那只“邪恶”的孟加拉虎，所以成年 Pi 才会在影片开头说，“我已经很多年都没有提到过理查德·帕克了。”

四、结语

优秀的作品经得住时间的考验，也经得住多重解读。就像一千个人心中有一千个哈姆雷特，每个人心中都有一只老虎。本文从不同的视角对影片中老虎的隐喻意义进行了三种解读，第一种解读是明亮的、鼓舞人的；第二个解读是客观的、理性的，第三个解读是黑暗的、令人不敢正视的。正如影片中成年 Pi 问作家一样，“这两个故事你喜欢哪一个?”作家选择了有动物的那一个，但又陷入了沉思。显然，喜欢的那个不一定是真实的那个。幸好这只是一个故事，我们大多数人虽不会有 Pi 那样的经历，但透过他的故事可以审视我们的灵魂。正如英国诗人西格弗利·萨颂的诗句：“我心有猛虎，在细嗅蔷薇，审视我的心灵吧，亲爱的朋友，你应战栗，因为那才是你的本来面目。”

【深度解读】之三：
析《少年 Pi 的奇幻漂流》
从文学到电影改编的得与失

从文学到影像，是由一种艺术形式转换成另一种艺术形式的加工再创造，它是在一定程度忠实于文学原著的基础上，通过创造性的艺术改编将抽象的文字语言转化成适合光影和声画效果的视听盛宴。导演李安以他的睿智、才识及敬业精神，将《少年 Pi 的奇幻漂流》这部最不可能改编成电影的文学作品以直击心灵的震撼呈现在观众眼前。即便如此，影像艺术的局限性仍是它永远无法取代文学作品的原因之一。本文将参照《少年 Pi 的奇幻漂流》文学作品和导演李安的影像改编，对文学与电影的关系、从文学到电影改编的得到之处、从文学到电影改编的缺失之憾逐一进行分析，以挖掘这两种艺术形式各自独特的艺术之美。

《少年 Pi 的奇幻漂流》是加拿大作家扬·马特尔的一部文学力作，由好莱坞著名华人导演李安改编成电影。从文学到影像，是由一种艺术形式转换成另一种艺术形式的加工再创造，它是在一定程度忠实于文学原著的基础上，通过创造性的艺术改编将抽象的文字语言转化成适合光影和声画效果的视听盛宴。凭借导演李安的睿智、才识及一贯的敬业精神，《少年 Pi 的奇幻漂流》这部影片成为文学作品影像改编中的佼佼者，将最不可能改编成电影的文学作品以直击心灵的震撼呈现在观众眼前。这部文学作品深厚的文学底蕴和精神内涵给了影片丰厚的土壤和解读的空间，李安独特的叙事技巧及呈现效果赋予了影片更生动流畅、唯美震撼的视觉冲击。即便如此，影像艺术的局限性仍是它永远无法取代文学作品的原因之一。李安执导的这部影片虽广获好评，却仍有一些不尽如人意之处。本文将参照《少年 Pi 的奇幻漂流》文学作品和导演李安的影像改编，对文学与电影的关系、从文学到电影改编的得到之处、从文学到电影改编的缺失之憾逐一进行分析，以挖掘这两种艺术形式各自独特的艺术之美。

一、文学与电影的关系

文学是通过文字激发读者想象空间和调动读者心理感受的语言艺术，而电影是通过声音和画面刺激观者感官和引发情感共鸣的视听艺术。二者作为不同的艺术形式，既有相通之处又有各自独特的表达。

出于共同的叙事、情节设置、人物塑造、主题、环境等要素的构成，文学与电影有着先天而紧密的亲缘关系。一方面文学作品是电影题材的重要来源，是改编电影具有故事性及深层的社会或精神内涵的保障，为电影源源不断地提供新鲜而丰富的艺术滋养；另一方面作为大众化的影视传媒艺术，电影是普及文学作品、提高文学作品热度的有力宣传手段。然而，除却艺术的相通之处，文学的文字艺术和电影的影像艺术又各自有独特的优势与缺陷。在叙事方面，文学作品的叙事语言只有文字这一种形式，而电影却是包含声音、影像、语言等在内的综合性形式；在情节设置方面，文学作品可以有充分的篇幅做到纷繁复杂、旁节生枝的情节发展，而电影的时长限制只能做到情节设置的相对紧凑与集中；在人物塑造方面，文学可以用语言仔细描述人物的外观、性格、行为、经历等显性特征，也能对人物的心理活动、内心感受、情感变化等做出隐性刻画，而电影对人物的显性特征可以很逼真、直观的用影像呈现，对人物的隐性刻画却很难通过镜头来呈现；在主题方面，文学可以不遗笔墨地做到多主题并行，对不同主题进行多层次、多角度地表达，而电影的快餐式消费特点只能将主题尽可能地精简和升华，通过埋下各种伏笔和暗示来推动和促进主题的表达；在环境方面，文学可以凭借想象进行天马行空般的构想，而电影却很难对一些非常见状态下的环境进行精准的重现和把控。总之，文学与电影既是相辅相成、相互依存，同时又是相对独立，有着各自独特的表达技巧和魅力。

将文学作品改编成电影，形式上从文字到影像的“改”并不是主要目的，更重要的是内容及精神价值上的“编”，是影片在文学基础上的艺术再创造。“成功的改编应该是‘忠实性和创造性相统一’，应该做到形神兼备。”（邹毅，1997：33）既要基本利用原著所提供的时代氛围、故事框架、情节构成及主要人物命运，还要体现与传达出原著的主要精神与基本风格。“为了突出原著精神，为了适应影视表现的需要，对原著情节适当加以增删、调整或者意强化，突出时代氛围，人物性格等，都是必要的。这样不仅不是违背原著精神，相反是充实了原著。”（邹毅，1997：33）由此可见，除了相互依存和相互独立，文学和电影间还是互补和增益的关系，更重要的是，从文学到电影的改编打开了一扇艺术交流和碰撞的大门，既为具有敏锐艺术直觉和不拘陈规的改编者提供了广阔的艺术创造天地，又吸引了文学、影视、传播等众多领域研究爱好者们的关注和研究，为文化和艺术的繁荣起到了推波助澜的积极作用。

二、从文学到影像改编的得到之处

由同名小说改编的《少年 Pi 的奇幻漂流》一经上映就受到了广泛好评，获得奥斯卡最佳导演、最佳视觉效果、最佳摄影等多项大奖。这部被认为“最不可能视觉化”的小说有很多导演难于驾驭的元素，如孩子、动物、海、大自然、立体效果等。尽管在场景上影片的大部分只有一位演员、一头老虎和一艘救生艇，但以电影来表达也是极复杂的，因为小说描述的多是思考，这在电影中往往很难表达。经过导演李安的巧手神功，这部影片不仅呈现出令人震撼的视觉效果，在结构和主题上也更加精简顺畅，情节设置也更巧妙更富有深层寓意。

（一）令人震撼的视觉效果

这部影片采用 3D 进行拍摄，这也是李安对 3D 技术的首次运用。运用 3D 技术并不是噱头，而是想借此缔造沉浸式体会。影片大部分讲述少年 Pi 和老虎乘坐救生艇在大海上漂流，救生艇本是很狭小的空间，但海洋广阔无边。影片要让观众感受到广大的空间和范围，立体效果不仅可以实现这一点还能增添趣味。为了对人虎共处的画面刻画的更加逼真，李安的技术团队在真虎的基础上用电脑制作了数码老虎。老虎的行为表现也是遵照动物本身的习性，不是要让动物做想要它做的，而是要从动物的行为了解动物。在影片近一小时的跨度里只有 23 个真老虎的镜头，其余的全是数码老虎，可见李安技术制作团队的高水准和老虎的逼真程度。在一次采访中，李安透露实际开拍之前他花了整年时间来筹划和进行视觉预览，他认为视觉预览虽然很费时但很值得，因为视觉工作有助于沟通。正是李安对画面制作的坚持和执着，影片才呈现出高水准和高逼真度的视觉效果。

另外，3D 技术的使用还实现了内在感受的视觉化，它以强大的视觉冲击力达到震撼人心的效果，令人产生强烈的心理反应。在空间画面感中，色彩的变幻和唯美的画面构图不仅带给观众视觉的享受，还能让观众产生情感的波动，这也是文学艺术所无法替代的优势所在。在这部影片中，为了表现出信仰对少年 Pi 的影响和在残酷环境下的灵性成长，李安对大环境也进行了精心设计，为海洋缔造出不同的质感和模样，让海洋应天色而出现不同的面貌。当少年 Pi 和老虎处于敌对状态时，天空黯淡无光，大海也呈现出阴暗、冷酷的一面。当少年 Pi 与老虎经过无数争斗最终和谐相处，他平静地站在小筏上，老虎也安静地端坐在救生艇中，周围镜面一般的大海无限绵延，暖暖的阳光从天空中洒落，天边飘着霞光染红的流云，一片和谐美好的景象。当少年 Pi 历尽艰辛和孤独，即将崩塌的精神支柱在大自然的威力前再次凝结和升华，他在暴风雨中仰望天空，在电闪雷鸣中领悟到生命的奥秘。他因这种发现而狂喜、惊呼，“太美了，上帝显灵了，这是神谕！”“影片试图引领我们重新发现自然的神圣性和艺术的无限性，摆脱灰蒙蒙的现代性羁绊，带着清纯的眼光和爱的信仰直观自然和人类世界的神奇美妙。”（宋光瑛，2013：61）借助 3D 电影技术，人物内心的种种强烈感受也在画面的布景下得到释放，准确击中每一位观众的心灵。

（二）叙事结构的重组

影片在叙事结构上进行了重组和调整，使故事脉络更清晰，逻辑性也更强。小说包括三个部分，采用了两条叙事脉络。在第一条叙事脉络中，Pi 以第一人称的口吻讲述自己的故事，故事包括“多伦多与本地治里”（即对宗教和动物的描述部分）和“太平洋”（即船沉后 Pi 在海上的漂流直到获救）两个部分。第二条叙事脉络则是作者的讲述，他对成年 Pi 当前生活的描述分散插入第一部分，而将Pi获救后对日本运输部调查员讲述的事实真相放入第三部分“墨西哥托马坦镇贝尼托华雷斯医院”中。由于叙事结构的交叉和跳跃，小说的故事脉络有断裂感，对阅读者而言可以通过反复阅读和跳读的方式获得清晰完整的结构，对于电影来说则显得过于混乱。影片同样采用了两条叙事脉络，以成年Pi与作者面对面的交谈为主线，将少年Pi的宗教背景和在海上漂流的经历以Pi对作者讲述的方式来呈现，回忆的片段则以蒙太奇手法或Pi讲述的声音来实现过度和转化，最终又回到二人之间的交谈。这种叙事结构有始有终，形成一个闭合式结构，真实场景和回忆情节则共同推进了故事的发展。“在回忆的片段中，观众很好地充当着第三人称的视角，更好地理解Pi讲述的故事，真实的感受让观众既能够了解故事，同时也保持着一个观众客观的心理，也非常符合电影的叙事特点”。(张荷花，2015：96)

除了结构的闭合，影片还将小说中的第三部分整合到成年Pi与作家的对话中。在小说中，第三部分是Pi在获救后日本运输部海运科的两位职员与Pi交谈，以找到沉船的原因。Pi在交谈中向他们讲述了在大海中漂流的经历，先是两位职员难以相信的有动物的奇幻故事，随即是没有动物的残忍故事。影片为了提高观影的流畅度和对主题的聚焦，去除了与之无关的对沉船原因调查的录音，将调查沉船事故录音中所涉及的真相经由成年 Pi 口中继续讲给作家听，使得叙事结构更加完整和清晰。

（三）情节增删的深层寓意

从文学到影像的改编，就意味着不可避免地将故事情节进行适当地增删，以便更好地运用镜头语言，《少年 Pi 的奇幻漂流》也是如此。影片做了很多或大或小的情节改动，既增添了一些为下文埋下伏笔的场景，又对不利于故事整体节奏的情节加以删除。笔者仅针对几处最重要最精彩的改动加以说明。

首先，小说在第一部分讲述了少年 Pi 与印度教、基督教和伊斯兰教三种宗教的接触，影片中也对 Pi 与这三种宗教的接触进行了重点描述，不过情节更加生动有趣也更富有寓意。小说对于 Pi 与印度教的接触一笔带过，是始于 Pi 的一个姨妈在他婴儿时期将他带进庙宇参加了净化仪式，他对印度教的虔诚则是他的心要求他这么做，而影片则不仅通过母亲之口讲述印度教中梵天的故事，还用气势恢宏的场景重现了仪式的神圣和庄严。更重要的是，仪式中创造之神梵天在水上漂浮的场景与 Pi 在海上漂流最绝望时遇到给予他供给的漂浮岛相映射，这为漂浮岛的深刻寓意埋下了重要的伏笔。电影对 Pi 与基督教接触场景的设计则更加富有寓意。影片将少年 Pi 度假时几次内心忐忑地走进教堂的经历改写成哥哥拉维和 Pi 打赌他敢不敢去教堂喝圣水的情节，情节的改动不仅避免了抽象的心理描写，还增加了神父看到 Pi 喝圣水时说“你一定是渴了”的句子。后面成年 Pi 对作家讲到，“渴了”是老虎理查德·帕克真正的名字，由于笔误造成了与发现他的那个人的名字产生互用，这间接暗示了在海上漂流的老虎也是 Pi 的化身。

其次，影片还创造性地增设了少女阿南蒂的人物角色。阿南蒂美丽睿智，眉间的朱砂印和优雅的言谈举止都让人联想到印度教中的女神。通过少女阿南蒂的增设，影片不仅增加印度传统舞蹈的元素，带有浓郁的宗教色彩，还通过寓意为“莲花开在森林中”的手势与漂浮岛的树上长出包裹牙齿的莲花形成映射，又一次暗示了漂浮岛和印度教中神的关系。阿南蒂是爱和信仰的化身，Pi 记得和少女分开的那一天，却不记得和少女道别，这是因为爱和信仰本就是 Pi 自身的一部分。Pi 将少女系在他手腕上的红绳绑在漂浮岛的树枝上，也由此构成了一种隐喻，是将爱和信仰寄予为他提供食物供给的漂浮岛上。

再次，影片删去了小说中 Pi 在极度虚弱中眼睛失明时与另一名失明者的对话及吃人的描述。小说中这段现实主义的写法虽然以 Pi 的短暂失明而避免了视觉描写，但也如实地记录了吃人的动作和事实。影片则对这段故事情节彻底删去，不仅如此，影片还回避了书中所有对动物血腥暴力的厮杀行为和人类残酷行径的叙述。这种彻底的处理方式却是更好地说明了：事物的外表有多美好，也许里面包裹的真相就有多残酷。影片自始至终保留了以虚生实的奇幻色彩，将残酷的现实掩藏在动物和光彩夺目的幻境下，从而将展现残酷环境下人性的主题升华成信仰的力量及人的灵性成长。

三、从文学到影像改编的缺失之憾

将一部笔墨不限、内心外部描写兼容、多线索多主题的文学作品改编成一个多小时起承转合、情节丰富、寓意深刻的影片，即便不考虑拍摄技术，其中的难度也可想而知。纵使导演李安有着化腐朽为神奇的魔力，也难以将小说中所有的重点和亮点一网打尽。影片根据自身的定位和主题表达，虽对文学作品的改编增加了新的亮点，却也由于种种原因对文学作品中的某些重要环节无法重现。

（一）漂流历程对身体与心理极限的双重考验

小说中对 Pi 的身体和心理状态进行了细致的描述，使读者深刻体会到漂流过程中日光、海水、暴风雨、饥渴、疲劳、虚弱、孤独和绝望等对 Pi 身体和心理极限的重重考验。“早晨，我无法动弹。虚弱的身体将我定在了油布上。每一次思考都让我筋疲力尽。”（134）“对空气的渴望只有几分钟。几分钟以后你就死了，窒息的不舒服感觉消失了。而干渴却是一件长期的事。瞧：十字架上的耶稣因窒息而死，但是他唯一的抱怨是太渴了。如果干渴如此累人，甚至上帝的化身都因此而抱怨，那么想想这对一个普通人的影响吧。这足以让我疯的胡言乱语。”（135）“我浑身僵硬疼痛，筋疲力尽，对自己仍然活着几乎不存感激。”（160）“绝望是沉沉的黑暗，光进不来也出不去。那是一座无法形容的地狱。”（209）这样的描述在小说中随处可见，读者可以无处不在地体会 Pi 身心的苦痛。但在电影中，身体上的变化只有通过消瘦、肤色加深来体现，小说中皮肤上的伤和营养不良造成的浮肿等身体变化也未能在影片中得到体现，这会使观众忽略很多 Pi 身体上承受的苦痛，而只是将 Pi 的处境简单化为老虎、饥渴等最为明显的威胁。出于影像技术的特点，电影中 Pi 心理上承受的苦痛更是难以表现，观众只能从茫茫大海来体会 Pi 的孤独，从凶恶的老虎、可怕的暴风雨等事物来体会 Pi 的恐惧和绝望。

（二）对人、动物和宗教多边关系的思考

小说《少年 Pi 的奇幻漂流》第一部分有两个核心要素，一个是动物，一个则是宗教。动物和宗教对 Pi 有着强烈的吸引力和亲近感。他与动物亲近，是因为 Pi 的父亲曾经营一家动物园，Pi 从小就在动物园里长大，那里是他的“人间天堂”。他与宗教的亲近则是因为从他记事时起，宗教就一直与他的心十分贴近。小说用近三分之一的篇幅详细描述了 Pi 对动物的独特认知以及他对三种宗教的接触。在人和动物的关系方面，小说以 Pi 的口吻阐述了人类对动物的错误理解，认为“生活在野生环境下的动物是‘快乐的’，因为它们是‘自由的’”的看法是人们的好心误解。事实是“野生环境中的动物生活在一个有很多恐惧却只有很少食物，需要不断保卫地盘，只能永远忍受寄生虫的环境中。”（16）相比之下，动物园却是一个能提供动物安全和庇护的场所。在 Pi 和三种宗教的关系上，重点讲述了 Pi 对每种宗教的认识和汲取的精神养分。小说还几次把动物和宗教或与它们相关的事物联系在一起，如“我所听到的关于动物园的荒唐说法与关于上帝和宗教的荒唐说法一样多。”（16）

“我不是要为动物园辩护……我知道动物园已经不被人们喜欢。宗教面临这同样的问题。关于自由的某些错误观念使两者都遭了殃。”（20）“痴迷于把我们自己置于一切的中心，这不仅是神学家的灾祸，也是动物学家的灾祸。”（32）这些描述既是对下文的重要铺垫，也是对人、动物和宗教多边关系的深入思考。遗憾的是，影片在改编过程中仅重点突出了 Pi 与三种宗教的接触，虽然侧重点有所不同，但略去了对人和动物关系的思考以及动物和宗教间类比带来的启示，这多少失去了部分文学作品所蕴含的深层寓意和思考。

四、结语

文学与电影作为两种不同的艺术形式，既相辅相成、相互依存，又相对独立、互补互益，有着各自独特的表达技巧和魅力。从文学到电影的改编过程中，影片在取其精华的基础上辅以结构和情节的优化，再加上视听的艺术享受，盛开出形式精美、内涵丰富的艺术之花。然而，镜头语言的局限也造就了影片无法全部替代文学作品的现实，即便是导演李安的妙笔生花也无法完整诠释文学作品中的精华。小说更全面具体，影片更鲜明生动，将阅读和观影的体验结合起来，从小说和电影中各取其长，将更好地促进对艺术作品的理解和体验。

参考文献

[1] Martel, Y. Life of Pi. New York: Houghton Mifflin Harcourt Publishing Company, 2001.

[2] 扬·马特尔. 少年 Pi 的奇幻漂流. 姚媛, 译. 南京: 译林出版社, 2012.

[3] 弗朗斯·德·瓦尔. 人类的猿性. 胡飞飞, 译. 上海: 上海科学技术文献出版社, 2007.

[4] 郭宝宏. 论人的需要. 北京: 经济科学出版社, 2008.

[5] 梁漱溟. 人心与人生. 上海: 上海世纪出版集团, 2005.

[6] 休谟. 人性论. 关文运, 译. 北京: 商务印书馆, 2005.

[7] 宋光瑛.《少年派的奇幻漂流》: 李安电影的技术升华与精神嬗变. 世界华文文学论坛, 2013 (3): 60-65.

[8] 张荷花.《少年派的奇幻漂流》对原著的成功改编. 电影文学, 2015 (16): 95-97.

[9] 邹毅. 带着镣铐跳舞——从文学到影视改编的艺术再创造. 艺圃, 1997 (2): 31-36.

(本章作者: 张娜)

7.《走出荒野》

Wild: From Lost to Found on the Pacific Crest Trail

作者简介

谢莉尔·斯特雷德（Cheryl Strayed，1968—）是美国21世纪以来崛起的著名女作家。她的创作涉及小说、诗歌、散文、回忆录和游记等，其文笔睿智温情而不乏幽默，尤以启发生命感悟的散文见长。目前她已出版著作四部，包括小说《火炬》、回忆录《走出荒野》、专栏文章集《最美的小事》和杂文集《足够勇敢》。其散文随笔散见于《华盛顿邮报》《纽约时报》《时尚》和《密苏里评论》等杂志和报纸上，并曾三度（2000、2003、2015）入选《美国年度最佳随笔集》（*The Best American Essays*），更曾荣获美国诗歌、散文、短篇小说领域的重要文学奖项“普希卡奖”。此外，她2006年出版的小说处女作《火炬》，曾入围五大湖图书奖（Great Lakes Book Award），并入选西北太平洋地区作家年度十大图书。《走出荒野》是她的代表作，根据她26岁那年的亲身经历创作而成。该书2012年一经出版，便登顶《纽约时报》畅销书排行榜第一名，并连续126周盘踞该榜，罕见地横扫了2012—2015年度17项图书大奖，被奥普拉·温弗瑞选为“奥普拉读书会2.0”的开场书籍。甚至在该书正式出版前三个月，好莱坞著名女演员瑞茜·威瑟斯彭的公司便锁定了该书的电影改编版权，并由曾经执导过《达拉斯买家俱乐部》等优秀电影的让-马克·瓦雷拍成高口碑电影《涉足荒野》，成为 2015 年第 87 届奥斯卡金像奖的大热影片之一。

撷英采华

片段 1：

Each night the black sky and the bright stars were my stunning companions；occasionally I'd see their beauty and solemnity so plainly that I'd realize in a piercing way that my mother was right. That someday I *would* be grateful and that in fact I was grateful now, that I felt something growing in me that was strong and real… It was the thing that had grown in me that I'd remember years later, when my life became unmoored by sorrow. The thing that would make me believe that hiking the Pacific Crest Trail was my way back to the person I used to be. (Cheryl Strayed, 2012：17)①

译文：

每个夜里，黢黑而迷人的夜空和闪亮耀眼的繁星都是伴我入眠的好伙伴。有时，它们那肃静的美丽近在咫尺，让我不禁

---

① 小说的英文引文出自此版本。其后只在引文后标注页码，不另加注。

深深地体会到，母亲的话是对的，将来的某天我们一定会感谢她的。实际上，我当时就已满怀感激，胸中似有什么东西在慢慢发芽，如此强烈，如此真实……几年之后，当我的生活被悲伤搞成一团乱麻时，我又忆起了当时在胸中发芽的东西。是它让我相信，这次跨越太平洋屋脊步道的徒步旅行，会让我寻回原来的自己。（谢莉尔·斯特雷德. 靳婷婷、张怀强，译，2018：22-23）①

片段 2：

Nothing fit until one day when the word *strayed* came into my mind. Immediately, I looked it up in the dictionary and knew it was mine. Its layered definitions spoke directly to my life and also struck a poetic chord: "*to wander from the proper path, to deviate from the direct course, to be lost, to become wild, to be without a mother or father; to be without a home, to move about aimlessly in search of something, to diverge or digress...*" I had diverged, digressed, wandered, and become wild. I didn't embrace the word as my new name because it defined negative aspects of my circumstances or life, but because even in my darkest days—those very days in which I was naming myself—I saw the power of the darkness, saw that, in fact, I *had* strayed and that I *was* a stray and that from the wild places my straying had

① 小说的中文引文出自此版本。其后只在引文后标注页码，不另加注。

brought me, I knew things I couldn't have known before. (96-97)

译文：

一天，“斯特雷德”这个词蹦了出来，我立即去查字典：非此词莫属了！“斯特雷德”（strayed）这个词条下条目繁多，释义富有诗意，简直就是我人生的真实写照：“从正确的道路上迷失，偏离直达的航线，放荡狂野，失去父母，居无定所，为追求某物而漫无目的地四处游荡，偏离主题或走岔路。”……我曾误入歧途，浪迹天涯，变得放荡狂野。对这个姓氏，我并没有欣然接纳，不是因为这个词让我的人生和所处环境中的污点暴露无遗，而是因为即便是在那段为自己改姓的人生最黑暗的低谷期，我仍然能够感受到这股消极的黑暗的威力。我明白，我的确偏离了正道，的确是在居无定所的流浪，而我的流浪让我四处奔波，也让我从中得到了对自己未曾有过的崭新认识。(121)

片段 3：

By necessity, out here on the trail, I felt I had to sexually neutralize the men I met by being, to the extent that was possible, one of them... I'd never been that way in my life, interacting with men in the even-keeled indifference that being one of the guys entails. It didn't feel like an easy thing to endure, as I sat in my tent while the men played cards. I'd been a girl forever, after all, familiar with and reliant upon the powers my very girlness granted me. Suppressing those powers gave me a gloomy twinge in the gut. Being one of the guys meant I could not go on being the woman I'd become expert at being among men. It was a version of myself I'd first tasted way back when I was a child of eleven and I'd felt that prickly rush of power when grown men would turn their heads to look at me or whistle or say *Hey pretty baby* just loudly enough that I could hear… . The one I'd fostered all through my young adult years while trying on different costumes—earth girl, punk girl, cowgirl, riot girl, ballsy girl. The one for whom behind every hot pair of boots or sexy little skirt or flourish of the hair there was a trapdoor that led to the least true version of me. (111)

译文：

为了不让这些男人有什么非分之想，我必须尽己所能地融进他们中去，把自己也变成个男人……我这辈子从没有和男人称兄道弟过。几个人还在外面打牌，我则坐在帐篷中想，这真不是件容易的事。归根结底，我这一辈子都是女性角色，我熟悉也离不开女性的阴柔赋予我的力量。想到要把这些女性的特权束之高阁，我不禁心生感慨。想和男人打成一片，我就不能在男人堆里扮演那个我熟悉的角色了。初尝这个角色的滋味时我只有 11 岁，当成年男人们转头看我、对我吹口哨或压低声音对我说“嗨，漂亮小妞”时，我就觉得一股力量油然而生，刺得身上痒痒的……成年之后，我用不同的假面为这个角色增添色彩：纯朴少女、朋克女孩、牛仔姑娘、聒噪女生、野蛮女友……每双高跟靴子、每条超短裙、每款夸张的发型后面，都藏着一个机关暗道，让我离那个本真的自我越来越远。（137-138）

片段 4：

The trigger I'd pulled in stepping into the snow made me more alive to my senses than ever. Uncertain as I was as I pushed forward, I felt right in my pushing, as if the effort itself meant something. That perhaps being amidst the undesecrated beauty of the wilderness meant I too could be undesecrated, regardless of what I'd lost or what had been taken from me, regardless of the regrettable things I'd done to others or myself or the regrettable things that had been done to me. Of all the things I'd been skeptical about, I didn't feel skeptical about this: the wilderness had a clarity that included me. (143)

译文：

逼着自己踏入这茫茫雪原，带给我前所未有的醍醐灌顶的感觉。我虽然对前进的路没有把握，但却始终坚信这样的选择是正确的，仿佛单单为了前进而做出的努力就已经被赋予了某种意义。仿佛单纯地置身于这圣洁的荒蛮之美中，就意味着我也可以如此圣洁无瑕，无论我曾遗失过什么，无论别人曾从我这里掠夺过什么，无论我对别人做了什么不光彩的事，也无论别人为我抹过什么污点。虽然我对许多事情都抱着将信将疑的态度，但对这一点，我却深信不疑：我，是这纯净荒野的一部分。(176)

片段5：

"It seems he was like a Vietnam vet," she persisted. "Perhaps not literally. But he has something in common with some of those men. He was deeply wounded. He was damaged. His damage has infected his life and it infected you." ... "And you're wounded in the same place. That's what fathers do if they don't heal their wounds. They wound their children in the same place." ... "The father's job is to teach his children how to be warriors, to give them the confidence to get on the horse and ride into battle when it's necessary to do so. If you don't get that from your father, you have to teach yourself." ... "To heal the wound your father made, you're going to have to get on that horse and ride into battle like a warrior." (204)

译文：

"但他看起来像是越战老兵。"她仍然坚持，"或许不应该从字面上来理解。但是他与这些军人有共同点。他也受过重伤，留下了残疾，而且这影响到了他的生活，也影响到了你。"……"你某处也受了伤。如果父亲的伤口好不了的话，就会影响到孩子——他们会在同样的地方伤害自己的孩子。”……“父亲的任务就是要教会孩子如何成为战士，给他们自信，让他们在需要的时候御马冲锋。如果你没有从父亲那里学到这些，就得自己学习成长。”……“要想治愈你父亲给你带来的伤害，你就必须跃上马背，像战士那样去战斗。”（252）

片段6：

It had nothing to do with gear or footwear or the backpacking fads or philosophies of any particular era or even with getting from point A to point B. ...It had only to do with how it felt to be in the wild. With what it was like to walk for miles for no reason other than to witness the accumulation of trees and meadows, mountains and deserts, streams and rocks, rivers and grasses, sunrises and sunsets. The experience was powerful and fundamental. It seemed to me that it had always felt like this to be a human in the wild, and as long as the wild existed it would always feel this way. (207)

译文：

这与带什么装备、穿什么鞋、背什么包、信奉什么时代的哲理，抑或是从甲处到乙处，统统无关……这仅仅与我在荒野之中的感觉有关，就像长途跋涉不为别的，只为那满眼的千树万树、绵延草原、崇山峻岭、浩瀚沙漠、清流乱石、长河青草、日升日落。这种经历是那么有力，也那么重要。这让我感觉到，

只要身处荒野之中，就会有这种感觉：只要这荒野存在，这种感觉就存在。(255)

片段7:

I was entering. I was leaving. California streamed behind me like a long silk veil. I didn't feel like a big fat idiot anymore. And I didn't feel like a hard-ass motherfucking Amazonian queen. I felt fierce and humble and gathered up inside, like I was safe in this world too. (234)

译文:

我来了，又走了。加利福尼亚州就像一条长长的纱裙在我身后铺展开来。我再也不觉得自己是个不可救药的大笨蛋了。我觉得自己充满力量，心存敬畏，内心平静，好像在这个世界我也是安全的。(287)

片段8:

Everything except the fact that I didn't have to know. That it was enough to trust that what I'd done was true. To understand its meaning without yet being able to say precisely what it was, … To believe that I didn't need to reach with my bare hands anymore. To know that seeing the fish beneath the surface of the water was enough. That it was everything. It was my life—like all lives, mysterious and irrevocable and sacred. So very close, so very present, so very belonging to me. How wild it was, to let it be. (311)

译文：

我只知道，我不需要知道这一切。相信自己所做的是对的，知道这一点就足够了。要去理解事物的真谛……不必非要说出其精确含义。我相信我不需要再空手去抓这一切了，看到鱼儿在水下游来游去就已足够。这就是一切。这就是我的生命，像所有的生命一样，神秘莫测、神圣宝贵。这才是我的生命，离我这么近，这么真实，又这么专属于我。也许，一切顺其自然，才算最疯狂的事情吧。(378)

影片资料

影片名：涉足荒野

类型：剧情/冒险/传记

片长：115 分钟

出品：福克斯探照灯影业

导演：让-马克·瓦雷

编剧：尼克·霍恩比

主演：瑞茜·威瑟斯彭饰谢莉尔·斯特雷德

劳拉·邓恩饰妈妈

托马斯·萨多斯基饰保罗

获奖情况：又名《走出荒野》《那时候，我只剩下勇敢》。2015年第87届奥斯卡最佳女主角（提名）、最佳女配角（提名）；第72届金球奖电影类剧情片最佳女主角（提名）。

剧情梗概

26岁时，谢莉尔发现自己一无所有了。在她6岁的时候，父母离婚，父亲离开了她的生活；21岁的时候，年仅45岁的母亲在发现癌症后一个多月就离开了人世；而那个曾经的家——由继父和弟弟组成的家——也立刻解体，尽管她还对其怀有眷恋。在因母亲去世而崩溃的日子里，她不断地自我堕落，出轨、滥交、吸毒，甚至还坚决与丈夫离了婚，直到有一天她发现自己怀孕了。终于，谢莉尔决定不能继续抑郁颓废下去，她要找回自信的自己。她做了一生中最冲动的决定：沿太平洋屋脊步道徒步旅行1100多英里——从莫哈维沙漠一路向北，纵贯加利福尼亚和俄勒冈，到达华盛顿州——而且是一个人。她从没有过任何长途徒步旅行的经验，整个计划仅仅是地图上的一条线而已。但是，为了找回自我和填补心上的那个窟窿，她出发了。一路上，她经历了严寒与酷暑、高山与草原、溪流与积雪、狐狸与毒蛇，也遇到了形形色色的人，最终以失去6个脚趾甲的代价到达了她的终点——众神之桥，实现了自我的救赎与成长。

【深度解读】之一：
荒野之信仰
——评《走出荒野》中的奥德修斯之旅

荒野在美国文化中占据非常重要的地位，表现在文学上的荒野情结和荒野审美。在谢莉尔·斯特雷德的笔下，荒野呈现出非常丰富的意象：它既是女主人公人生旅程的起点，也是她人生低谷时心灵状态的隐喻，更是让她放弃一切凡俗杂事毅然回归的怀抱。最终，荒野帮助她走出了心灵的阴影，重新找到了自己的人生信仰。

2012 年出版的旅行回忆录《走出荒野》是近年来美国文坛的现象级作品，它讲述了女主人公在 1100 多英里的个人徒步跋涉中灵魂救赎的整个过程。这样一部充满着女性精神层面描绘和独白的作品能登顶《纽约时报》畅销书排行榜，并在榜上盘踞 126 周，不仅反映了它在美国主流人群中激起的无限共鸣，也足以证明其作者谢莉尔·斯特雷德非常精准地把握住了时代的普遍迷茫和精神诉求，并能够运用自己高超的写作手法将这些复杂的精神内涵一一展现。正如美国著名作家玛丽·皮弗对她的评价："绝对是说故事的高手。在本书里，她以诚恳、幽默和心碎感人的笔触写下她从绝望到自我超越的旅程。杰作！"的确，阅读《走出荒野》的过程就像一段非凡的文学之旅，虽然全程都是作者从第一人称视角发出的自白、自首、回忆、迷茫、怅惘、感动、醒悟和欢呼，但是读者已经在不知不觉中沉浸在作者人生的高潮与低谷、苦乐与酸甜之中，随着她一起跋涉在太平洋屋脊步道的高山、草原、溪流、积雪之间。显然，这些都得益于作者灵动活泼的人物描写、诗意而又形象的景物描述、精巧紧凑的情节铺排和她睿智温情而又不乏幽默、悬念的生花妙笔。

然而，所有这些文学要素都不足以令《走出荒野》如此成功，更重要的是它将现代西方文学的两大主题——自我迷失与寻找和荒野情结，完美而又深刻地结合在一起。这一点可以用一个有趣的现象予以解读：该书原著及其改编电影的英文名均为 *Wild*，而该书的中文版则译为《走出荒野》，电影的中文版则译为《涉足荒野》。"走出荒野" VS "涉足荒野"，恰恰说明了该作品的两条主线——走出心灵的荒野和回归自然的荒野。可见，荒野是这部回忆录最为重要的主题之一。事实上，在这部讲述了个体离散体验的作品中，最独特之处恰恰是其女性独有的荒野审美——从警觉到融入，从对抗到敬仰，映照了女主人公谢莉尔自我救赎的过程，寓情于景，夹叙夹议，巧妙而又平衡。本文就将试着对谢莉尔·斯特雷德这种荒野视域中的离散书写做一浅析。

一、美国文化的荒野情结

对于“荒野（wild）”一词，东西方文化的认知并不完全相同：在西方文化和生态学研究中，它是个极为重要的概念；而在中国文化中，这个概念比较弱化，往往只是代表着“荒凉”“冷酷”“神秘”之感。例如，一位法国诗人曾说：“我独爱有荒野气息的园林。”这种差异固然源于汉民族和西方民族迥然相异的地域、气候、种族等自然因素，也源于两族在长期发展过程中形成的在主体与客体关系、世界观、思维方式方面的不同理念。例如，汉族的信仰体系主张“万物皆备于我”“人定胜天”，认为只有“人或社会团体才有这类有意识、有意志的行为，非人类的、无生命的事物一般只能有一些无意识、无意志的状态、运动或变化。”（连淑能，1993：80）因此在对待自然的态度上，中国人的观念往往是为我所用，将其根据人的心理改造成适合人类需要和迎合人类趣味的场所；特别在传统的农耕文化中，汉族人民非常善于改造和征服荒野：他们开垦荒地，种植谷物，饲养家畜，很少在自己的领地中为荒野留白，因此对大多数人来说，荒野是隔绝的、危险的。

而“西方哲学则主张‘人为万物尺度’，物我分明，主客体对立……并非是单纯的主体意识，也并非单纯的客体意识。”（李明，2011：81）因此，西方民族对待自然的态度既是为我所用，也对荒野的强大和神秘感充满尊重和敬仰；特别在西方的游猎和海洋文化中，荒野虽然也意味危险和阻碍，但更多的是机遇，为人类提供各种食物和生产资料，相应的，西方人允许也愿意在自己的领地中为荒野留白，因此也就有了更多的机会体尝荒野之趣。

作为西方文明的延伸和拓展，美国形成了尤其鲜明深刻的荒野审美和自然主义文学传统。美国最负盛名的荒野史和环境伦理史学者罗德里克·纳什曾经在他的著作《荒野与美国精神》中指出：“欧洲文化传统先入为主，影响和塑造了新大陆移民的荒野观。18到19世纪初，浪漫主义在美国兴起，对荒野的喜爱成为一种文学形式，从而削减了人们对荒野的敌意。建国后，民族和国家主义渐兴泛起，美国人开始思考和寻找有别于欧洲的赖以自豪的资本，这就是他那美丽而巨大的荒野。到 19 世纪中叶，爱默森和梭罗的作品和宣讲进一步促使了人们对荒野态度的转变……‘欣赏荒野’在 19 世纪末 20 世纪初由‘精英’阶层普及为一种广泛的文化，以致出现一种所谓的‘荒野崇拜’现象。”（滕海健，2012）

在美国荒野文化演变的过程中，特别是在浪漫主义文学作品的带动下，荒野渐渐成为一个重要的文化意象，即荒野精神。例如，在著名的自然主义文集《瓦尔登湖》中，美国著名作家亨利·戴维·梭罗曾经对自然与人、自然与文明的关系做了细致全面的论述。他认为：“自然是有生命的，也是有人格的。但自然是自足的，它的存在并不需要人类旁观者的欣赏。自然不属于人，人却属于自然。因此，自然和人类在身体和精神方面都有着交感（sympathy），人在与自然的交感中可以得到身心的健康。自然还能增进人的道德，因为自然的简朴、纯洁和美是衡量我们的道德自然（moral nature）的参照点。自然是医治道德罪恶的灵丹妙药，因为道德的恶是在社会中滋生出来的，所以需要自然来解毒。最重要的是，人和自然的亲近乃是人类的必需，因为人接近自然，就是接近‘那生命的不竭之源泉’。只有在自然之中，人的灵性才能够得到更新和提高。”（苏贤贵，

2002）

艾默生、梭罗等人对荒野的浪漫主义书写不仅催生了美国现代文化的荒野情结，也在其他众多维度上不断发展演变，例如梭罗的生态中心论引发的生态自然观在 20 世纪 20 年代逐渐衍生出环境伦理学，与之一脉相承的生态主义也在政治、工业、文化等领域快速推进，开始对美国社会产生直接影响，直至 60 年代形成了声势浩大的荒野和环境保护运动。值得一提的是，20 世纪 60 年代末兴起于美国的大地艺术（Land Art，Earth Art 或 Earthworks）指出，应该“将荒野重新纳入文明的进程，以文明修复荒野，文明就在荒野中。”（陈望衡、张健，2012）他们坚信，荒野意象具有精神家园和环境保护的双重象征。艺术领域的呼声极大地共鸣了环境保护运动，其影响不仅限于美国，也波及欧洲。

与这种荒原精神相对应，当代美国文学不乏倡导自然、回归荒野的佳作，例如，20 世纪 60 年代的《寂静的春天》《沙漠独居者》《荒野与美国精神》，70 年代的《雪豹》《走入美国》，80 年代的《北极梦》《在塞拉利昂的第一个夏天》，90 年代的《荒野生存——阿拉斯加之死》。而本文所谈的《走出荒野》可谓美国文学进入 21 世纪后，关于荒野精神的一部佳作。

二、缘何涉足荒野?

《走出荒野》是作者谢莉尔·斯特雷德的一部回忆录，讲述了她在 1995 年的夏天用时 94 天独自一人完成在太平洋屋脊步道上长达 1100 多英里的徒步旅行的故事。在这个为她赢得“太平洋屋脊步道女王”称号的故事中，读者最为好奇的莫过于她为何要踏上这段旅程。谢莉尔用在旅程中不断闪回的方式一点一点地解开了这个谜团。

谢莉尔原本生活在城镇中，有着那个时代一般家庭的现代化生活。然而，酗酒、家暴的父亲却让她幼年的生活中充满了惊恐、不安和哭泣。父亲总是威胁着要把她从窗户扔出去，而妈妈被殴打得遍体鳞伤的样子也深深地烙印在她的心中。6 岁时，父母离婚，妈妈带着她跟姐姐、弟弟开始了颠沛流离、居无定所的生活，直到母亲与木匠艾迪再婚，他们在湖边买下了 40 英亩的荒地，谢莉尔才有了安定的家；而伴随这种安定生活的则是她的“荒野”初体验：“到处都是树林灌木、丛生的杂草，还有软泥淤塞的池塘以及长着马尾草的沼泽。”在开荒的几个月里，他们能做的就是“不厌其烦地绕着这片土地转来转去……渐渐地，我们竟真的把这片土地和外界划分了开来。”

(20) 在这样自由而生动的荒野体验中，谢莉尔渐渐发现了自然机体的活力，她开始赋予荒野中的一切以生命："原来看似与其他树木别无二致的树，在我眼里却如人群之中老友的身影般渐渐清晰了，树枝的摇曳突然间有了意义，树叶也像我熟悉的双手一般向我召唤。"(20) 年少的谢莉尔不会想到，她那淳朴的完全自发的思想已经与梭罗"万物有灵"的生态自然观不谋而合。

除了亲身的荒野体验，母亲的影响是谢莉尔热爱荒野的另一个原因。母亲的原生家庭信奉教义严格的天主教，这种信仰和家庭在20世纪60年代"垮掉的一代"青年中受到了强烈质疑和背离。而谢莉尔的母亲恰恰是其中一员。她不愿信奉任何宗教，更无法忍受聆听天主教布道；相反，她热爱骑马，虽经家人无数次阻拦，仍然设法拥有了自己的马匹，并数次参加马术比赛，赢得名次。在她人生最低谷，即与丈夫离婚的那段日子里，母亲的马成了她最坚强的后盾。可见，母亲是认真地热爱着荒野和骑在马背上的感觉，而这种热爱也让她形成了开朗、乐观、不受拘束的个性，这样的热爱和个性也同样感染了谢莉尔。

此外，20世纪60年代兴起的环境保护运动也在谢莉尔母亲这批人的生态观和日常生活中留下了印记。她在生活中坚持不允许孩子们使用任何损伤大脑、污染环境或伤害子孙后代的化学杀虫剂，而坚持使用薄荷油或者胡椒油这样的纯天然物质来抵御蚊虫。对于谢莉尔和她的姐弟来说，每晚在烛光下数着自己上百的蚊虫咬痕成为日常，也为他们日后吃苦耐劳、适应荒野打下了坚定的基础。

就这样，在亲身体验和母亲热爱的双重影响下，谢莉尔童年时就自发地形成了自己的荒野情结：“每个夜里，黢黑而迷人的夜空和闪亮耀眼的繁星都是伴我入眠的好伙伴。有时，它们那肃静的美丽近在咫尺，让我不禁深深地体会到，母亲的话是对的，将来的某天我们一定会感谢她的。实际上，我当时就已满怀感激，胸中似有什么东西在慢慢发芽，如此强烈，如此真实。”（22）由此可见，荒野象征了谢莉尔人生真正的起点，她在那里获得了人生的安全感和自由；也在那里体会到了母亲对于自然的保护和热爱；同样在那里，她学会了在遇到生活中的苦难时，如何去忍受和克服。从某种意义上来说，荒野于她，就是母亲与家。

正是这种在人生早期，特别是艰苦岁月中生发出的对于荒野的信仰，让她在人生最低谷时，能够放下世俗的一切，将自己的尘世外衣脱去，毅然决定涉足荒野——“几年以后，当我的生活被悲伤搞成一团乱麻时，我又忆起了当时在胸中发芽的东西。是它让我相信，这次跨越太平洋屋脊步道的徒步旅行，会让我寻回原来的自己。”（23）

三、人生的荒野

22岁到26岁，谢莉尔步入了自己人生的荒野，那里荆棘丛生、沙砾密布，她跌跌撞撞，不堪其扰，最终迷失其中，待她醒来之时却发现自己已经失去原属自己的一切。

这场迷失的开端是母亲的病逝。年仅44岁的母亲彼时正与她一起修习大三的文学课程。虽然整整比她大了22岁，但是母亲非常珍惜这样学习的机会，她并未因为年纪大就放弃对学业的追求，反而非常认真，成绩也比谢莉尔更为优秀。母女又成为同学，这让她们之间更加亲密无间。然而厄运降临，母亲被查出肺癌，原本医生还说她可以再活一年，但实际上一个多月后，母亲就撒手人寰。

母亲的死给谢莉尔造成了沉重的打击，不仅仅因为在缺乏父爱的岁月中，母亲一直是她的精神支柱，更因为她心灵中围绕母亲所建立起的一系列身份认同也随之坍塌。例如，母亲从不吸烟，从不使用破坏环境、有损身体健康和子孙后代的化学杀虫剂，而当得知母亲罹患癌症之时，谢莉尔立刻开始质疑这些母亲一直坚持着的“健康的”生活方式。其次，母亲一直乐观、坚强，但是病中的她因为剧痛难忍，想要多注射些吗啡，竟“以我毕生从未耳闻的方式苦苦乞求，就像一只发疯的狗。”（28）这种母亲形象的剧烈变化也让一直崇拜她的谢莉尔无法承受。再次，母亲仅仅坚持了一个多月就突然离世，而谢莉尔对此完全没有准备，也没有在母亲临终时刻陪伴左右，这让她无法原谅自己。最后，她想起年少叛逆时对母亲的冲撞和质疑，而如今她才刚刚长大，母亲根本没有给她道歉和补偿的机会。这一切都令谢莉尔在悲恸中无法自拔，她总是从噩梦中惊醒，梦见母亲拿着刀让她杀掉自己，仿佛她就是那个杀掉母亲的凶手。这些梦魇即使有丈夫保罗的安慰与陪伴也无法褪去，谢莉尔日益崩溃，似乎失去对一切的信仰，终于在巨大的悲恸之中迷失了自己。

这种身份迷失首先表现在她对欲望的态度上。“我的悲恸切入肌肤，已经让我在欲望的诱惑下变得手无缚鸡之力。我为自己开脱道，既然事事都与我过不去，我又何必跟自己过不去呢?”（45）失去了精神支柱的谢莉尔开始出轨、滥交、甚至吸毒。这样做，一方面她可以麻醉自己，另一方面，在这些行为背后，是她迫切想通过身体上的亲密关系找回被保护的安全感，或者在潜意识里她想以性来交换她所需要的感同身受和慰藉。谢莉尔这种性观念在书中偶有闪现，例如，为了让病重的妈妈感觉舒服一些，她曾希望通过性的方式让一位男护士多给母亲注射吗啡，“因为我想让他报偿我，让他把母亲的病当作大事去重视，想让他因这悲悯而椎心泣血。”（28）“我仍渴盼有个身体能紧紧地抱住我，让我把其他一切统统忘却。”（41）

当谢莉尔向保罗坦白自己出轨之后，她的婚姻也走到了尽头。其实在这之前，她就已经开始怀疑自己的婚姻。“我爱保罗，但我俩结合时我正值懵懵懂懂的 19 岁，无论有多爱他，我都完全没有做好将自己的终生托付给一个人的准备。”（45）但是母亲健在时，她还能克制自己出轨的欲望。而如今的她沉浸在毫无克制的滥交和吸毒中，最终迫使保罗离开了她。

除了纵欲和离婚，母亲离世也让她的原生家庭作鸟兽散，各奔东西。继父艾迪很快就不再履行父亲的责任，他有了新女友，并告知谢莉尔他的生活还得继续。而谢莉尔的姐姐和弟弟即使在母亲生病期间也不见人影，完全无法聚拢起来。这意味着可以作为谢莉尔人生之锚的荒野上的那个家不复存在。

怀疑自己、怀疑婚姻、怀疑生活本身，谢莉尔变成了一个彻底的怀疑论者："我既是个信仰者，也是个怀疑者，既想要找一个心灵的依托，又对这所谓的依托半信半疑。我不知道该信仰什么，不知道这信仰是否存在，甚至对这扑朔迷离的'信仰'一词的含义也是一知半解。在我看来，万事万物都是虚实难辨的。"（166）她完全地迷失了自己，没有信仰，没有家人，也没有了任何伦理道德的羁绊，甚至不知自己的生命意义所在。她干脆把这种迷失体现在了自己的名字上——她把自己的姓改成了"斯特雷德"（Strayed）："这个词条下条目繁多，释义富有诗意，简直就是我人生的真实写照：'从正确的道路上迷失，偏离直达的航线，放荡狂野，失去父母，居无定所，为追求某物而漫无目的地四处游荡，偏离主题或走岔路。'"（121）

但事实上，谢莉尔迷失的最深层次的原因还是她的父亲曾经深刻在她心中的伤痕。"我记得父亲曾怒不可遏地把装满食物的盘子摔在地上，还记得他骑在母亲的胸口掐她的脖子、把她的头往墙上撞的情景。"（163）除了殴打母亲，他还会自残："他双膝跪在地上，用额头抵着地板，撕心裂肺地大喊着。那绝望，让我以为世界末日就要到了。"可是即便父亲如此残暴，年幼的谢莉尔也惦念着这份勉强的亲情，不愿看到父母离婚。然而，即使父母离婚后，父亲还是在继续折磨他们——他会每年给儿女们写上一两封信，“我们欢天喜地地把信拆开，但信上却满是对母亲的咒骂。”（165）

这样的父亲不仅让谢莉尔的幼年生活充满了惊恐和不安，更无法逆转地影响了她成年之后的生活。首先，因为缺乏父爱，她极度地热爱母亲，因此才会在母亲突然去世后彻底沉沦，甚至变成了另一个她自己都认不出来也无法理解的人。其次，在性的态度上，她滥交到甚至可以随便跟几乎素不相识的人上床，而不需要任何感情因素。当她带着这个问题去询问心理医生的时候，医生的提问——“谁在感情上抛弃你了”——才让她意识到，原来父亲的阴影一直都在，她无处躲藏，也抹杀不掉。而最最重要的是，原来在面对人生的挫折时，谢莉尔选择放纵、放弃，也是父爱缺位的后果：“父亲的任务就是要教会孩子如何成为战士，给他们自信，让他们在需要的时候御马冲锋。如果你没有从父亲那里学到这些，就得自己学习成长。”（252）

是的，谢莉尔决定自己学会成长。

四、走出心灵的荒野

母亲去世后长达四年七个月零三天的日子里，谢莉尔在歧途上越走越远，直到有一天她发现自己怀孕了，这成为她下定决心自己学会成长的契机。滥交、纵欲终于给她的身体带来了惩罚，她猛然惊醒，意识到她不能再这样下去，这绝不是母亲想要让她成为的样子。于是，当太平洋屋脊步道这样的荒野呈现在她的面前是，她决定回家了。就像古希腊神话里的奥德修斯，即使面对再多再大的风浪、险阻与诱惑，她也毫不犹豫地开启了这段回归之旅。这里的荒野，不仅是她救赎之旅的宏大背景，是她在人生低谷时寻求安慰与身份认同的强大后盾，更是她曾经与母亲与家人相亲相爱的那个温馨之处，而与其说荒野旅行是一种寻求，还不如说是她对人生本真的一种回归，是她回归母爱、回归亲情、回归母亲对她的期望的唯一途径。这是一段不折不扣的离散体验，作为身份认同分裂、破碎和不确定的个体，谢莉尔急需对自己的身份重新辨识，确认和追求自己的归属，这是“一个自我抗争、舍弃的过程，也是一个文化归零、身份重构的过程。”（许燕转，2017）

不得不说，荒野是谢莉尔母亲留给她的最珍贵的遗产。就像她童年时期面对荒野时，心中所生发出的那个幼芽，冥冥之中，谢莉尔终于听到并且遵从了荒野对她的召唤。而荒野是如何改造谢莉尔的呢？

首先，荒野足够艰苦，它强迫着谢莉尔放下心中的自怨自艾和凡世中的种种欲望，集中精力于眼下每一步要走出的路和身体的疼痛上；她意识到："我并没有选择的余地，时常要硬着头皮去做自己最不愿意做的事情，没有退路可选，也没有放弃的权利。"（87）这样的日子反而变得充实而富有成就感，让她的神经逐渐恢复坚强而韧劲十足。

其次，荒野也足够强大，无论时间上还是空间上，谢莉尔都感受到了自己的渺小，让她不再惦念自己的性别，也忘记她在尘世中所扮演的所有角色。"在太平洋屋脊步道上，我别无选择，只得全心全意地投入到这个角色中，把我那邋遢的面庞暴露给'全世界'。"（138）在这样的忘却中，谢莉尔也不得不克制自己的欲望。面对旅途中她暗暗动心的男人们，她学会了与他们打成一片，把自己也变成男人。

再次，在危险的荒野面前，谢莉尔不得不直视她的恐惧感——"或者说直视别人对我和我对自己亲手犯下那些错误。"（151）她终于有机会在夜深人静、旅途之余审视自己的内心，重新辨识和确认自己的归属，她将自己原来身份中的一切打破或暂时搁置，终于能够从原生家庭、儿时经历、父母关系等方面条理清晰地分析自己身份分裂的根源。

同时，荒野也足够纯净和宽容。置身荒野之中，谢莉尔经历了灵魂的净化，就像她自己总结的那样："仿佛单纯地置身于这圣洁的荒蛮之美中，就意味着我也可以如此圣洁无瑕，无论我曾遗失过什么，无论别人曾从我这里掠夺过什么，无论我对别人做了什么不光彩的事，也无论别人为我抹过什么污点。虽然我对许多事情都抱着将信将疑的态度，但对这一点，我却深信不疑：我，是这纯净荒野的一部分。"（176）

最后，荒野也让谢莉尔重新相信了人间的善意。在 1100 多英里的徒步旅行中，她虽然因为路途艰苦和鞋子不适丢了 6 个脚趾甲，但荒野中的生物，如黑熊、响尾蛇、狐狸、野鹿，甚至那些曾经爬到她身上的蚂蚁和青蛙，都没有伤害她。它们对她不以为意，反而在某种时刻让谢莉尔觉得是自己侵犯了它们的领地。而某些生灵，例如狐狸、麋鹿，还让她联想成了母亲和自己，成为她身份重构的喻体。此外，那些旅途中的伙伴，尽管萍水相逢，或男或女，都会对她显示出善意，在她需要的时候伸出援手，与她一起共渡难关。更别提那些路途中让她搭车的人、那些在护林站、补给地以及度假村甚至超市里工作的人，都曾在她最窘迫的时候给予她无私的帮助。这些善意和大自然的宽容感染了谢莉尔，她学会了原谅那些曾经对她造成伤害的人，也学会了放过自己，不再因为自己曾经犯过的错误不断地折磨自己。当她终于学会了放下与放过，她写到“我再也不觉得自己是个不可救药的大笨蛋了。我觉得自己充满力量，心存敬畏，内心平静，好像在这个世界我也是安全的。”（287）

最终，谢莉尔走到了这段旅程的终点——众神之桥。94个日夜的长途跋涉和心灵沉淀，终于令她恢复了信仰——对荒野、对母亲、对世间万物：“这世界太复杂，人们永远无法知晓其中奥妙。事物的条件、因果、生灭、荣衰以及改变，都是无法参透的。”（370）她意识到她一直埋怨的那些人其实都对她足够善意，就像这荒野中的人和万物。比如她的继父艾迪，尽管在母亲离世不久就不再把她当成女儿呵护，但是他曾经教她如何搭帐篷、如何生篝火、如何在荒野中生存，在她需要的时候，“他都做到了”。原来万物皆有因果，只是当时已惘然，抑或是当局者迷。她终于不再自怨自艾，而是重启了对于万物的敬畏；她终于决定舍弃那些生命中的杂质，将自己归零，从心灵的荒野中走出，开启人生新的篇章。

不得不说，谢莉尔最终悟道的信仰，颇似我国传统道教的“无为”思想：“我只知道，我不需要知道这一切。相信自己所做的是对的，知道这一点就足够了。要去理解事物的真谛……

不必非要说出其精确含义。我相信我不需要再空手去抓这一切了，看到鱼儿在水下游来游去就已足够。这就是一切。这就是我的生命，像所有的生命一样，神秘莫测、神圣宝贵。这才是我的生命，离我这么近，这么真实，又这么专属于我。也许，一切顺其自然，才算最疯狂的事情吧。”（378）这样的人生絮语精确地阐释了老子的“无为”哲学：在骚动混乱的世界中能够从容淡定乃是安身立命之本，正如荒野般岿然不动，相反越是挣扎和极力地理智，越是失去。

五、结语

《走出荒野》将个人的成长经历与荒野精神巧妙结合，创造了一段感人至深的自我救赎叙事。在女主人公个人离散体验的映照下，荒野这一美国文学传统主题焕发出多重光彩，它时而是女主人公人生旅程的起点，甚至是母亲与家的象征；时而是她人生低谷时心灵状态的隐喻；时而是让她放弃一切凡俗杂事毅然回归的怀抱。最终，在荒野中，她走出了心灵的阴影，重新界定了自己的人生。

【深度解读】之二：

电影《涉足荒野》叙述和风格特点浅析

《涉足荒野》在叙述和风格上有自己鲜明的特点。无论是半循环叙述模式的运用，还是大量的蒙太奇、音效和不安全空间等风格要素，都生动地表现了女主人公在荒野独行时不断徘徊的心理状态，既烘托了影片气氛，又深化了叙事层次，同时也升华了电影关于爱、救赎与成长的主题，使得影片显现出了完整的艺术性和强烈的个人风格。

和很多心灵救赎类的故事一样，影片《涉足荒野》捕捉到了人类痛苦的本质——爱与欲望、成长与恐惧的矛盾。通过展示女主人公奥德赛般的荒野徒步旅程，以及无数令她开启这段旅程的闪回片段，影片展现了她痛苦和沉沦的根源，而荒野、荒野中的生灵和旅伴，都被赋予了象征意义，启迪观众对亲情、爱情、生命、成长等更深刻的主题进行更深刻的思考。本文将从叙述和风格两个方面尝试分析这部电影。

一、叙述

影片《涉足荒野》的主要情节就是女主人公谢莉尔因为失去母亲而崩溃沉沦，她纵欲、滥交、吸毒，还与丈夫离了婚，直至发现自己怀孕才幡然醒悟，决定通过在太平洋屋脊步道上徒步1100多英里来涤净自己的灵魂。

针对这样一个看起来平凡又常见的心灵救赎故事，无论原著还是电影都没有采取顺序的叙事方式，这大概是二者都大获成功的重要原因。尤其是电影，虽然情节主线——女主人公的徒步之旅——非常清晰，但是次要情节则星星点点般不连续地呈现在主线周围，其结构更像是一张拼图，多重线索交织，利用大量的闪回手段来叙述故事的发生、发展和结束，观众需要动用一定的脑力才能将故事情节“拼凑”捋顺，继而深刻地理解影片的内涵。

（一）半循环叙述模式

半循环叙述是这部电影最重要的结构特点，即整部电影的高潮也是电影的第一个镜头，在高潮之后故事再按照自然顺序的方式进行。

影片一开始，伴随着谢莉尔沉重的喘息声，她终于爬上了一处峭壁，她费力地脱下鞋和袜子，露出了一双伤痕累累的脚，其中的大脚趾甲已经发黑；带着钻心的疼痛，谢莉尔竟然把脚趾甲直接扯了下来；而就在这时候，一只靴子不小心滚下了峭壁，她索性大声咒骂着把另一只靴子也扔了下去。伴随着这样一个镜头的是其巨大的信息量和动人心魄的气氛，观众的好奇心立刻被激发出来：为什么她要独自徒步，为什么会把双脚折磨成那副样子？为什么她要这么折磨自己？她扔鞋子的时候是在发泄什么？

然而，接下来的镜头并没有讲述没了靴子的谢莉尔该怎样继续旅程，而是紧接着转回到了她旅程的第一天，逐步讲述了她的朋友对她这次旅行的态度、她与保罗的关系、母亲、吸毒、发现怀孕、了解到太平洋屋脊步道、母亲生病，直到母亲在她丝毫没有准备的情况下突然离世；伴随着她发现母亲已经离世那一刻扑到母亲遗体上痛彻心扉的哭号，镜头切换回到影片第一个镜头她大骂着将靴子扔下绝壁，同样的绝望，同样的发泄，既回荡在医院，也回荡在荒野的群山之间，形成了一个具有叙事和艺术完整性的循环。这个叙述循环用时 65 分钟，约为电影总时长的一半，交代了谢莉尔之所以独自一人徒步旅行的直接原因和根本原因。

在这个叙述循环的前半部分，即前37分钟，电影首先交代了谢莉尔徒步旅行的直接原因——她发现自己怀孕了，并且突然警醒到自己已经犯下了人生大错。就在此时——她人生最低谷、最无助之际，她无意间看到的《太平洋屋脊步道第一辑：加利福尼亚州》，这本徒步指南就像黑暗中的光给她指明了自我救赎之路。

而对于谢莉尔“自虐”之旅的根本原因，电影则用了整个65分钟的叙述循环来讲述。在错综复杂的镜头里，观众意识到谢莉尔本来是大学生，与母亲关系亲密，她曾经过着自我迷失的生活，与保罗离了婚，把自己的姓改成了“Strayed”，就是“strayed dog（流浪狗）”那个“strayed”；她热爱自己的母亲，但是母亲不幸罹患癌症，而且仅仅一个多月之后就离世了。母亲的爱和她的英年早逝给了谢莉尔沉重的打击，她在医院里惊天动地的号哭声与她在丢掉靴子时回荡在山间的怒吼声融在了一起，令观众明白了谢莉尔涉足荒野的根本原因：用自虐的方式祭奠母亲，寻找失落的自己。

在用一个叙述循环交代了角色的直接动机和根本动机之后，电影接下来交代了谢莉尔涉足荒野的心理根源——她的原生家庭。虽然母亲乐观、大度，但是谢莉尔的父亲则家暴成性。他经常打得母亲遍体鳞伤，也经常对幼小的谢莉尔威胁恐吓，令她的幼年生活笼罩在惊恐的阴影之中。这一点在谢莉尔为了破解自己崩溃的原因去见心理医生时得到了揭示。她自己说道：“我喜欢一个人待着。”（I prefer to be detached.）而当医生问道：“谁曾经抛弃了你?”（Who detached from you?）谢莉尔突然变得非常愤怒，起身离开了诊室。实际上，这是因为心理医生触及了她内心从来不敢直面的恐惧。但是，走在诊室外面的走廊里，她幻觉到了自己的母亲，母亲站在走廊的尽头，脸上还留着父亲殴打后的伤痕。母亲就那样盯着她，逼着她去面对心里面一直无法抹去的恐惧，然后轻轻地把她抱在怀里。

至此，电影终于将谢莉尔徒步旅程的直接原因、根本原因和心理根源完全交代清楚了，而主要情节——她的徒步之旅也完成了大半，接近尾声。由此看来，这种半循环的叙事方式对影片有着非常重要的意义，因为循环即意味着重复和完整。重复和完整正是谢莉尔在单调枯燥的旅程中每日所经历的心理状态：虽然她身在荒野，无边无际，毫无羁绊，但她的心灵却在不断重复的记忆中徘徊；而每当夜晚来临，当她在身体的疲累中沉沉睡去，她的心灵却都向完整又迈进了一步。从另一个积极的角度来说，这种半循环叙述模式也让电影突兀的开端得到了合乎逻辑的解答，并把叙述过程中的星星点点连成一幅完整的图画，使得这部影片显现出了叙事和艺术的完整性。

（二）叙事深度

《涉足荒野》在叙述方面的另外一个特点就是深度，体现为层层剥开的叙事层次。第一层是谢莉尔荒野徒步的故事，由她徒步的情节又引出了第二层她曾经迷失沉沦的故事，再往里观众又发现了她与母亲深沉的爱，最后的内核是她原生家庭中的缺失。跟随着电影女主人公这样人生经历和心理活动的抽丝剥茧，观众们也在一起体会着爱、生命与成长的内涵与责任。

同时，由于电影中的故事出现在不同的时间段，也有了不同的叙述层次。其中之一是谢莉尔走在太平洋屋脊步道上的 94 个日日夜夜；然后就是她迷失在出轨、滥交和毒品中的将近四年时光；接下来则是她与母亲一起求学、母亲生病和最终去世那段时间；最后一段则是她幼年时期随着妈妈一起舞蹈、一起看落日群山的美好，和目睹母亲被父亲殴打、不得不带着她和弟弟四处躲藏的悲苦生活。在每一个时间段，谢莉尔都在成长着：幼年时她成长在母亲的爱与父亲的惊吓中；成年后，她变得叛逆，冷嘲热讽地认为母亲择人不慎、自食苦果；而面对临终的母亲，她终于说出了她对母亲的爱，可是为时已晚；这种成长的痛深入骨髓，令她难以承受，从此她自甘堕落，逃避人生，逃避成长；最终，1100多英里的荒野徒步拯救了她的心智，洗刷了她的灵魂，她终于接受了母亲离去的事实，也决心勇敢面对心中的恐惧，以坚强面对人生之路。

以此看来，成长是不分年龄的，相比所谓的结果，它更像一个过程。就像母亲曾经对谢莉尔的教导：那时母亲已经与父亲离婚，不得不自己一个人养活谢莉尔和弟弟，然而面对如此的生活窘境，母亲却告诉谢莉尔："爱让我们很富有……你要努力地找到你最好的自己，一旦找到，拼命地留住她。我有后悔嫁给一个酒鬼虐待狂吗？没有。一丁点都没有。因为我有你，我有你弟弟……还有比今天更糟糕的，你可能被他们杀掉，但是我不知道，我想要活着。"当时的谢莉尔完全无法理解母亲这些话的含义，但在徒步之旅的结尾，她终于悟到了母亲所言的真理——接受你能接受的，反抗你不能接受的，适时地放下心中的执念，重要的是坚持活着和爱着，因为万物皆有理由。——"根本没有办法知道，事情为什么发生或不发生，什么导致什么，什么毁灭什么，什么让什么旺盛或是死亡，或者选择另一条路。如果我原谅自己会怎样？如果我一直遗憾下去会怎样？不过即使我可以回到过去，我还是会做一模一样的事情。如果我就是想跟那么多人滥交呢？如果海洛因的确教给我一些什么呢？如果正是我经历的那些事让我来到这里呢？如果我永远都无法救赎呢？如果我早已经被救赎了呢？”

二、风格

导演让-马克·瓦雷曾于2014年凭借《达拉斯买家俱乐部》获得第86届奥斯卡金像奖最佳影片和最佳电影剪辑的双提名，足见其突出的个人风格和优秀的镜头把控能力。在电影《涉足荒野》中，他既忠实地表达了原著的主题和基本叙述结构，也在视觉效果和音效两个方面融入了强烈的个人风格，正如他自己所言：“（原著）吸引我的不仅仅是感情上的冲击和那些震撼的情节，这部书能让导演在对白、剪辑、叙事、镜头、场景、音乐以及画外音上都能有很大的发挥余地。因此，能拍这部电影让我很兴奋。另外，作为一个导演能玩玩音乐，我很开心。”（让-马克·瓦雷. 垚，编译）事实上，纵观整部影片，叙述的第一个层次，即女主人公的徒步之旅只占到了影片整体片长的一少半，而其余超过一半的时间都在讲述故事的其他三个层次，即关于徒步的直接原因、根本原因和心理原因。枯燥、单调的徒步旅行为个人独白和记忆闪回提供了大量留白，正是在这些留白中，导演运用蒙太奇剪辑、画外音和音乐等电影手法生动地展现了女主人公这段人生体验的由来、内涵与意义。“这种叙事方式不仅让叙事节奏变得更灵活多变，缓解了单一顺序叙事方式带来的乏味感，同时也让谢莉尔枯燥乏味的徒步之旅变得生动而丰满。”（邢义，2016）

（一）蒙太奇手段

首先，影片最突出的风格莫过于蒙太奇手段的运用。根据爱森斯坦的蒙太奇理论：“相互矛盾的力量（相互矛盾或不连续的镜头影像）引起的张力会带来一种结果，能够超越这种矛盾（即对这两个影像相互之间的关系产生新的理解）。观众看到了两种似乎毫不相关甚至相互冲突的影像，不得不对这两组影像的关系进行推断，并因此有了更深刻的认识。理论上说，观众会产生一种革命性的（马克思主义的）觉醒。”（Andrew Lynn，2005：333）对于《涉足荒野》这部影片来说，正是因为蒙太奇手段的使用，才使得整部影片呈现出高潮迭起的叙述节奏：刚刚还是女主人公对独自上路的后悔不迭，而下一个镜头则是她过去糜烂生活的片段；前一个镜头里，她还在因为不得不忍受荒野生活的不便和枯燥而抱怨，下一个画面中则是她向好友透露自己似乎怀孕了的不安与忐忑。寂静、孤独的荒野与迷失、挣扎的往事形成了激烈对比，在艺术效果上，一方面增强了故事的感染力，直抵观众内心，另一方面也令影片节奏张弛有度，起到了原著寓情于景、夹叙夹议的文学和艺术效果。

在叙事效果上，影片中蒙太奇手段的运用主要起到了三个作用。第一就是增加了叙事的自由度，导演可以把任何他认为必要的信息在电影讲述的任何阶段猛然插入，强迫观众接受，从而激发观众更深刻而“革命性的”思考。在影片《涉足荒野》中，一开始镜头的转换就非常剧烈，这不仅表现在闪回数量多、闪回片段短，还表现在闪回与主线、闪回与闪回之间看似没有任何时间和逻辑关系，这种天马行空毫无头绪的蒙太奇剪辑在电影初始带了观众很大压力，也令导演在叙事上充分地抓住了观众的注意力。

蒙太奇的第二个作用就是不断地赋予主人公角色以魅力。影片的第一个镜头，观众就震惊于谢莉尔这个敢于拔下自己脚趾甲的女人，奇怪于她如此“自虐”的背后原因。紧接着在下面几个闪回画面中观众发现她是一个奥德修斯式的悲剧人物，于是试图认可这一角色，即开始从她的角度来看待故事。观众跟着蒙太奇的闪回一遍一遍回忆女主人公的伤心过往，去思考自己与父母的关系、自己对于生老病死的态度，于是渐渐地开始理解她为什么开始这段荒野之旅，揣测自己是否也能经受同样的跋涉与孤独。最后，观众终于与女主人公一起获得了心灵的净化和精神的成长。可以说，每一次闪回都让谢莉尔这个角色更加真实丰满，也让她的旅途充满更多的意义。

该片蒙太奇的第三个突出效果是生动地表现了荒野徒步的孤独感和对身心的净化作用，尤其表现在其超短闪回的使用上。在本片中，有多达十次的超短闪回（不超过 2 秒），涉及谢莉尔的朋友、滥交、吸毒、母亲带血的面容、儿时经历等画面。这些转瞬即过的镜头是典型的心理蒙太奇，细腻地呈现了荒野徒步中无章可循的思考方式，而且由于其短促而反复出现，又往往与前后镜头没有任何逻辑联系，因此给观众造成了很大的理解压力，不仅激发了观众的好奇心，也更强烈地感受到女主人公内心世界的迷茫和不安。

（二）音效

与蒙太奇手段相得益彰的是影片对音乐（声音）的使用。

影片《涉足荒野》中使用了大量的音乐元素，可以分为画内音乐和画外音乐两种。其中画内音乐包括女主人公一直哼唱的《山鹰之歌》、小男孩唱的《红河谷》、车辆以及室内的各种音乐、声音甚至包括女主人公的哨音。画外音则包括女主人公在徒步荒野时所出现的多首乡村音乐。这些音乐与影片画面水乳交融，满足了观众的心理需求，也大大提高了影片的叙事功能、艺术价值和审美价值，甚至即使电影结束之后，它的主题音乐还盘旋在观众脑海中，令他们进一步品味影片的主题与艺术。

在叙事功能上，该片运用了大量音乐蒙太奇手段。音乐蒙太奇是“一种音乐配合影像的电影手法：从一个画面到另一个画面的切换过程中音乐起到了连接作用，从一个时空跨越到另一个时空的转接中音乐起到了填补空白的作用。”（甘一涵，2011）在电影《涉足荒野》中，音乐在配合画面闪回、连接镜头切换方面的作用尤其突出。例如，当谢莉尔旅途中第一次搭车时，她选择了一对父子的车。父亲在车上放的音乐是“*I Can Never Go Home Anymore*”，讲述年轻女孩因为叛逆离家，而当她醒悟到妈妈对她的爱时，妈妈已经不在人世，“我再也回不去家了……”在歌声中，谢莉尔回忆起小时候与妈妈在一起的快乐时光，跟妈妈跳舞、嬉戏，一切都那么温馨；然而温馨戛然而止，坐在副驾驶座位上的儿子关掉了音乐，谢莉尔不得不回到现实中来，去面对即将开始的艰难旅行。父亲虽然对儿子突然关掉音乐感到不满，但是他还是借着歌曲的主题说道："我也爱你。"但是，年少的男孩哪里知道亲情是多么宝贵，对父亲的话完全置之不理。谢莉尔把这些看在眼里，也恰恰映照了她成年以后曾经对于母亲的不敬与叛逆。就像歌中所唱的那些淡淡的忧伤，暗示着谢莉尔跟母亲的幸福日子也已经回不去了。

同样既连接镜头又烘托主题的不仅有传统意义上的音乐，还有其他声音手段，例如哨音。有一个夜晚，谢莉尔在即将入睡之际突然觉得帐篷里有异物，她惊恐地跳出帐篷，小心翼翼地抖落睡袋，却发现只是一只小小的爬虫，可是行程中遭遇的种种恐惧已经让她惊慌失措，她拿起挂在脖子上的"世界上最响的哨子"使劲吹了起来，尖锐的哨音划破傍晚的荒野，在上帝视角下，荒野中的动物都四处逃窜，与其说是它们吓坏了谢莉尔，还不如说是谢莉尔破坏了它们宁静的生活。哨音未落，画面闪回到保罗知道她吸毒之后斥责她的场景，她坐在副驾驶上，捂着耳朵试图逃避保罗的责骂和劝告。刺耳的哨音不仅生动地刻画出迷失中的谢莉尔听不进别人劝告的烦躁心态，也暗示着她之前的生活：逃避、杂乱、惊恐而不安；她又想起了保罗，似乎是她唯一可以依赖的人了，而仅仅只是想起那些迷失的日子就足够让她锥心刺骨了。

而从艺术价值上，该片的音乐烘托了情节气氛、激发了观众的心理和情绪。在这一点上，观众印象最深的应该是贯穿影片始终的《山鹰之歌》。作为一首已经被列入世界文化遗产的拉丁旋律，这首歌及其前奏多次以画外音的形式断断续续地出现在影片描述荒野之美的片段中，炫目的阳光、醉人的田野、漫卷的黄沙、无垠的灌木丛、绿意盎然的丛林、雨后的林间小径，伴随着这只宁静、深邃、高远的旋律，女主人公所处的荒野渐渐从影片开始的荒草丛生、沙砾满布变成了影片结束时的翠绿欲滴、生机勃勃，画面与音乐的巧妙结合很好地衬托了影片的意境和主题。此外，作为画内音，影片中女主人公和她的母亲也多次哼唱过这只曲调："我宁愿是麻雀而不愿是蜗牛……我宁愿是锤子而不愿是钉子……"优美的旋律伴着写意的歌词，就像飘在蓝天上的丝丝白云，再次扣合了影片主题：无论你面对什么样的困难，无论是脚下长达1100多英里的荒野，还是失去母亲和家庭的巨恸，都请做生活的强者，做最好的自己，那些苦难与悲恸终将离去。

对于电影音乐的审美功能，美国著名的影评人大卫·波德维尔在其《电影艺术》这本书里总结为五条：“（1）它能向观众提供一种独特的感官体验模式，（2）它可以积极地帮助观众对画面的认识与理解，（3）它可以在同一个画面里对观众的注意力起潜移默化的作用，（4）它能诱发观众去期待可能发生的事情，（5）在编辑过程中，艺术家们可以创造出许多自己想要的声音。”（吴艾玲，2009）从以上五点来看，电影《涉足荒野》的音效的确实现了较高的审美价值。无论是作为蒙太奇手段的乡村音乐、哨音，还是烘托气氛升华主题的《山鹰之歌》，影片中出现的15首音乐和大量的其他声音都与画面一起向观众提供了独特的感官体验：荒野是空旷和充满野趣的，尘世则是迷茫、沉闷或是刺耳的。影片对于无声的运用可以更加有力地说明这一点。在片中，经常会在连续镜头中突然出现极短的闪回画面，而音效上与这些画面一致的是突然的无声。例如，那些滥交、吸毒和母亲流着血的画面都会在有声的叙述中突然静止，然后快速闪回正常。这种无声音效一方面模拟出女主人公努力抑制这些欲望和回忆的心理，另一方面也表现出她在这些恐惧和迷失中精神虚无的人生状态。与此同时，突然的无声境界也吸引了观众的注意力，激起了他们的好奇心，让他们带着这些充满压抑的画面和声音期待故事未来的走向。而《山鹰之歌》，其嘹亮而高亢的旋律正好与这些无声境界形成了鲜明对比，反映出女主人公徒步前后心态和精神状态的变化和成长。

影片中另外一首极具审美价值的音乐是影片即将结束时的那首《红河谷》。清雨的田野中，与奶奶相依为命的小男孩听说谢莉尔也没有了父亲和母亲，便决定唱首歌安慰她，当清亮童稚的声音响起并飘荡在绿意盎然的田野中时，竟然会如此的催人泪下；就在这一刻，观众的心跟着谢莉尔一起释然了，纯净了，“想一想你走后我的痛苦，想一想留给我的悲伤……”，那些过去的美好的不美好的都已经结束，要记住这些生活的风景，以及那个真正爱你的人。

（三）不安全空间

除了蒙太奇手段与音效手段，影片在风格方面比较突出的还有其对不安全空间的运用。不安全空间是指“通过控制镜头，不给观众看他们想要看的东西，或者给他们看他们不想看的东西，”来营造紧张、悬疑、恐惧的气氛。（Andrew Lynn，2005：450）电影《涉足荒野》刻意地使用了不安全空间来吸引和刺激观众。最让人难忘的镜头就是幼年时候的谢莉尔在药店里买完纱布和药品，从走廊尽头向外奔跑的场景。这个画面在整个影片叙述中反复闪回，非常短促，并且无声；由于采取了仰拍镜头且角色处于画面中心，观众能感受到这个场景的压迫感，却又因为摄像机限制了观众的视野，因此看不清小谢莉尔为什么那么焦急，于是观众只能悬着心，同情这个弱小的孩子。而事实上观众在此时已经被迫采取她的视角了，直到影片末尾观众看到小谢莉尔帮助母亲处理脸上的伤口，才最终知道镜头之外到底是什么。

这种不安全空间将重复蒙太奇和无声手段巧妙地融合在一起，成为影片音画效果的重要特点和艺术特色，值得观众反复思索和探究。与这一镜头类似的还有帐篷顶部的影像。这一影像第一次出现是谢莉尔在旅行中遭遇高温、口渴却又无水可喝之时：镜头采取俯拍视角，谢莉尔躺在帐篷里，面色苍白，嘴唇干裂，而她重重的喘息声似乎暗示着她已经要到生命极限了；此时她看到的是明晃晃的太阳照耀下的帐篷顶部。这个帐篷顶部的影像后来以交叉蒙太奇、重复蒙太奇的方式出现在片尾杀马的情节中。在杀马情节的叙述中，首先画面是不连续的、破碎的：在学校里与母亲打招呼的情景、母亲抚摸着爱马的情景、母亲站在前方始终不肯转过来的背影、幼时与母亲躺在床上嬉闹的情景、母亲临终卧床的情景、弟弟举起枪瞄准马的眉心的情景、帐篷顶部的情景、谢莉尔干渴至生命极限的情景，等等，直到枪声响起，马睁着眼睛倒在地上，血喷射到帐篷顶部，母亲倏然转身，脸上的伤口还在流血，最终帐篷顶部的血漫延开来，像谢莉尔极度渴望的水那样滴落下来，落到她的脸上，一滴，两滴……在音效上，枪声响起之前，声音跟画面一样也是不连续的，时而是母亲温暖的鼓励，时而是谢莉尔和弟弟如何处置病马的讨论，时而是哭泣声，时而是不知谁的低声絮语，但是所有的声音都非常遥远，直至那一声枪响，一切的破碎与不连续都消失于一片死寂。可以说，影片此处对于蒙太奇、音效和不安全空间的利用可谓登峰造极，通过这些短促的破碎的画面与声音，观众不得不面临着一种不确定的、不知何时发生的不幸事件，导演通过这种“破碎”叙事，灌输给观众一种紧张而压抑的感觉，成功创造出了只有电影这种艺术形式才能造就的审美效果。

三、结语

综上所述，《涉足荒野》在叙述和风格上都有自己鲜明的特点。通过半循环叙述模式的运用，影片不仅将女主人公的行为动机交代得清清楚楚，同时也表现了她在荒野独行时在记忆中不断徘徊的心理状态，使得影片显现出了完整的艺术性。此外，影片的叙事层次分明，主题深刻，通过对女主人公心理活动的层层解读，观众们也得以更加深刻地理解影片关于爱与成长的主题。在风格方面，影片中大量使用了蒙太奇、音效等风格要素，在荒野徒步和尘世迷失间形成了强烈的音画对比；此外，为了吸引观众注意力，制造悬念，还营造了几处不安全空间，堪称这部心灵救赎主题影片的神来之笔。

【深度解读】之三：
评影片《涉足荒野》对原著主题和角色的改编

在电影《涉足荒野》中，由于时长和艺术表现手段所限，弱化了原著中对于荒野主题的描写，相应地强化了母爱、亲情这一主线。与此同时，与荒野体验有关的角色如继父艾迪和旅伴道格等都被删除，而与亲情主线有关的角色则得到了加强。

电影《涉足荒野》改编自美国女作家谢莉尔·斯特雷德的回忆录《走出荒野》。该影片上映后，成为2015年第87届奥斯卡金像奖角逐的大热影片，特别是其中两位女性角色的扮演者——谢莉尔的饰演者瑞茜·威瑟斯彭和母亲饰演者劳拉·邓恩，她们强大的演技不仅让故事本身触动人心，更让片中主人公们的心灵独白和身体语言真实而生动，因此也赢得了评委们的赞赏，分别获得了最佳女主角和最佳女配角的提名。这部电影讲述了人如何被生活打败，又如何在亲情、爱和人的本能的召唤下坚强地重新站起来，而这一切的背景是美国西部从墨西哥边境绵延至加拿大境内的太平洋屋脊步道，壮观绵延的景色与主人公的内心挣扎互为衬托，令女主人公的自我救赎之路更加撼动人心。

该片导演让-马克·瓦雷因为原著成了作者谢莉尔的忠实粉丝，同时他也因为这部电影获得了第18届好莱坞电影奖年度突破导演奖；电影的编剧，好莱坞著名编剧尼克·霍恩也对原著大加赞赏，认为它是“过去5到10年里最好的一本书之一……《走出荒野》愤怒、勇敢、令人忧伤、充满自知、治愈、真实、迷人而又才华横溢。我想注定会让许多人，无论男女，爱上它好一阵子。”同样，他也因为这部电影获得第20届评论家选择奖最佳改编剧本提名。此外，影片的女主角瑞茜·威瑟斯彭自己的电影制作公司Pacific Standard则在原著出版前三个月就已经锁定了其电影改编版权。事实证明她的眼光绝佳，除了因为这部影片提名奥斯卡最佳女主角，她还因此获得了第21届美国演员工会奖、第72届金球奖、第20届评论家选择奖、第26届棕榈泉国际电影节 、第68届英国电影学院奖等多达十个电影奖项最佳女主角的获奖或提名。

事实上，电影《涉足荒野》是一部相对忠实的改编作品，原著作者谢莉尔·斯特雷德甚至让自己的女儿扮演了片中幼年的谢莉尔，因此也部分参与了影片的创作过程。在叙事进程上，影片基本复原了原著的叙事结构：半循环的叙述模式和四个层次的叙事深度，荒野徒步的主线与记忆闪回相结合，夹叙夹议，等等，并以蒙太奇的手法串联起了荒野之行的前因后果。但是“作为影像叙事的电影有着与文字叙事不同的叙事艺术和文本特征”（毛凌滢，2007），因此电影与文本两种媒介之间的转换对接仍然做不到叙事功能和艺术功能上的完全对等，在《走出荒野》原著到电影的改编过程中则主要体现为主题和角色上的不同。

一、主题

原著《走出荒野》是在作者谢莉尔·斯特雷德的私人日记基础上整理而成的，因此就其文体性质来说，是一部典型的回忆录。在这本回忆录中，作者不仅回忆了她与母亲之间的亲情之爱、与保罗的情感纠葛，以及母亲去世之后迷失自我的人生低谷，同时也讲述了她的荒野情结，因此原著的主题要更加宏观，人物行为的动机也更加完整、自然。

事实上，阅读原著更像是一场不受时空限制的个人精神体验。读者跟随着作者的笔触徜徉在女主人公曾经的那些生活片段中。对于荒野，在作者的笔下，它不仅是女主人公人生受挫之后挑战自己、救赎自己的所在，还是她回归心灵平静的怀抱。这种荒野情结从广义的角度来说，来自于美国文化和文学历来的荒野精神和荒野审美；而从更私人的角度来说，来自于女主人公早年的生活经历。

在父母离婚以前，由于父亲酗酒、家暴，谢莉尔的幼年一直生活在恐惧与不安之中；而6岁父母离婚后，她只能跟着母亲过着居无定所的生活："那时，我们四人在离明尼阿波利斯一小时车程的一座小城镇上辗转了好几个社区，这些社区都有着特别唬人的高档社区的名字，什么'磨坊湖畔''巴巴利山庄'啦，什么'林荫洋房''美景湖畔别墅'啦。"（19）直到母亲再婚，"我们离开了拥有冠冕堂皇的名字的小区，跟着艾迪搬进了一间租来的摇摇欲坠的农舍里。"从这些诸如"特别唬人的""冠冕堂皇的""摇摇欲坠的"词汇中，读者能感受到谢莉尔直到此时的生存状态都不够稳定，处于不断的漂泊之中。

一年之后，他们终于有了固定的完全属于自己的居所，不用再颠沛流离了——尽管那只是一处面积达40英亩的荒野。他们在母亲的带领下开荒，"用双手清理出一小块土地，在上面搭起了一个只有一个房间的木棚，好让我们五人有个栖身之处"。

就这样他们在荒野上徒手建造了自己的家园，这种从无到有的荒野历练磨砺了女主人公的心智，是她最后能够完成荒野跋涉实现救赎的根本源泉。同时，在这样艰苦的开荒劳动和原始生活状态下，母亲依然乐观坚强，这些也深深地影响着谢莉尔，让她终于摆脱了不安全感，在荒野之中，找到了自己的人生之锚："每个夜里，黢黑而迷人的夜空和闪亮耀眼的繁星都是伴我入眠的好伙伴。"

因此，在作者眼中，荒野被赋予了多层含义。一方面，荒野象征着她安全感的来源，甚至象征着母亲的爱与温暖的怀抱，1100 多英里的荒野徒步正是她对回归人生本真的一种努力，也是她回归母爱、回归亲情、回归母亲对她的期望的唯一途径。另一方面，多年的荒野生活和母亲对荒野的热爱让她从年幼之时就萌发了一种对于荒野的信仰：相信荒野的浩瀚，它对尘世中任何的苦难、污点、不光彩都不以为意；相信荒野的宽容，只要你足够坚信，它就可以无条件地将你接纳，给你陪伴；相信荒野的纯净，它的每一片丛林、每一条溪流、每一座高山、每一路沙砾与泥泞都会留下你努力的印记，再将神圣的意义铭刻其中。这成了母亲留给谢莉尔最珍贵的遗产。因此，她选择荒野作为她救赎之旅的宏大背景，因为那是她人生低谷时唯一不离不弃的坚强后盾。

虽然电影《涉足荒野》中也利用大量独白、蒙太奇、音效等手段相当成功地复刻了原著中的种种回忆与思绪，但是受制于画面这种表现形式，还是无法完全实现原著中关于荒野的跨时空精神体验，也因此无法完整地阐述原著中的荒野主题与审美，这一点可以从影片中谢莉尔与家人相处的场景中得以体现。影片中大部分描写幼年谢莉尔与母亲相处的镜头都发生在室内，这些闪回画面伴着遥远的背景音乐大多数发生在狭小的厨房或是卧室床上，模糊而不确定，甚至角色都处于无声状态，只是伴着音乐笑着、嬉闹着，突出了这些回忆的遥远与不可再来。全片只有一个镜头中出现了荒野，母亲带着小谢莉尔和弟弟一起看夕阳，然而这绝不足以引起观众对荒野生存环境的联想。我们无从揣测电影放弃表现女主人公早年荒野经历的原因，但是这样的改编一方面削弱了原著在荒野主题上的探索，另一方面也的确削弱了女主人公的行为动机及其行为的合理性，影响了观众对于影片主题的更深刻领悟。

此外，虽然原著与电影同为励志、成长这些惯常的主题，但是还是略有改动。原著中更加突出的是作者对于“虚无”的领悟：“这世界太复杂，人们永远无法知晓其中奥妙。事物的条件、因果、生灭、荣衰以及改变，都是无法参透的。”（369）“相信自己所做的是对的，知道这一点就足够了。”“也许，一切顺其自然，才算是最疯狂的事情吧。”（378）而电影虽然也在最后深化了这一思想，但是却往往在宣传中陷入另外一个口号：“找到你最好的自己，一旦找到，拼命留住她。”这句话在原著中并未出现，而是电影中母亲对谢莉尔的一句教诲。毫无疑问，这句话渗透着电影主创人员对于原著主题的理解，同时也是他们认为母亲留给谢莉尔的励志感言。然而在笔者看来，这句话恰恰与结尾处女主人公悟道的“虚无”思想相矛盾。“虚无”论更像是我国传统的道家“无为”哲学，强调从容淡定地面对世事变化，越努力越挣扎反而会越失去。而上面的箴言虽然体现了商业电影这种大众传媒文化所极力宣扬的励志精神，但是的确与原著个人精神体验中的悟道南辕北辙了。

二、角色

相比原著中的人物多而繁杂，影片《涉足荒野》中的角色得以相当的简化，有的直接没有予以呈现，有的则进行了合并处理，另外还有的则给予了特写和强化。总体说来，电影里的角色设置跟其主题一样，更加注重契合母爱、亲情、成长和救赎这些主题，相应地弱化了荒野旅行本身。

首先，对于原著荒野情结的弱化，反映在角色设置上第一个抹除的就是继父艾迪这一角色。然而原著中，艾迪这一角色是一处重要的戏剧冲突，也是谢莉尔对人生感到困惑并失去信仰的重要原因之一。首先，艾迪的出现令年幼的谢莉尔重拾父爱，并给她提供了稳定的居所和温馨的家庭，是谢莉尔安全感的重要来源；在多年的共同生活中，艾迪也对她产生了重要的影响，教她进一步认识荒野、亲近荒野和如何在荒野中生存；而母亲生病过程中，直到去世，都是艾迪和她一起走过的，他们经历了一样的痛苦与悲恸；然而，母亲死后，艾迪选择让生活继续，他很快就有了新女友，拒绝继续呵护谢莉尔兄妹，任由别人破坏家里曾经属于谢莉尔兄妹的一切，甚至连母亲的爱马都疏于照顾。谢莉尔对艾迪的做法非常失望，也对母亲去世后“家”的倏然坍塌无法理解，“我那曾经亲密无间的和睦家庭，为什么在她去世之后这么快就分崩离析了呢?”（105）为此，谢莉尔对艾迪的感觉一直如鲠在喉，直到她在旅行的末尾才意识到，万物皆有因果，艾迪已经给予她的人生足够善意了：没有他，她可能就不会有安定的童年和居所，无法学到如何在荒野中生存，还必须要自己一人去面对母亲的病和死亡，“如果没有艾迪，那天晚上我就不会坐在那里，也不会鼓起勇气踏上太平洋屋脊步道……虽然他没有好好地呵护我，但在我需要的时候，他都做到了。”（370）

可见，艾迪这一角色从原著开篇一直延续到最后一章，其角色冲突不仅令女主人公的行为动机更加合理和完整，也特别契合其最终“悟道”的情节。不得不说，删除这个角色是电影改编过程中的一大遗憾。

另外一个被删除的角色是道格。在众多旅伴中，道格是谢莉尔从旅途开始到结束不断提及的角色，他和谢莉尔互相见证了彼此在太平洋屋脊步道的艰苦旅程，是曾经共同体尝艰辛克服困难的战友。而道格送给谢莉尔的那支黑羽毛则一直夹在她的登山包上，陪着她走完了全程和之后多年的生活；直到有一天她听到道格遇难的消息，才发现那支一直存在地下室的黑羽毛已经碎成几片。事实上，道格所送的这支黑羽毛是原著中一个非常重要的意象，就像后来谢莉尔遇到的路人所解读的那样：这是一支乌鸦的羽毛；而乌鸦学中认为乌鸦是宇宙虚无的象征。对于这支羽毛真的是虚无的象征还是只是一件路上带着的普通物件，谢莉尔半信半疑。然而，带着这支羽毛，谢莉尔冥冥中的确参透了“虚无”：“如果我原谅了自己呢？如果我就是骗子，我的所作所为没有借口，只是我想要和需要这么做呢？如果我后悔了，又回到过去，但却还是重蹈覆辙呢？如果我实际上就是个随随便便、欲求不满的坏女人呢？如果我永远无法得到救赎呢？如果我已经得到了救赎呢？”（317）不要徘徊，也不必非要追寻什么真正的意义，一切顺其自然就好。相比之下，虽然影片末尾，女主人公也同样参透了“虚无”，但是缺少了黑羽毛这一意象的暗示，不得不说也是一种叙事和艺术上的遗憾。

除了艾迪和道格，原著中用相当细腻生动的笔触描写了谢莉尔在荒野徒步中遇到的那些旅伴、让她搭车的人以及超市、邮局、旅店的工作人员。虽然这些人中大多数都只是谢莉尔人生中的匆匆过客，然而在她饱含深情的笔下，读者读到了她对于他们的感恩之心，因为“我从他们每个人身上都得到了太多。他们让我大笑，让我思考，让我坚持了下来。最重要的是，他们让我完全相信来自陌生人的善意。”（381）的确，在由文字组成却又远远超出了文字的阅读过程中，读者们伴随着谢莉尔认识了温柔的雷克斯、相敬如宾的特里娜和欧迪夫妇以及许许多多给她各种各样帮助的人，认识到这个世界并非如此坚硬和冷酷。

可是对于电影来说，由于受到时长和表现形式的限制，不得不对这些次要人物进行优化和整合，只留下了几个能够契合亲情主题的关键角色。

影片中保留的第一对角色是谢莉尔踏上旅途后第一次搭车的那对父子。原著中这对父子的描写非常少，只有儿子略微关心谢莉尔是否能自己背起登山包。然而，电影改编中，这对父子有了互动，形象立体起来，变成了叛逆的儿子和慈祥的父亲。而对这对父子的描述中还夹杂着谢莉尔闪回的关于母亲的记忆，显然电影用演员的表演、画面和音乐造成了一种对比和夹叙夹议的效果。谢莉尔思念自己的母亲，渴望父母亲情的爱，而那位少年却对父亲爱的表达无动于衷，从电影中女主人公的眼神里，观众可以看出她对少年行为的惋惜，也得到了某种暗示：她的母亲也许已经不再人世了。

影片保留的第二对角色是开拖拉机的弗兰克和他的妻子安妮塔。这一对角色其实整合了旅途中留宿谢莉尔的很多人物形象——他们都充满善意，不管他们表现出来的是热情还是不满。因此，理所应当的，影片也对这对夫妇的形象进行了改编。原著中弗兰克是与其他两个人一起出现的，对于这三个人，谢莉尔虽然感觉不安全，但是还不到恐慌的地步。但是电影改编中则突出了荒野旅行的惊恐之处——孤山野岭中，只有弗兰克独自一人，而且他要一直工作到天黑才能带谢莉尔回家；谢莉尔在车上等待弗兰克的过程中，发现他的车上竟然还有枪，这令她十分警惕。与原著中一笔带过不同，影片在此处的音画渲染增加了恐惧效果，造成了一个戏剧冲突，成为这一段叙事中的一个小高潮。此外，还有一处与原著不同的是，电影中突出了弗兰克与安妮塔之间的恩爱细节。安妮塔不让弗兰克吃甘草糖，而弗兰克却要像小孩子一样背着她偷偷地吃；弗兰克问："你要不要像她一样旅行?"安妮塔转头问谢莉尔道："你还有多余的帐篷吗?"而弗兰克接着笑道："你肯定还没上车道呢，就回头吆喝我把你带回去。"谢莉尔将他们之间的恩爱看在眼里，不禁心生羡慕。虽然他们生活在荒郊野外，却因为彼此陪伴和厮守而充满快乐与幸福，小屋里充满了温馨的气氛。而她自己呢?她不断地出轨、滥交，最终亲手毁掉了自己的婚姻，也失去了保罗——这个世界上唯一还呵护她的男人。在弗兰克与谢莉尔即将道别之际，他说道："我是放弃了很多的人。放弃了工作。放弃了婚姻。在爬山的第一天，我就会放弃行程。"而谢莉尔说道："那是因为事情的大小不一样。"的确，如果谢莉尔也有如此幸福美满的家庭，她也不会选择走上太平洋屋脊步道吧。

同样因为契合亲情线索而得以保留的还有失去了儿子的露

露和没有爸爸甚至妈妈也不在身边的小男孩凯尔。与原著细腻丰满的人物形象相比，电影因为时长限制都未能对这两个人物给予足够完整的刻画。例如，电影中露露与谢莉尔的对话仅有几句："那个小男孩真可爱，他多大了？""他死的时候8岁。""我真遗憾。""他骑脚踏车的时候被卡车给撞了。""我真的很遗憾。""我懂，亲爱的。"无论是演员的表演还是画面音效都没有刻意描写这位母亲失去儿子的悲伤，一切都在靠镜头外的观众自己去意会。而原著中，露露和谢莉尔的交流则更加深入："无所谓了。我儿子死了以后，我还在意这一切？我儿子死了，我也死了。心死。"（232）显然，与电影的克制相比，文字的传情达意远胜一筹，露露的崩溃与心灰意冷简直跟谢莉尔的心境如出一辙。虽然原著和影片在此处都未对谢莉尔的反应更多着墨，但的确营造出一种"同是天涯沦落人"的意境，让谢莉尔在别人身上发现自己的影子，也更深刻地理解了自己的痛苦，它的大小、形状甚至色彩。

相对来说，电影对于小男孩凯尔的刻画要更贴近原著，十分细腻和生动。特别当凯尔清澈纯净的歌声飘荡在细雨中的田野时，电影终于体现了它优于文字的艺术张力和审美价值，足以令每位听者潸然泪下。当然原著文字虽然无法彰显这歌声的感染力，却用其他的手段，例如景物描写，将这寥落的忧伤刻画得入木三分：“‘我也没爸爸，’凯尔一字一顿地说，‘每个人都有爸爸，但是我不认识我的爸爸。我很小的时候认识他，但现在不记得了。’他低下头去，看着摊开的手不再说话。手里攥满的细小的草叶被风吹过，飘散在空中。”（283）寥寥数语，那几片细小的草叶就足够将读者的心融化，一起飘散了纷繁复杂的尘世之中。

无论原著还是电影，凯尔的那首《红河谷》都激起了谢莉尔强烈的情感反应，影片中她不得蹲在地上大哭了一场，然后最终悟道，放下了一切的过往。在原著中，谢莉尔则感动于这样的偶遇，“每一天都会有一些‘路上的奇迹’发生——这些意料之外的，让人暖心的事情，总会让人在路上面临种种挑战之后感到无比欣慰。”（285）而在之后的某一天晚上，当她不知不觉中哼唱起《红河谷》，当她回想起盖尔稚嫩的面庞，当她想起自己以后会不会成为妈妈，当她开始担心凯尔妈妈的处境到底有多“糟糕”，当她意识到凯尔的爸爸也弃他于不顾，她终于对自己的父亲释然了，尽管“我碰到这么多疯狂的事情，但是他不能以应有的方式爱护我却是最疯狂的一件。”谢莉尔终于放下了，就像她之后也渐渐地放下了对保罗的依赖和对艾迪的怨念一样，她终于放下了这些过往，选择平静地、心存敬畏地面对新生活。

影片又一个为了亲情这条主线而保留的角色是女旅伴斯黛茜。与原著中单纯意义上的旅行伙伴不同，斯黛茜更像是母亲形象的投射。当她们坐在补给站的门廊上一边欣赏日落一边聊天，谢莉尔想起了妈妈带着她和弟弟在故乡的小屋外欣赏夕阳的画面；不仅如此，斯黛茜的某些想法也像极了母亲，比如当她们聊到为什么来到太平洋屋脊步道时，斯黛茜的回答是为了寻找自己的内心，因为荒野中的一切让她重新充满了力量。谢莉尔惊讶于这样的回答，因为这样的想法跟母亲曾经对谢莉尔的教诲如出一辙，而那时的她一听到这样的教诲就会抓狂。但是，现在，经过那些浑浑噩噩的日子和这些荒野跋涉，谢莉尔终于能够领悟母亲的话了，原来荒野真的可以充实她的心灵，让她找回了自己的力量。可见，斯黛茜这个角色的出现就是为了启发谢莉尔的觉醒：虽然母亲已不在人世，但是母亲的爱却一直陪伴在她的左右；比起现实世界，她终于得以通过灵魂这条路继续接近母亲、延续母亲、热爱母亲。

三、结语

综上所述，由于电影与文学是两种截然不同的艺术表现形式，所以在原著到电影改编的过程中不可避免地要做出一定的调整、优化和删除。在电影《涉足荒野》中，由于时长和音画表现手段所限，弱化了原著中对于荒野主题的描写，相应地强化了母爱、亲情这一主线。与此同时，与荒野体验有关的角色如继父艾迪和旅伴道格等都被删除，而与亲情主线有关的角色则得到了加强。

参考文献

[1] Cheryl Strayed. Wild：From Lost to Found on the Pacific Crest Trail. London：Atlantic Books，2012.

[2] 谢莉尔·斯特雷德．走出荒野．靳婷婷、张怀强，译．北京：北京联合出版社，2018.

[3] 李明．商务英语翻译．北京：高等教育出版社，2011.

[4] 连淑能．英汉对比研究．北京：高等教育出版社，1993.

[5] 林恩．英语电影赏析．霍斯亮，译．北京：外语教学与研究出版社，2005.

[6] 让-马克·瓦雷访谈：和大自然做交易．垚，编译．电影世界，2014（12）：93.

［7］滕海建．世界视野中的美国荒野史研究——从罗德里克·纳什及其《荒野与美国精神》说起．辽宁大学学报（哲学社会科学版），2012（7）：145–151.

［8］许燕转．离散主体的精神诗学——重读聂华苓《桑青与桃红》．华文文学，2017（1）：26–36.

［9］陈望衡、张健．大地艺术对美国“荒野精神”的反思．艺术百家，2012（3）：135–142.

［10］邢义．电影《涉足荒野》的叙事学解读．电影文学，2016（24）：132–134.

［11］苏贤贵．梭罗的自然思想及其生态伦理意蕴．北京大学学报（哲学社会科学版），2002（3）：58–66.

［12］毛凌滢．文字与镜像——两种不同叙事魅力的《紫色》．西安外国语大学学院，2007（2）：79–81.

［13］甘一涵．音乐蒙太奇在电影中的应用．四川戏剧，2011（6）：89–90.

［14］吴艾玲．电影声音的审美价值——《老无所依》个案分析．艺术百家，2009（8）：225–227.

（本章作者：刘建华）